日本比較法研究所翻訳叢書
56

シュトゥンプ教授講演集

変革期ドイツ私法の基盤的枠組み

コルデュラ・シュトゥンプ 著
橧﨑みどり／山内惟介 編訳

Grundbedingungen des deutschen Privatrechts im Wandel

Von
Cordula Stumpf

中央大学出版部

装幀　道吉　剛

(2007年 7 月20日　山内撮影)

原著者まえがき

本書の表題を選ぶにあたり、「変革期ドイツ私法の基盤的枠組み（Grundbedingungen des deutschen Privatrechts im Wandel）」という表現を採用することとした。本書は、基本的に、二〇〇七年夏学期に中央大学（東京）に客員教授として招かれた際に、著者が中央大学法学部および日本比較法研究所において行った三本の講演原稿をまとめたものであるが、さらに、これら三本の講演主題と近い内容を取り上げた最近の論説二本（*Cordula Stumpf/Andreas Gabler*, Netzzugang, Netznutzungsentgelte und Regulierung in Energienetzen nach der Energierechtsnovelle, NJW 2005, SS. 3174-3179; *Cordula Stumpf*, Aktuelle Entwicklungen im europäischen Dienstleistungs- und Niederlassungsrecht, DZWIR 2006, SS. 99-107）もここに付加されている。

本書に収録した各研究の特色をみよう。これらの研究の根底には、「ドイツ私法の分野で年代を重ねた法典類をみると、たとえばドイツ民法典中の民事法、ドイツ商法典中の商事法およびドイツ民法典施行法中の国際私法の場合、外面的にみると法典化されているという点ではまったく変更されていないが、内容的にみると現在では重要な変更が繰り返し行われており、伝統的な解釈法学もそうした変更を無視することができなくなっている」という認識がある。最初の講演「ヨーロッパ相続法への道程——新たに発展する法分野に対する若干の方法論的および法政策的な論評——（Wege zu einem europäischen Erbrecht: Einige methodische und rechtspraktische Anmerkungen zu einem sich neu entwickelnden Rechtsgebiet）」は、このことを、国際私法における相続準拠法に関する最近の論議に基づいて説明しようとしたものである。そのような変更は、このほか、比較的最近の、外見上は十分に現代化されたといえる民事法分野の諸法典、たとえば競争制限禁止法（GWB）やエネルギー経済法典（EnWG）にもみられよう。この点は「エネルギー事業法改正後のエネルギー供給網の接続権、託送料金および規制（Netzzugang, Netznutzungsentgelte und Regulierung in Energienetzen nach der Energierechtsnovelle）」（共著者 Andreas Gabler）によって例証されている。自明のことであるが、そうした変更が行われる場合には、そのつど法典の文言を現実の状況に合わせようとして法技術的な調整が行われるだけではない。むしろ、そうした作業が幅広い領域で行われることを通じて、逆に、法の役割に関するさまざまな根本的見解がそれぞれ新しい評価基準に照らして今なお通用するかどうかが試される度合いがますます高まってきている。このことは、ドイツ私法がさまざまな影響のもとに置かれているという事実から明らかになろう。たとえば、ドイツの私法をみるときにも、無条件に、ヨーロッパ全体との関連性が考慮されなければならない。というのは、ヨーロッパ共同体法はさまざまなやり方でドイツ私法に対して影響を及ぼしているからである。そうした影響は、根本からの変革を伴うようなやり方で行われている場合もあれば、無数にといえるほどたくさん設けられた個別的な規定を通じて行われている場合もある。前者について説明したものが講演「ヨーロッパ共同体法における市場的自由と規制――基礎、問題、パースペクティブ――（Marktfreiheit und Regulierung im europäischen Gemeinschaftsrecht: Grundlagen, Fragen, Perspektiven）」であり、後者について説明したものが「役務提供および居住移転に関するヨーロッパ法の現下の展開（Aktuelle Entwicklungen im europäischen Dienstleistungs- und Niederlassungsrecht）」である。十分に確証されているように、ドイツ私法のヨーロッパ化と並行して、ドイツ私法のグローバル化もますます進行している。グローバル化は、法的な事実という点でも、法政策という点でも、また法実務という点でも、さらに法理論という点でも、私法に対して頻繁に影響を及ぼしている。さらに、この間に、時としてみられるように、私法はあちこちで限界に突き当たってしまっているようにもみえる。とりわけ、伝統的な見方に従って、自由で平等な市民相互間での公平な利益調整を行うという点に私法の役割を求めようとすれば、こんにちの私法に委ねられる社会政策的課題はますます大きなものとなろう。というのも、そうした社会政策的課題に関しては、国家が所管する領域と民間が引き受けるそれとの限界がますますぼやけてきて曖昧なものになっているからである。たとえば、（伝統的な理解が示してきた、国家と市民とを結び付ける法的な媒介物たる）公法において発展してきた、国家の形成力に基づく結び付き——これは法的には大きな前進と認識され、民主的で法治国家としての性質を有すると考えられてきたものである——がこんにちでは用いられなくなってしまっている。最後の講演「私法よ、汝はどこへ行くのか——民事法におけるパラダイムの転換、あるいは、こんにち民事法はどのような意味で民事的といえるか——（Privatrecht Quo vadis? Paradigmenwechsel im Zivilrecht, oder : Wie bürgerlich ist heute das Bürgerliche Recht?）」は、右に述べたそれぞれの個別的局面を要約したものであり、二〇世紀にみられたような、さまざまな発展に基づく法理論的な変化と、現時点で考えることのできるその社会政策的な含意を総合的に検討したものである。

本書の刊行にあたり、著者は、山内惟介教授および楢﨑みどり准教授に対し、東京においてお二人との間で行われたすばらしい共同作業について、また著者を受け入れて下さるとともに本書の刊行を可能とされた中央大学に対しては、その格別の御好意について、それぞれ感謝申し上げたい。また、山内教授が講演テーマの自由な選択を著者に認められたことについても御礼申し上げたい。幸いなことに、山内教授と楢﨑准教授が著者の考えを見事な日本語に翻訳して下さった。お二人のドイツ私法に対する造詣の深さを想えば、本書は最適の翻訳者を得たこととなろう。

二〇〇七年一二月二〇日

コルデュラ・シュトゥンプ

編訳者まえがき

ここに訳出したのは、二〇〇七年七月九日から同月二九日まで中央大学客員教授として来日されたドイツ連邦共和国ザクセン・アンハルト州ハレ市在、マルティン・ルター大学ハレ・ヴィッテンベルク（通称、ハレ大学）のコルデュラ・シュトゥンプ教授が本学において行われた講演・特別講義、計三本と原著者の希望を考慮して特に選ばれた二本の既発表の論文である。

本書に収録したもののうち、第一論文「ヨーロッパ相続法への道程——新たに発展する法分野に対する若干の方法論的および法政策的な論評——」は七月一三日一一時から一二時半まで開催された日本比較法研究所主催の講演会において発表された。第三論文「ヨーロッパ共同体法における市場的自由と規制——基礎、問題、パースペクティブ——」は中央大学法学部法律学科および国際企業関係法学科三年次開講科目「国際経済法」（楢﨑担当、七月一七日（火曜日）四時限）の時間帯に、また第五論文「私法よ、汝はどこへ行くのか——民事法におけるパラダイムの転換、あるいは、こんにち民事法はどのような意味で民事的といえるか——」は国際企業関係法学科三年次開講科目「国際取引法」（山内担当、七月一九日（木曜日）二時限）の時間帯にそれぞれ行われたものである。これらの講演のために用意された原稿は、当日行われた質疑のほか、その後の動向をも考慮して、すべて帰国後に全面的に補筆されている。第二論文「エネルギー事業法改正後のエネルギー供給網の接続権、託送料金および規制（Netzzugang, Netznutzungsentgelte und Regulierung in Energienetzen nach der Energierechtsnovelle）」は、当初、『ドイツ新法律週報（Neue Juristische

Wochenschrift）』（二〇〇五年、三一七四―三一七九頁）に、また第四論文「役務提供および居住移転に関するヨーロッパ法の現下の展開」は、当初、『ドイツ経済法雑誌（Deutsche Zeitschrift für Wirtschaftsrecht）』（二〇〇六年、九九―一〇七頁）にそれぞれ掲載されたものであるが、右の講演内容を補充するものとして本書に収録することとした。また、読者の便宜を考慮し、末尾にシュトゥンプ教授の著作目録を付した。

原著者、シュトゥンプ教授は、一九六〇年四月二一日、ヴュルツブルクに生まれた。一九七九年／一九八〇年冬学期から一貫してバイエルン・ユリウス・マクシミリアン大学（通称、ヴュルツブルク大学、以下、ヴュルツブルク大学）で法律学を学び、一九八四年七月第一次司法国家試験に、また一九八七年一一月に第二次司法国家試験に合格、この間、一九八五年／一九八六年冬学期にはシュパイヤー行政学院で、また一九八七年四月から九月までニューヨークの在アメリカ・ドイツ商工会議所で修習されている。一九九〇年九月にクルト・クヒンケ教授の指導下に作成された『私的自治による法形成システムのもとでの終意処分の注釈的・補充的解釈――行為基礎の否認、転換および脱落の識別に関する一考察（Erläuternde und ergänzende Auslegung letztwilliger Verfügungen im System privatautonomer Rechtsgestaltung ―― Zugleich ein Beitrag zur Abgrenzung von Anfechtung, Umdeutung und Wegfall der Geschäftsgrundlage）』（ベルリン、一九九一年刊行）によりヴュルツブルク大学から法学博士号を、またペーター・クリスティアン・ミュラー・グラフ教授の指導の下に完成された『課題と権能――経済組織法からみた、ヨーロッパ共同体設定目標の体系と、同体系がカルテル禁止規定適用除外に及ぼす効果（Aufgabe und Befugnis ―― Das wirtschaftsverfassungsrechtliche System der europäischen Gemeinschaftsziele, dargestellt in seinen Auswirkungen auf die Freistellung vom Kartellverbot）』（フランクフルト、一九九九年刊行）によりループレヒト・カール大学ハイデルベルク（通称、ハイデルベルク大学）から大学教授資格をそれぞれ取得されている。一九九七年夏学期にはザールラント大学で、一九九七年／一九九八年冬学期にはヨハン・ヴォルフガンク・

ゲーテ大学（通称、フランクフルト・アム・マイン大学）で、さらに一九九八年／一九九九年冬学期にはハレ大学で民法、商法、経済法、租税法等の教歴を積まれた後、一九九九年四月一日、ハレ大学法学部に民法、商法、ドイツ租税法、国際租税法、ドイツ経済法および国際経済法担当の正教授として招聘され、今日に至っている。

原著者と訳者（山内）とは、二〇〇三年九月にドイツのドレスデン大学で開催された第二九回ドイツ比較法学会商法・経済法・ヨーロッパ法部会においてともに報告を担当した経験を有する（その成果は Blaurock, Uwe/Schwarze, Jürgen, Unternehmen im Spannungsfeld zwischen Marktfreiheit und staatlicher Inpflichtnahme, Europarecht Beiheft 2, 2004, Baden-Baden として公表されている）。同教授の日本法への関心の高さは、その後、二〇〇五年九月にヴュルツブルク大学で開催された第三〇回ドイツ比較法学会商法・経済法部会での再会の時点でも改めて確認されている。ドイツ連邦共和国における法学界の次世代を担う優れた研究者との間で学術交流をいっそう進めることは、二一世紀の国際社会で活躍が期待されるわが国の若い研究者に対しても何よりの贈り物となろう。同教授の今回の招請にはこのような意図があった。

本書の概要と各論説の位置付けについては、原著者まえがきにおいてシュトゥンプ教授自身により簡明な説明が行われている。本書の刊行がここで取り上げられた主題に関心を抱くわが国の関係者への有益な問題提起となれば、何よりの幸いといわなければならない。末文ではあるが、本書の刊行にあたって御助力を戴いた日本比較法研究所および中央大学出版部の小川砂織氏に対してもここに特記して謝意を表することとしたい。

二〇〇八年三月二四日

楢﨑　みどり
山内　惟介

シュトゥンプ教授講演集

変革期ドイツ私法の基盤的枠組み——目次

ヨーロッパ相続法への道程

——新たに発展する法分野に対する若干の方法論的および法政策的な論評——

Wege zu einem europäischen Erbrecht: Einige methodische und rechtspraktische Anmerkungen zu einem sich neu entwickelnden Rechtsgebiet

山内惟介訳

目次

ヨーロッパ大陸における私法を数世紀にわたって特徴付けてきたものは、ヨーロッパ共通の遺産ともいうべきローマ法であった。一九世紀に入ってから、大きな変革、すなわち、フランス革命が起こり、またヨーロッパに国民国家が生まれた。こうした事情のもとに、私法は、いわば古典的なやり方で、すなわち、フランス民法典とドイツ民法典に代表されるような大規模な法典編纂という形式をとって、文字通り、国内法として、形成されることとなった。ヨーロッパ共同体においてヨーロッパ全域を対象として行われている法統合作業の対象は、当初の数十年間をみると、何よりもまず加盟諸国の行政法に限定されていた。というのも、各国が主権に基づいて行う輸入禁止措置および輸入制限措置から市場の自由を開放することが意図されていたからである。その後、「単一ヨーロッパ議定書」が作成された頃からようやく、新しい政策分野、たとえば環境保護や消費者保護といった分野がヨーロッパ共同体条約において取り上げられるようになった。他方で、法の調和というやり方がヨーロッパ法における新しい統合手段として採用されることとなった。こうした事態を受けてようやく、ヨーロッパ共同体法において、私法も統合の対象として取り上げられるようになった。こんにちまでの状況をみると、統合の対象として取り上げられているのは主として債務法であるが、それでも、最近の動きが示すように、家族法の分野でもいろいろな工夫が行われてきている。それに対して、相続法では、抵触法や手続法を含めて、[1]これまでのところ、まったくといってよいほどヨーロッパ化を目指す試みは行われていない。むろん、近年では、こうした状況を変えようとして、すでにひとつの工夫が行われている。

(1) 相続税法もこれらと同様に実務上重要であるが、相続税法は以下では除外されている。

A　前提状況――国際法上の条約による相続法の統合

このような前提状況が示すように、国際法上の条約に基づいて行われる、伝統的なやり方での統合には、濃淡の違いがある。

I　官庁および裁判所の国際的管轄権ならびに文書および証書の国境を越える承認および執行

官庁および裁判所の国際的管轄権に関するさまざまな取決め(2)は、どれも、一九七一年の民事および商事の事件における外国判決の承認および執行に関するハーグ条約(3)も含めて、むろん、明文規定をもって相続法を適用対象から除外している。

一九七三年一〇月二日の国際的遺産管理に関するハーグ条約(4)で取り上げられているのは、遺産たる動産を管理する権限に関する国際的証明書である。これは、原則として――種々の例外があるが――、被相続人の常居所地国においてかつこの国の法に従って発行される文書である。この条約は、一九九三年七月一日以降、世界各国のうち、チェコ、スロヴァキアおよびポルトガルの三か国で発効しているにとどまる――イタリア、ルクセンブルク、オランダ、連合王国、それにトルコはこの条約に署名しているが、まだ批准していない。

ドイツ連邦共和国が締結した承認および執行に関する二国間協定をみると、イタリア[5]、オーストリア[6]、ベルギー[7]、連合王国[8]、ギリシャ[9]、オランダ[10]およびスペイン[11]、これらの国との協定でも、またドイツ・スイス間条約[12]およびドイツ・ノルウェー間条約[13]でも、相続事件に関する裁判所の裁判が取り上げられている。

（2） 裁判所の管轄権に関してヨーロッパ全域にわたる一般的な協定を作成しようとするハーグ国際私法会議（Haager Konferenz für Internationales Privatrecht）のさまざまな努力は一九二五年まで遡ることができる。しかしながら、同会議による努力も、これまでのところでは、概して成功をみていない。たとえば、一九二五年に提出された、裁判所による裁判の承認および執行に関する協定は合意を得ることができなかった。また、一九五八年四月一五日の、国際的売買の際の、契約上合意された裁判所の管轄権に関する条約は確かに可決されてはいたが、発効しなかった（これについて参照されるのは、*Schack*, ZEuP 1993, 305 ff.; *ders.* RabelsZ 57 (1993), 224 ff. である）。一九九九年に提出された、国際管轄権ならびに外国裁判の承認および執行に関する条約の文言は、二〇〇一年になってから、さして実際的とはいえない暫定草案に飲み込まれて消えてしまった（これについては、*Grabau/Hennecka*, RIW 2001, 569 ff.; *Schack*, ZEuP 1998, 931 ff.; *Wagner*, IPrax 2001, 533 ff.; *Heß*, IPrax 2000, 342; *von Mehren*, IPrax 2000, 465）。二〇〇五年六月にようやく完成されたのが、さほど野心的であるようにはみえない試みであるが、裁判所の管轄権の合意に関するハーグ条約（Haager Übereinkommen über die Vereinbarung gerichtlicher Zuständigkeiten）であった（これについては、*Rühl*, IPrax 2005, 410 ff.）。同条約第一条第二号dによれば、この条約は相続法には適用されない。一九六八年九月二七日の民事および商事の事件における裁判所の管轄権および裁判所による裁判の執行に関するヨーロッパ協定（Europäisches Übereinkommen über die gerichtliche Zuständigkeit und die Vollstreckung gerichtlicher Entscheidungen in Zivil- und Handelssachen）（BGBl. 1972 II 773）――このいわゆるヨーロッパ管轄執行協定（EuGVÜ）は、これまでにヨーロッパ共同体規則二〇〇一年第四四号（EG-VO 44/2001）へと形を変えている――は相続法に対して適用されないものであった。これらのほか、ドイツ連邦共和国と他のヨーロッパ諸国との間の二国間協定にも、遺産事件における国際的管轄権についての規定は含まれていない。

（3） このハーグ条約はオランダ、ポルトガルおよびキプロスによってのみ国内法へと置き換えられているにすぎない（これについて参照されるのは、*Schack*, ZEuP 1993, 305 ff.; *ders.*, RabelsZ 57 (1993), 224 ff.; *Wagner*, IPRax 2001, 533 f. である。

（4） その正文を収録しているものとして、http://hcch.e-vision.nl/index_en.php?act=conventions.textcid=83 がある。

（5） 一九三六年三月九日の民事および商事の事件における裁判所の裁判の承認および執行に関するドイツ・イタリア協定（RGBl. 1937 II 145）。

（6） 一九五九年六月六日の民事および商事の事件における裁判所の裁判、和解、公正証書についての相互の承認および執行に関するドイツ・オーストリア条約（BGBl. 1960 II 1246）。

（7） 一九五八年六月三〇日の民事および商事の事件における裁判所の裁判、仲裁裁定および公正証書についての相互の承認および執行に関するドイツ・ベルギー協定（BGBl. 1959 II 766）。

（8） 一九六〇年七月一四日の民事および商事の事件における裁判所の裁判についての相互の承認および執行に関するドイツ・イギリス協定（BGBl. 1961 II 301）。

（9） 一九六一年一一月四日の民事および商事の事件における裁判所の裁判、和解、公正証書についての相互の承認および執行に関するドイツ・ギリシャ条約（BGBl. 1963 II 109）。

（10） 一九六二年八月三〇日の裁判所による裁判およびその他の債務名義についての相互の承認および執行に関するドイツ・オランダ条約（BGBl. 1965 II 27）。

（11） 一九八三年一一月一四日の民事および商事の事件における裁判所の裁判および和解ならびに執行力ある公正証書の承認および執行に関するドイツ・スペイン条約（BGBl. 1987 II 35）。

（12） 一九二九年一一月二日の裁判所の裁判および仲裁裁定についての相互の承認および執行に関するドイツ・スイス協定（RGBl. 1930 II 1066）。

（13） 一九七七年六月一七日の民事および商事の事件における裁判所の裁判およびその他の債務名義についての相互の承認および執行に関するドイツ・ノルウェー条約（BGBl. 1981 II 342）。

Ⅱ　牴触法

1　一九六一年一〇月五日の遺言の方式の準拠法に関するハーグ条約

牴触法上の相違を克服しようとして締結された多数国間条約の草分けは、一九六一年一〇月五日の遺言の方式の準拠法に関するハーグ条約[14]である。この条約は、遺言の方式をできる限り有効にしようとするものであった。この条約によれば、遺言の当時または死亡の当時において遺言が次に掲げるいずれかの地の国内法に従っていたとき、当該遺言は方式上有効なものとされている。

— 遺言がなされた地の国内法
— もしくは、遺言者の本国の国内法
— もしくは、遺言者の住所地国の国内法
— もしくは、遺言者の常居所地国の国内法
— または、遺言が不動産に関するときは、不動産所在地の国内法。

諸国の個別的な規定に対する対抗策として、この条約には、公序という留保条項が含まれている。同条約は、世界的にみると多くの国により批准され、また日本でも批准されている。[15]ヨーロッパ連合加盟国のうち、この条約が適用されているのは、ドイツ、オーストリア、フランス、ベルギー、オランダ、ルクセンブルク、デンマーク、ギリシャ、

フィンランド、スウェーデン、スペイン、アイルランド、連合王国、エストニア、スロヴェニアおよびポーランドである。ヨーロッパ連合加盟諸国以外のヨーロッパの国で、この条約を批准しているのは、スイス、ノルウェー、ボスニア・ヘルツェゴヴィナ、クロアティア、マケドニア、セルビア・モンテネグロおよびトルコ(16)である。

2　一九八五年七月一日の信託に関するハーグ条約

一九八五年七月一日の信託に関する準拠法およびその承認に関するハーグ条約(17)の発効国は、世界各国のうち、オーストラリア、カナダ、中華人民共和国、イタリア、ルクセンブルク、マルタ、オランダおよび連合王国、ならびに、スイス、リヒテンシュタイン、それにサンマリノである。署名しているが批准していない国は、アメリカ合衆国、それにヨーロッパ連合の中ではキプロスとフランスである。

3　一九八九年八月一日の相続に関するハーグ条約

包括的な牴触規定を有するのは一九八九年のいわゆるハーグ相続法条約(18)である。この条約によれば、被相続人が常居所地国の国民であったかまたは少なくとも死亡前五年間にその国に常居所を有していたときは、被相続人の死亡当時の常居所地法に連結される(19)。この条約では、遺産全体または個々の遺産について、準拠法選択時または死亡当時における被相続人の本国または常居所地国の法を被相続人が選択する可能性が被相続人に認められている。この条約の事項的適用範囲は、相続順位——相続人および遺産受取人の決定、相続分および公課の決定、相続権剝奪および相続欠格を含む――、遺産の決定および遺言の実体的有効性の決定、これらである。この条約は相続契約に対しても適用される。同条約には、同時死亡者条項が含まれている。またこの条約は、信託および基金、不動産、事業およびその他の特有財産をも規律し、対抗策としての公序という留保条項も有する。

この一九八九年条約が高く評価されているのは、そこに盛り込まれた内容が野心的なものだからである。この条約がカヴァーする範囲は牴触法に限られているが、その内容をみると、現在、ヨーロッパ委員会相続法白書[20]において改めて取り上げられているものと本質的に一致している。この条約は、もちろん、世界各国のうちこれまでにアルゼンティン、ルクセンブルク、オランダ、およびスイスにより署名され、またオランダにより批准されただけで、まだ発効していない[21]。

相続牴触法に関してドイツが締結した二国間条約は、一九五九年のドイツ連邦共和国・ソヴィエト連邦領事条約のみである。この条約はロシア連邦、白ロシア、ウクライナ、モルドヴァ、アルメニア、アゼルバイジャン、グルジア、カザフスタン、キルギスタン、タジキスタン、そしてウズベキスタンで引き続き適用されている[22]。このほか、実務上重要なのが一九二九年のドイツ・トルコ領事条約[23]と一九二九年二月一七日のドイツ・ペルシャ居留条約である。

(14) BGBl. 1965 II 1145 ; http://hcch.e-vision.nl/index_en.php?act=conventions.textcid=40. これは、一九六四年一月五日以降、発効している。
(15) この条約は、日本では、一九六四年八月二日に発効している。
(16) 参照されるのは、たとえば、*Lange/Kuchinke*, Lehrbuch des Erbrechts, 5. Aufl., § 3 II 3 d（これにはその余の証明が付されている）である。
(17) http://hcch.e-vision.nl/index_en.php?act=conventions.textcid=59. この条約は一九九二年一月一日に発効している。
(18) http://hcch.e-vision.nl/index_en.php?act=conventions.textcid=62.

(19) 但し、特別の事情に基づいてこの者が国籍を有する国に対してより密接な関係を有していたときは、この限りではない。このほか、相続は、被相続人が死亡当時に国籍を有していた国の法または被相続人がより密接な関係を有していた国の法による。

(20) これについて詳しくは後述するところをみよ。

(21) これについて参照されるのは、*Boulanger*, in: Ancel (Hrsg.), Mélanges en l'honneur de Paul Lagarde, 2005, S. 155 ff. である。

(22) この領事条約には、遺産の保障（Nachlasssicherung）に関する諸規定のほか、相続法に関する抵触規定も含まれている。その規定によれば、不動産たる遺産に関しては所在地国の実質法規が適用されるのに対して、動産たる遺産の相続については当該国の抵触法による。

(23) RGBl 1930 II 748. この領事条約でも、同様に、遺産の分割が規定されている。

Ⅲ 遺言登録のための国際的規律

このほかヨーロッパ理事会の枠内では一九七二年に遺言登録制度に関するバーゼル条約が締結されている。(24) この条約には——被相続人の国籍や居所と無関係に——登録されなければならないものとして、次に掲げるものが挙げられている。

— 公的に証明された遺言書（公証人、官庁、または、当該国の法律に基づき権限を有する者により作成されたもの）

— ならびに、（右の職に在る者のいずれかのもとで）官庁に寄託された遺言書

— ならびに、自筆遺言書であって、——当該国の法規がそのことを許容しているときに限り——官庁への寄託が

行われることなく、公証人、官庁、または、この目的のために当該国の法律に基づき権限を有する者に対して交付されているもの[25]。

このことは、一旦登録された遺言の取消、撤回およびその他の変更についても、それが登録義務に関して設けられた方式で宣言されている場合に、適用される。登録は被相続人の存命中は秘匿される。被相続人の死後は、誰でも、死亡証明書を提出することにより、登録申請書を通じて確定済みの登録内容に関する情報の照会を求めることができる[26]。ヨーロッパ連合では、このバーゼル条約は、ベルギー、エストニア、フランス、イタリア、ルクセンブルク、オランダ、ポルトガル、スペインおよびキプロスで発効している。デンマーク、連合王国およびドイツはこの条約に署名しているが、まだ批准していない。ヨーロッパ連合以外の国をみると、この条約が発効しているのはトルコのみである[27]。

(24) その正文を収録しているものとして、http://conventions.coe.int/Treaty がある。
(25) 被相続人は、当該国の法規に反しない限り、当該登記に異議を申し立てることができる。
(26) 被相続人の氏名、被相続人の出生日および出生地、被相続人の住所、登記された証書（Urkunde）の表示および日付、証書を保管している部局の名称および住所。
(27) このほか、一九六三年四月二四日の領事関係に関する国際連合ウィーン条約（BGBl 1969 II, 1587）も相続事件に関わるものである。

Ⅳ　相続に関する国際統一実質法

最後に、一九七三年一〇月二六日に、ユニドロワ（UNIDROIT, 私法統一国際協会）の活動として国際的な遺言の方式の統一法に関するワシントン条約が締結されている。(28) この条約は一方的意思表示である遺言に限定されている。それによれば、国際的遺言は書面で作成されなければならないが、手書きで作成されることを要せず、また被相続人自身によって作成されていなくてもよい。被相続人は、証人二名および国際的遺言に関して行動する権限を有する者一名の面前で、当該文書が遺言書であること、および、被相続人が遺言書の内容を了知していること、これらを宣言するものとされている。証人および国際的遺言に関して行動する権限を有する者、これら自身が当該遺言書の内容を知っていなければならないというわけではない。被相続人はこれら三名の面前で遺言書に署名すべきものとされ、また事前に署名が行われていたときはそれが被相続人の署名であることを被相続人自身が承認すべきものとされている。このほか、証人および権限を有する者は、被相続人の面前で署名することにより、当該遺言書を認証するものとされ、また権限を有する者は、方式上詳細に定められている認証証明書を遺言書に添付するものとされている。この条約は、ヨーロッパ連合加盟国のうち、ベルギー、キプロス、イタリア、フランス、ポルトガルおよびスロヴェニアで発効している。この条約に署名しているが、まだ批准していないのは、チェコスロヴァキアと連合王国である。ヨーロッパ連合以外のヨーロッパにある国のうち、同条約の発効国はボスニア・ヘルツェゴヴィナとセルビア・モンテネグロである。この条約に署名しているがまだ批准していないのは、ヨーロッパ連合加盟国以外のヨーロッパにある国では、ヴァティカンとロシアである。ヨーロッパ以外では、この条約はカナダ、エクアドル、リビア、ナイジェリアで発効している。同条約に署名しているが批准していないのは、イラン、ラオス、シエラレオネおよびアメリカ合衆国である。

(28) その正文を収録しているものとしては、たとえば、http://www.unidroit.org/english/conventions/1973wills がある。

V 小括——統合の散発性および内容の相違性による法の分裂

結局のところ、この主題に関してここに取り上げた国際法条約が示しているように、個別的な問題への取組みはバラバラにしか行われていない——その結果、これらの問題の解決は区々に分かれている。事項の点で包括的でありかつ空間的にグローバルな規律を求めようとするハーグ相続法条約における試み——今なお発効していない——は、まだ成果を上げていない。このほか、右に取り上げた諸条約の加盟状況にもかなりのばらつきがある。それゆえ、条約法を顧慮する場合、内容的にも、また領域的視点での統合規模が小さいという点でも、触れることのできる範囲は著しく異なっている——その結果、これらの相違を乗り越えられるような統一的規律モデルを見出すことはできない。

B　相続に関する国際私法および実質法にみられる相違

以上のところから明らかなように、相続は、当該国の抵触法規によりしかるべく連結される国の実質法に従って規律されることとなる。諸国の法をみると、国際私法の間にも実質法の間にも、むろんたくさんの違いがある。

I　抵触法における相違

相続に関する国際私法にみられる主要な相違のひとつは連結対象範囲に関する遺産一体主義と遺産分割主義との対立であり、また今ひとつは連結点の対立（国籍か居所か）――これらの連結点の結び付け方はそれぞれの法秩序において異なっている――である。

1　遺産一体主義――国籍への連結

たとえば、ドイツ法は、民法典施行法第二五条により、死亡による権利承継につき、被相続人死亡当時の被相続人の国籍に連結する。また遺言の方式的有効性についてみると、民法典施行法第二六条の適用範囲が拡張されている。(29)

フィンランド、ギリシャ[30]、イタリア[31]、オランダ、ポーランド、かつてのユーゴスラヴィアを承継した国々、ポルトガル、スペイン、スウェーデン、スロヴァキア、それにチェコ共和国、オーストリア[32]、ブルガリアおよびハンガリーも、原則として遺産一体主義を維持し、被相続人の国籍を起点に据えている。ヨーロッパ連合以外ではヴァティカンが、またヨーロッパ以外ではエジプト、アルジェリア、台湾、インドネシア、イラク、キューバ、クウェート、レバノン、リビア、モロッコ、フィリピン、セネガル、韓国、シリア、チュニジアがこれと同じ立場をとっており、日本もここに挙げられるが、これで終わりではない。これらの国の法秩序はどれも、被相続人の死後に生じる相続法上のさまざまな関係を統一的に規律しようとしており、そのために、相続準拠法の決定に際して遺産一体主義から出発している。

2　遺産一体主義——住所への連結

これに対して、住所（この用語についてはさまざまな定義がみられる）に連結するのは、ヨーロッパ連合加盟国では、デンマーク、ヨーロッパ経済地域加盟国以外ではノルウェーおよびアイスランド、スイスであり、ヨーロッパ以外では、たとえばブラジル、イスラエル、そしてニカラグァがそうである。このほか、たとえばイタリアおよびオランダも、（選択肢として）国籍への連結のほかに常居所への連結を認めている[33]。これらの法秩序の根底にも遺産一体主義がある。

3　遺産分割主義——国籍への連結

これに対して、その他の法秩序が狙っているのが遺産分割主義である。この立場では不動産と動産とが区別されている。たとえば、動産に関する本国法主義と不動産に関する所在地法主義という組合せの遺産分割主義を採用しているのは、ヨーロッパ連合ではルーマニアであり、それ以外では、サンマリノ、リヒテンシュタイン、トルコ、それに、中華人民共和国、ヨルダン、そしてボリヴィアといった国々である。

4　遺産分割主義——住所への連結

動産に関する住所またはドミサイルへの連結と不動産に関する所在地法主義とを組み合わせた遺産分割主義が知られているのは、ヨーロッパ連合加盟国では、ベルギー、フランス、連合王国、アイルランド、ルクセンブルクである。このほか、ヨーロッパではモナコと白ロシアが、ヨーロッパ以外ではアルゼンティン、オーストラリア、ビルマ（現在のミャンマー）、インド、カナダ、ニュージーランド、パキスタン、南アフリカ、タイ、そしてアメリカ合衆国といった国々も同様である。(34)

(29)　しかしながら、この原則的な連結も、たとえばドイツ民法典施行法（EGBGB）第四条第一項による反致および転致に関する諸規定を通じて、しばしば打破されている。また、ドイツ民法典施行法第三条第三項によって、被相続人の本国法が排除される場合がある。それは、遺産が、準拠法として指定された法を定めた国に所在せず、かつ、遺産が、所在地国法に従えば特別の規定に服するとされている場合である。細目について参照されるのは、*Lange/Kuchinke*, § 3 II 2 b（これにはその余の証明が付されている）である。

(30) 参照されるのは、ギリシャ民法典第二八条である。

(31) イタリア民法典前加篇（Disposizione preliminarie）第二三条。

(32) 一九七九年一月一日に発効した。それまでは、動産につき本国法に、不動産につき所在地法によるとする限定的な遺産分割主義が行われていた。

(33) 常居所についても、その捉え方には違いがある。住所と常居所との本質的な違いのひとつは、通常、住所を基礎付けるためには住所地国で長い間にわたって生活しようとする当事者の法律行為的意思が要求されているのに対し、常居所があるというためにはその者が滞在地国に実際に住んでいるという事実が重視されているという点に見出される。

(34) たとえば、連合王国、フランス、ルクセンブルク、ベルギーがそうであり、ヨーロッパ連合以外では、ロシア、ブルガリア、それにルーマニアがそうである。

Ⅱ　実質法における相違

抵触法上の連結に違いがあるとしても、相続に関する実質法が一致していさえすれば、そうした違いは実際には重要ではない。しかしながら、ヨーロッパ連合加盟国という狭い範囲をみるだけでも、このような前提条件はまったく満たされていない。確かに、相続法の場合、伝統的に、法系上互いに近い関係に立つ法秩序が存在する。とりわけ最大のグループは、ローマ法に基礎を置く各国の相続法である。同祖血族による法定相続[35]、一方的な遺言書に基づく任意相続[36]、相続人の直接的包括相続[37]——その対極に位置するのが遺産債務についての相続人の責任[38]である——、相続人指定と遺贈[39]との区別、これらは、ロマン法圏の各法秩序に共通する。これに対して、イギリス法にみられる、代理人という資格で登場する法律上の所有者が行う相続財産の清算――そこでは、債務弁済後に初めて、この者から相続人に対して遺産が譲渡される――は、基本的理解という点からみると、やはり、ヨーロッパ大陸法上の相続人の地位の法的完全性とはまったく異なっている。これに似ているのは、頻繁に生じる信託の事案である。その場合、相続人は、受託者が個々に行う金銭の提供を通じて、当該信託の受益者として遺産を取得するにすぎない[40]。このような法系に関する分類上の相違という問題とは別として、実質法上重要な相違がみられるのは、相続契約――そのくびきが強いことを知っているのはとりわけドイツ法である[41]――の場合であり、そしてまた、夫婦間で相続法上の剰余調整――この点でドイツ法上、家族法と相続法とが結び付いている[42]――が行われる場合である。近親者の遺留分権という制度は確かに最終的にはどの加盟国の法秩序にもみられるが、しかし細かい点をみていくと、その現れ方は極めて異なっている。たとえば、ドイツ法におけるように、放棄可能な債務法上の請求権[43]という構成もあれば、フランス法におけるように、物権的効力を有する、放棄不能の実体的緊急相続権という構成もあり、さらにはイギリス法におけるように、たんに扶養家族の申立に基づく裁判所の命令という構成もある。このほかにも、細かくみると、実質法上、たくさんの違いがある。たとえば、多くの国の法秩序では、国庫の相続権――ドイツでもそうした構成を採っている[44]――という表現が示すように、国庫が相続法の舞台に登場するのに対して、その他の法秩序では、この点は物権法上の先占として理解されている――このことから、渉外事件では、牴触法的連結の相違ともあいまって、被相続人の債権者が自己の権利を行使する上でかなりの困難が見込まれることとなる[45]。

(35) ドイツ法では、民法典第一九二四条ないし第一九三〇条。

(36) ドイツ法では、民法典第一九三七条以下、同第二〇六四条以下。
(37) ドイツ法では、民法典第一九二二条。
(38) ドイツ法では、民法典第一九六七条以下。
(39) ドイツ法では、民法典第一九三九条、第二一四七条以下。
(40) もちろん、ヨーロッパ大陸諸国の相続法の間にも違いがある。たとえば、オーストリア法によれば、遺産の清算(Nachlassabwicklung)が行われる場合にも、当該遺産の「引渡し(Einantwortung (Übergabe))」が要求されている。
(41) ドイツ民法典第二二七四条以下。
(42) ドイツ民法典第一三七一条との関連における第一九三一条。
(43) ドイツ民法典第二三〇三条以下、第二三四六条第二項。
(44) ドイツ民法典第一九三六条、第一九六四条、第一九六六条。
(45) これについて参照されるのは、*Heckel*, Das Fiskuserbrecht im IPR, 2006 である。

Ⅲ　相続法実務の要請

相続案件が渉外性を示していなければ、右に述べた相違は何の問題も生むことはない。というのは、当事者も裁判所もみずからが慣れ親しんだ自国の法秩序と法文化——これらは当事者の評価や確信と圧倒的に一致している——に基づいて、信頼できる解決策をもたらすことができるからである。しかしながら、空間的な移動可能性が拡大した結果、被相続人が国境を越え、また被相続人が有する遺産の所在地と相続人の範囲が国際性を帯びた結果、関係者がこうした法の分裂に不満を抱く余地が生まれた。このことはヨーロッパ域内でみられるだけでなく、世界的規模であてはまるところである。けれども、相続に関して、グローバルな規模で適用されるような実質法や牴触法の登場を近い将来に期待することはできない。ヨーロッパ連合内にあるドイツからみると、むしろそうした方法に比して、最も考え易いのは法の調整である。というのは、ヨーロッパ連合加盟諸国は、相続法以外でもすでに多様なやり方で法的に結合されているからである。また第三国の国民であるが、ドイツに住む人数からみると多数を占めるグループに属する者（たとえば、トルコ人とかタイ人女性がそうである）は、普通、ドイツ国籍を早急に取得しようと試みている。それは、ドイツ国籍の取得によってもたらされる長所を利用できるようにしたいと考えているからである。その結果、こうした実質法における相違は、たいていは一時的なものにとどまり、往々にして相続問題が実際に生じる前に解決されている。これに対して、ヨーロッパ連合以外の国々から来た外国人は、ドイツ国籍を取得していなくても、共同体法上の「居住移転の自由」の恩恵を受け、法的には、広い範囲にわたってドイツ国民と同じ地位に置かれ、死亡によりマイナスの影響が出るまで、しばしば住所や居所を数十年以上も維持している。

ドイツからみると、現在の実務で問題となっているのは、主として、次の三つの典型的なグループの国際相続事件である。

― 第一のタイプでは、相続対象物からみて、遺産が異なる加盟国に分散している(46)。その結果、不動産所在地国が当該不動産に関して所在地に連結しているのに、他の諸国では被相続人の属人法が基準とされるといった場合が生じ、準拠法の決定が複雑になっている。相続に関する実質法が一部では著しく異なっているところから、こうした法の相違は当事者にとって不意打ちという思いがけない結果を生み出している(47)。

― 第二のタイプは、健全な婚姻生活を営んでいる夫婦が、相続準拠法を異にする結果(48)、往々にして法定相続順位を異にし、遺留分権を異にすることになるが、相続問題を統一的に解決することを望んでいるという場合である。この場合には、家族法上の先決問題、特に夫婦財産制をどのように規律するかが重要となる。

―　第三の典型的なタイプは、被相続人と抵触法上準拠法として指定された相続法との間に実際にもなじみがないという場合である。このことは、特に、相続準拠法につき被相続人の国籍に連結している加盟国の国民のうち、在外居住者についてあてはまる。(49) 抵触法がそのようなものであるときは、跛行的法律関係が生じることとなり、その結果、あちこちで抵触が生まれ、不利益だと感じる家族が破壊的な策略を凝らす恐れがある。このような場合には、統一的連結を行うことが望ましい。このほか、特にドイツについてあてはまることであるが、ヨーロッパの人口移動という点で派遣国というよりも受入国とでもいうべき国が国籍に連結している場合、住所地国では、意図された目標に合うように遺産を厳密に清算しようとすれば、出身地国の法についてだけでなく、出身地国の官庁についても、時として手間のかかる行政機関への接触が求められ、協議費用や手続費用も必要となる。

すでに述べたように、加盟諸国の間に実質法においても手続法においても違いがあり、そして、抵触法的な連結の仕方にも相違があるところから、渉外的相続事件では、万一の場合に備えてあらかじめ法律関係を形成しようとしても、死後に清算しようとしても、規律の過程は極めて複雑になる可能性がある。(50)

(46)　それとして考えられるのは、たとえば、少しも珍しいことではないが、ドイツ人たる被相続人がプロヴァンス（フランス）、トスカーナ（イタリア）、そしてマヨルカ（スペイン）といった地域に休暇用住宅を有している場合である。

(47)　被相続人であるドイツ人夫がドイツ人妻に対し、ドイツの共同遺言（gemeinschaftliches Testament）またはドイツの公証人の面前での相続契約という方法で、フランス所在の不動産を与えることは、当該不動産について準拠法となるフランス法によれば、なお生存中の妻の遺産に関しては不適法な法律行為となり、その結果、ドイツ人たる子は、フランスの緊急時相続法により、しかるべき予防措置が講じられていなければ、フランスにある不動産の所有権を主張することができる。すなわち、たんなるドイツの遺留分放棄はこのためには十分ではない。というのは、フランスでは遺留分（réserve）を放棄することができないからである。

(48) 夫婦の住所が共通していても、特に国籍が異なっていれば、このことが行われる可能性がある、すなわち、夫婦の本国がともに国籍に連結している場合であり、たとえばドイツ人妻と、一九六〇年代に外国人労働者（Gastarbeiter）としてドイツに入国したイタリア人夫との組合せがそうである。これについて参照されるのは、*Mansel* in : Jayme (Hrsg.), Kulturelle Identität, 2003, S. 124である。

(49) ここで考えられるのは、たとえば、ドイツに（往々にして相当長期にわたって）住所を有するイタリア人、スペイン人またはギリシャ人であり、また太陽の良くあたるヨーロッパ南部で生活するドイツ人年金生活者である。

(50) この点について詳しい文献として参照されるのは、*Stumpf*, Das Erbrecht als Objekt differenzierter Integrationsschritte, in : *Jung/Baldus* (Herausgeber), Differenzierte Integration im Gemeinschaftsprivatrecht, 2007, S. 217-253. である。

C ヨーロッパ共同体法における相続法の調和に関する権限をめぐる問題

このように、ヨーロッパ共同体においては、相続法の統合が手近な話題となっているが、むろん現在でも、共同体法上の権限をめぐる諸問題はなお解決されていない。

I 第一次法上の諸基準

第一次法上の諸基準は、原則として、ヨーロッパ共同体条約第二九五条による分野別の例外に関わる。さらに、共同体法上の原則である個別的授権という観点からみると、一連の多様な授権規定として手近にあるのはヨーロッパ共同体条約第六五条を伴う第六一条c号である。(51)これらの規定(52)は共同体に対して、国際私法(53)および国際手続法において競合する立法権限の調整を認めているが、(54)しかし、民事実質法(55)における調整、それゆえ相続に関する実質法(56)における調整は認めていない。しかもこのことは従来、部分的にしか行われていないというよりもむしろ、まったく行われていないといってよい。(57)現在ある共同体法改正の計画は、相続に関する抵触法と手続法に限定されている。国際私法および国際手続法における法的行為のためには、ヨーロッパ共同体条約第六七条の手続に従えば、ヨーロッパ共同体条約第二四九条所定のすべての行動形式が用意されている。(58)ヨーロッパ委員会とヨーロッパ議会は、このほか、少なくとも相続に関する抵触法および手続法の中に相続事件を規律するための共同体管轄権(59)を設けようとして、つまり、ヨーロッパ共同体条約第六五条の有用性に疑問を呈しないやり方を採ろうとして努力を傾けている。その背景には、自由、安全、法といった概念の範囲を包括的に捉えた上で、域内市場を引き続き発展させるという政策的な努力がある。このように堅牢な法的基盤を形成することができるのは、おそらくは二〇〇四年一〇月二九日のヨーロッパ憲法条約(60)であろう。というのは、憲法条約はヨーロッパ共同体条約第六五条の法律要件を域内市場達成という目標から解き放ち、それとともに決定的なやり方で、家族法や相続法という市場から遠く離れた分野においても私法のための道を開くものだからである。(61)ところが、フランスとオランダで国民投票により否決され、それに続く批准手続のいわゆる「熟慮期間」が過ぎた後でも、憲法条約はまだ発効していない。その結果、現行条約法という、より厳密な根拠に基づいて、解釈という方法でこれと同じ結果をもたらそうとすることが試みられている。そこでは、一方において人の自由移動と関連するか否かが問われ、他方では域内市場との関連性の有無が問題となっている。(62)

ドイツの議長職がほぼ終わりかけた、二〇〇七年六月の第三週に開催された政府間会議において、ヨーロッパ連合憲法の改正に関する今後の行程表につき一致がみられた。これに基づいて締結された二〇〇七年一二月一三日のリスボン条約[63]によって、特にヨーロッパ共同体条約第六一条第四項と第六五条は根本的に新しい表現に変更された。すなわち、これまでは域内市場との関連性が厳格に審査されていたが、「特に（insbesondere）」という語が挿入されたことにより、もはや強制性を持たない原則的規則へと格下げされ、そうでない場合にも、民事法を調整するための諸条件が決定的に明確にされた。同条約の批准が行われ、そしてヨーロッパ共同体条約がしかるべく変更されるのであれば、このことをもって、新しい表現形式におけるヨーロッパ共同体条約第六五条は、その当時計画されていた通り、相続法を調整するための基盤として十分に使えるものとなろうし、その結果、近いうちに、権限をめぐる問題は不要になろう。

権限をめぐる問題は、共同体レヴェルでのみならず、国際的場面でも、相続法に関する第二次法関係文書を公布するために重要である。二〇〇六年一〇月五日の理事会決議[64]をもって、ヨーロッパ共同体は、ハーグ国際私法会議への加入の用意を始めた――ハーグ国際私法会議には、これまでのところ、ヨーロッパ共同体加盟国では、ドイツ、オーストリア、ベルギー、デンマーク、スペイン、フィンランド、フランス、イタリア、ルクセンブルク、オランダ、ポルトガル、イギリスおよびスウェーデンが、またヨーロッパ経済地域加盟国ではノルウェーとスイスが、その他の国々から挙げるとすれば日本も属している。この決議に別表（Anhang）Ⅱとして付加された管轄権宣言において、ヨーロッパ共同体が指摘しているように、その確定の判例[65]によって、ヨーロッパ共同体が管轄権を有するとき（のみ）に限り、対外的活動を行う権限が共同体に帰属する。

（51） このほかにも論議が行われているのが、ヨーロッパ共同体条約第九五条、第九四条、第三〇八条、第二九三条、第二条、一般的な差別禁止条項、そして「隠された権力の理論（Implied-Powers-Doktrin）」、これらの適用の有無についてである。
(52) 基本的な概観を与えているのが、*Hilf/Pache*, NJW 1998, 705 の場合である。
(53) これについて参照されるのは、たとえば *Basedow*, EuZW 1997, 609 ; *von Hoffmann*, in : von Hoffmann (Hrsg.), European Private International Law, 1998, S. 19 である。
(54) これについて基本的なものは、たとえば、*Pfeiffer*, in : Müller-Graff, Der Raum der Freiheit, der Sicherheit und des Rechts, 2005, S. 75 である。この権限（Kompetenz）が加盟国相互の関係に限定されているのか、それとも、加盟国の第三国に対する関係にも拡張されるのかという点には争いがある。後者の考え方に賛成するのは、そのように考えなければ、加盟諸国の国際私法・国際手続法の内容が異なっているために、間接的であるにせよ、域内市場の実現がふたたび害される可能性があるからである。参照されるのは、たとえば、*Eidenmüller*, IPrax 2001, 2 f. である。
(55) 同様のものとして、*Müller-Graff/Kainer*, DRiZ 2000, 350 がある。
(56) 同様のものとして、*Rauscher*, in : Mansel, Pfeiffer, Kohler, Kronke, Hausmann (Hrsg.), Festschrift für Erik Jayme, 2004, Bd. 1, S. 719, 723 がある。
(57) このように強い調子で述べたものとして、Stellungnahme des deutschen Bundesrats zum Grünbuch Erb- und Testamentsrecht der Kommission von 2005, BR-Ds. 174/05 v. 23. 9. 2005 がある。
(58) 特に、これらの規則が適用されないということは、同条約第六五b条が定める「一致の促進（Förderung der Vereinbarkeit)」という文言から生じるわけではない。むしろ、これらの規則はどちらかといえば、特に徹底したやり方で一致を促進しているのである。
(59) 領域的統合の推進という観点からみると、確かに、原則としては、共同体規模でそのことを可能とする内容の現行法が存在している。しかし、ここで考慮されなければならないのが、ヨーロッパ共同体条約第六九条に対する議定書により、アムステルダム条約締結の際に行われた、共同体の外側にとどまるか内側に入るかの決定に関する特則（stay out/opt in-Sonderregelungen）が連合王国とアイルランドについて存在し、またデンマークについては共同体の外側にとどまることについてなされた留保（stay out-Vorbehalt）が存在するという点である。これについて参照されるのは、たとえば、*Hailbronner/Thiery*, EuR 1998, 583, 597 ff. である。
(60) ABl. 2004 C 310.
(61) 参照されるのは、ヨーロッパ憲法条約（VVE）Ⅲの第二六九条である。同条では、相続法について明示的に述べられていない。しかし、同条第二項では、現行の法律状態とは逆に、域内市場との関連性があることという要件がもはや絶対に必要なものとはされなくなっている（その表現は、「とりわけ、そのことが、域内市場の機能を円滑にする上で必要とされるとき」となっている）し、第三項では、「渉外的関連性を伴う家族法に関する措置」は域内市場の達成という目標から全面的に切り離されている。

（62） この点に関する細目について参照されるのは、*Stumpf*, EG-Rechtssetzungskompetenzen im Erbrecht, EuR 2007, S. 291-316である。

（63） ABl. C 306 vom 17. 12. 2007, 1.

（64） Beschl. 2006/719/EG, ABl. 2006 L 297, 1.

（65） EuGH, Gutachten 1/76, Slg. 1977, 741; Gutachten 2/91, Slg. 1993 I-1061; Rs. C-22/70 (AETR), Slg. 1971, 263; Rs. C-467/98 (Open Skies), Slg. 2002 I-9519.

Ⅱ　第二次法のコンテクスト

これまでのところをみると、もともと首尾一貫した形で、相続に関する共同体第二次法が特別に設けられているわけではないことがわかる。現存するのはわずかに国際私法および国際民事手続法に関する一般的な諸規定のみである。

裁判所の管轄権ならびに裁判の承認および執行のためのヨーロッパ共同体規則二〇〇一年第四四号、つまりいわゆるブリュッセル規則Ｉ[66]も、同様に、ヨーロッパ全域にわたる債務名義に関する同規則二〇〇四年第八〇五号[67]、家族法に関する法的文書[68]、少額債権に関するヨーロッパ全域にわたる手続導入規則案[69]、抵触法的計画としての契約および契約外債務についてのローマ規則Ⅰ(70)およびローマ規則Ⅱ(71)、これらも、正当なことに、それぞれの適用範囲から相続法を明示的に除外している。

これに対して、ヨーロッパ全域にわたる送達規則二〇〇〇年第一三四八号(72)にはこのような除外規定は含まれておらず、また、倒産規則二〇〇〇年第一三四六号(73)およびヨーロッパ共同体の訴訟費用補助指令二〇〇三年第八号(74)ならびにヨーロッパ全域にわたる督促手続導入規則案(75)、そして、民事および商事の事件における調停についての指令案(76)、これらにも同様に含まれていない。抵触法や手続法に関して述べるときも、相続法には授権の問題がその当時まだ決定的な形では実定法上明らかにされていないという立場を前提とすると、これらの法的文書類についても、これらを死亡による権利承継に関わる諸問題に対して適用することは、どちらかといえば、確証されていないといってよい。ヨーロッパ共同体条約第六七条に対する議定書上の留保を除いて、前述のような、すでに公布されている法的文書類を連合王国およびアイルランドはすべて取り入れているが、現在のところ、デンマークではまだこれらの文書は発効していない(77)。

(66) ABl. 2001 L 12, S. 1.
(67) ABl. 2004 L 143, 15.
(68) そのようなものとして、いわゆるブリュッセル第二規則、すなわち、二〇〇三年一一月二七日のヨーロッパ共同体理事会規則二〇〇三年第二二〇一号、ABl. L 338 vom 23. 12. 2003, S. 1 ff. がある。
(69) KOM (2005) 87、その最終改正は二〇〇五年三月一五日付けのものである。
(70) 二〇〇五年一二月一五日の提案（KOM (2005) 650）、最終改正である。
(71) 二〇〇六年二月二一日の変更提案（KOM (2006) 83）、最終改正である。
(72) ABl. 2000 L 160, 37.

(73) ABl. 2000 L 160, 1.
(74) ABl. 2003 L 26, 41.
(75) 現在のところ、KOM (2004) 173/F4 v. 22. 9. 2005.
(76) KOM (2004) 718.
(77) この国では、これに代えて、依然として、ヨーロッパ裁判管轄・執行条約(EuGVÜ)が適用されている。

D　共同体レベルでの最近の発展

共同体全域にわたって相続法について論議する場を設けるための最初の諸条件を設定するという政策的な意思は、現在でも十分に存在している。この意思は、ヨーロッパ共同体の生成過程で把握されるようになった新しいモデル、すなわち、将来的には域内市場概念を継続的に発展させることができるよう、自由、安全、法、これらを機能させるモデルの一部を成すものとみなされなければならない。民事事件における司法的協力は、すでに長きにわたって行われかつ知られてきた、民事法の調整という方法と同じように、有用なものである。

I　これまでの手続的歩み

1　一九九八年のヴィーン・アクションプラン

右に述べたような状況を背景としつつ、一九九八年のヴィーン・アクションプラン(78)において初めて、ヨーロッパ共同体は相続法についての規律を優先的計画として取り上げた。

2　二〇〇〇年の措置プログラム

民事および商事の事件における裁判所の裁判の相互承認原則を各国国内法に置き換えるための措置プログラム――これはヨーロッパ理事会およびヨーロッパ委員会によって二〇〇〇年末に採択された(79)――は相続法に関する法的手段の作成を試みたものである。

3　二〇〇四年のハーグ・プログラム

二〇〇四年一一月四日および五日に開催した会合において、ヨーロッパ理事会はいわゆるハーグ・プログラム(80)を承認した。ハーグ・プログラムの重点のひとつに挙げられているのが刑事裁判および民事裁判の相互承認である。ハーグ・プログラムによれば、刑事事件および民事事件の司法協力分野において今後あらゆる措置をとるための基盤として、「相互の信頼の確立」と「加盟諸国の法制度の多様性およびヨーロッパ法による統一に立脚するヨーロッパ法文化の継続的発展」[81]とが挙げられている。民事事件における司法協力を推進するために、将来に向けた複数の具体的プロジェクトが列挙されている。

4　二〇〇五年のアクションプラン

これに基づいて、ヨーロッパ委員会は二〇〇五年五月一〇日にアクションプラン[82]を提出した。このプランは、二〇〇五年六月三日に司法・内務理事会により採択された。そこで述べられているところによると、「民事司法の分野では、民事および商事の事件における裁判所の裁判の相互承認の原則を国内法に置き換えるためのプログラムの完成に優先順位が与えられている。このアクションプランとほぼ平行して、複数の立法提案——これらはヨーロッパ委員会によりすでに提出されているものもあれば、最近提出されたばかりのものもある——が採択され、また、相互承認原則がまだ完全に実現されていない分野、たとえば相続事件および遺言事件の分野について新たな規則を準備するための協議が導入されている。これらのほか、規則を設ける必要のある分野としては、裁判所による裁判の執行があり、また公法上および私法上の文書の相互承認がある」[83]。このアクションプランでは、基準を明示するため、ハーグ会議で目標として設定された基準が具体的な措置へと置き換えられている。そこで計画されている重要項目のリストには、特に、相続法および遺言法のうち、準拠法、管轄権および承認の問題、行政に属する措置（相続証書の発行、遺言書の登録）、これらに関するものについての白書をヨーロッパ委員会が提出するようにという、ヨーロッパ委員会への要請も含まれている。

5　二〇〇五年の相続法・遺言法白書

これまでにさまざまな研究が行われているが、とりわけドイツ公証人研究所[84]による研究が行われた後、ヨーロッパ委員会は、右の要請に応じて、二〇〇五年三月一日に相続法・遺言法白書（Grünbuch zum Erb- und Testamentsrecht）を提出した[85]。法定相続および遺言に基づく相続に関連する公的な協議手続の中で、この白書に対するしかるべき態度を二〇〇五年九月三〇日までに表明する可能性が与えられていた[86]。

6　二〇〇六年のヨーロッパ議会による態度表明

二〇〇五年一〇月二六日に経済・社会委員会の態度表明[87]が行われた後、ヨーロッパ議会は、二〇〇六年一〇月一六日付けの報告書[88]——報告者の名にちなんで命名されたガルガニ報告書——に基づいて、二〇〇六年一一月一六日の本会議でヨーロッパ委員会に対し、しかるべき法的行為をとるための提案を提示するよう求めた[89]。

（78）　ABl. C 19 vom 23. 1. 1999, S. 1.
（79）　ABl. C.12 vom 15. 1. 2001, S. 1.

(80) ABl. 2005 C 53, 1；これについては、*Wagner*, IPRax 2005, 66.
(81) ABl. 2005 C 53, 11.
(82) KOM (2005) 184.
(83) KOM (2005) 184, 11.
(84) 参照されるのは、*Dörner/Hertel/Lagarde/Rierling*, IPRax 2005, 1で行われている要約の部分である。
(85) SEK (2005) 270, KOM/2005/00065、最終改正である。
(86) 二〇〇五年二月二三日のヨーロッパ共同体委員会によるマスコミ用広報、IP/05/208.
(87) ABl. C 28 vom 3. 2. 2006, S. 1.
(88) Az. PE 367. 975.
(89) Az. T6-0496/2006.

Ⅱ　白書で提起された、ヨーロッパ共同体レヴェルでの相続法統合に関する実質的問題

第一次法がいかなる場合にも加盟諸国の相続実質法を調整するための授権を用意するものではないという点に、争いはない。そのため、相続法白書で取り上げられているのは、もっぱら国際私法および国際手続法に関する規律提案のみである。これらに関しては、たくさんの規則案が用意されている。(90)

1　牴　触　法

(1)　適用範囲

牴触法においてまず提起される問題は、複数の牴触規定を設けるときに、それぞれの牴触規定の事項的適用範囲をどこまで広げるべきかという点である。というのは、まったく同一の事実関係につきすべての法秩序において無条件にまったく同じ相続法が基準とされるということはないからである。[91] 事項的適用範囲の例として明示されているのは、遺言の有効性、相続人の地位、遺留分の権利、相続財産および共同相続関係の清算と分割、これらである。[92] この問題とは別に、それぞれの牴触規定が相続人の決定および相続人の権利の決定に限って適用されるのか、それとも、遺産の清算や分割についても適用されるのかという論点も挙げられている。[93] ヨーロッパ議会は相続牴触法に関して詳細な規則を設けることに賛成している。[94]

(2)　連　結　点

連結点として選ばれているのは、一方では国籍――というのも、ヨーロッパ委員会の見解では、国籍が「長い間にわたって、最初の選択肢」とされていたからである――であり、他方では「現代的」解決策である常居所地である。[95] 国籍に代えて、被相続人の最後の常居所へ連結することによって、確かに、国籍を異にする家族をめぐる相続問題を統一的に解決することが容易になろう[96]。しかしながら、常居所を基準とすることによって、とりわけ国籍や英米法上のドミサイルのように、常居所ほど簡単に変更することができない概念を連結点とする安定した連結が不安定な連結により取って代わられるということも、むろん正しく認識されている[97]。これらを考慮すれば、常居所という概念は、第一に、特に固定した時点と、とりわけ死亡の時点と関連付けて正確に把握されなければならず、第二に、常居所地国における定住の期間と集中度に関して設けられる最低条件を考慮して定められなければならない[98]。

ヨーロッパ議会は常居所という連結点を優先している。というのは、「法廷地」(裁判所の管轄権)および「法」(準拠法)と最も容易に調和させることができるのが常居所だからである[99]。この場合、常居所という概念は、大陸法上の住所および英米法上のドミサイルという概念とは厳密に区別して定義されなければならない[100]。ヨーロッパ議会がそのために提案している定義では、少なくとも死亡に先立つ二年間居住していたという条件の下での死亡時の常居所が、またそれがないときは、死亡時における死者の利害関係の重心が所在する地(Ort des Interessenschwerpunktes des Verstorbenen)が考えられている[101]。

(3) 連結の特殊問題

国籍も常居所も、どちらの連結基準にも短所がある。というのは、どの基準によっても、当該相続事案とごくわずかな結び付きしか示していない法が適用される可能性があるからである。たとえば、被相続人がいずれか他の加盟国に移住し(また、被相続人だけでなく被相続人の父母も他の加盟国に移住し)、その結果、相続開始国の国籍を有していなかったときは、連結という点で、国籍が機能しない可能性がある。これとは逆に、被相続人、たとえば年金生活者がその生涯の最後に比較的短期間いずれか他の加盟国にその住所を移していても、その者の家族的および文化的な結び付きがなお出身地国に所在しており、また財産の大部分もその所属国に所在しているといったような場合であれば、最後の住所を連結点とすることはさほど適切とはいえないであろう。このような事情があるために、あらゆる事項について同じ法を統一的に適用するという点で実践的長所を有する、まったく同一の連結点に依拠すべきか、それとも、相続法上の局面を異にするたびごとに別の連結点を選ぶべきかという点が論議されているのである。

a　動産および不動産

いくつかの加盟国では、遺産が不動産である場合、遺産分割主義が優先的に採用されている[102]。不動産について所在地法への特別連結を採用することは、右の白書でも論議されているように[103]、確かに遺産手続を複雑にするものではあるが、それでも、登記制度上は処理を簡素化することができるという長所がある。また、加盟諸国は、たとえば財政上の理由などから、土地等に関する所有権移転手続を自国法秩序の下に置くことに利害関係を有する。こうした事情から、ヨーロッパ委員会は、遺産統一主義の原則が適用される場合には所在地国に対してある種の優先権を与えること[104]によって、妥協の可能性を見出している。

b　遺言書の有効性

遺言の有効性についても特別連結を考えることができる。それは、遺言が相続準拠法所属国とは別の国で作成されていた場合である[105]。一般的遺言能力、遺言の方式および内容、共同遺言、相続契約、遺言の撤回、これらについていかなる法が準拠法となるかは、これまでのところ、各加盟国の国際私法に従って決定されてきたが、関係諸国の国際私法相互間での適用関係がどのようになるかという点の見通しが立たないことがしばしばであった。また、第一次連結がなされた国以外の国で遺言が作成されていることを理由として遺言作成地への特別連結が行われることにより紛争解決が複雑になってしまっているのではないかという問題も提起されている。ヨーロッパ議会は、遺言の書式につき、遺言作成地国法へ、また、遺言作成時もしくは死亡当時の常居所地国法へ、さらにまた遺言作成当時もしくは死亡当時の本国法へ特別連結する立場を支持している(106)。ヨーロッパ議会の見解では、相続契約は、相続人が単独の場合には、契約締結時の相続人の常居所地法に連結され、複数の者による相続の事案では、契約締結時の、相続人全員の常居所地法へ連結されている。このようにして、将来の相続を対象とする相続契約については、相続契約締結時における、関係者のうちの一人の常居所地法と本国法との間で調和の取れた明示的選択を行うことが可能となっている(107)。

c　同時死亡者

互いに相続人たる地位に立つ二人の者が死亡したとき、どちらが先に死亡したかという順序の決定は、それぞれの固有の相続人の権利に対して影響を及ぼす余地がある。複数の者が同一の事故で死亡した場合、加盟諸国の多くは、これらの者が同時に死亡したものとしている。これに対して、他の諸国は、彼らの死亡の時間的順序を推定するという方法を採っている。同時死亡者の相続財産が別々の法秩序に服しているときは、相続準拠法が合致しない可能性がある。こうした状況を考慮して、白書は同時死亡者の遺産につき特別連結を採用すべきか否かについても議論していた(108)。

d　遺留分の権利

どの加盟国の法秩序も、相続権が全面的に剝奪されないよう、被相続人の家族を保護している。もちろん、そのためにどのような法制度を形成するかという点は異なっている。ドイツ法が知っているような債務法上の遺留分請求権という構成もあるが、それに代えて、一部の国では、実体法上の緊急相続権という制度を設けて、家族の構成員の地位をさらに強化することが認められている。他の国で採用されているのは、裁判所が命令を下すという方法のみによって家族の構成員を保護するというやり方である。牴触法により指定された準拠外国法が遺留分請求権という法制度をまったく知らないかまたは遺留分請求権とは異なるやり方で設けられた法制度を有する場合にも、遺留分請求権が維持されるべきか否か[109]という問題は、やはり牴触法を介して指定された相続実質法に委ねられている。

e　相続信託

これに類似したことがあてはまるのは、相続信託に関する特別牴触規定を設けるか否か、設けるとしてどのような規定とするかという問題である[110]。イギリス法では、相続人は、相続開始をもって、ドイツ法におけるようにただちに完全な相続人という地位に就くのではなく、受益者として、法的所有者たる受託者に対してたんに請求権を主張することができるにすぎないという構成の特別牴触規定が採用されている。こうした事情を考慮し、ヨーロッパ議会は、ヨーロッパ共同体条約第二九五条に言及しつつ、信託を共同体の規定から除外しようとしていた[111]。

f　先決問題

相続財産の清算がどのように行われるかは、相続準拠法とは別の法を準拠法とするある種の先決問題（たとえば、婚姻やパートナー関係の有効性、嫡出血統の確定）がどのように解決されるかという点に左右される。白書は、ここで提起されているような論点を解決する規則をめぐる諸問題の範囲を広く設定しているが、それは、相続法ではなく、家族法上の諸規定やその他の法分野で解決されることができるような種類の先決問題の準拠法を決める抵触規定を探求する[112]というやり方が採用されているからである。このようにして、この先決問題の規律は、相続法から切り離されている。

(4) 自由裁量か相続法的連結か

連結に関する一般的なルールがあらゆる事案においてすべての関係者の期待に沿うなどということはあり得ない話である。たとえば、ある者が一定の期間ある国に滞在していて、そこではまったく財産を取得していない――というのは、この者は、後日、家族が引き続き居住しておりかつ自己の財産が所在するその本国へ帰還しようとしているからである――としよう。この者が居住地国で死亡した場合には、この相続案件に対して、その者の本国法を適用することが正当とされよう。とはいえ、被相続人が長期間にわたってその本国を離れていずれかの加盟国に定住しており、かつこの者が当該加盟国との間に家族法上および財産法上のすべての結び付きを有していたときは、本国法を連結点とすることはもはや正当とはされないであろう[113]。こうした事情を考慮して、ヨーロッパ連合全域に及ぶ人の自由移動促進に関する白書は、法定相続または遺言による相続につき、加盟諸国の多くが相続準拠法の決定にあたって準拠法選択を許していないのにも拘らず、推定的相続人の同意があろうとなかろうと、被相続人または相続人が自由に準拠法を選択することを広範にわたって認める案を提案している[114]。以下では、準拠法選択が許容される場合を前提として、選択の態様、連結点[115]および基準時点[116]につき立ち入って論じることとしよう。

ここで取り上げられる問題の射程範囲は全般に及ぶ。たとえば、準拠法選択を認めることに賛成する理由としては、以下の三つが挙げられよう。すなわち、準拠法選択を認めれば生活状況に変化がある場合に相続法秩序の弾力性を確保し易くなること[117]、牴触法上準拠法選択を認めれば実質法上認められている契約の自由と遺言の自由を導けること[118]、そして、準拠法選択を認めればどの実質法が最終的に適用されるかが分かるという意味でたやすく予見できるようになること[119]、これらがそうである。こうした指摘に対しては、当事者にとって都合の良いように準拠法選択を認めると、準拠法選択を認めなければ適用されるであろう法が定める強行規定を回避するために、準拠法選択が濫用されるのではないかという異議が唱えられている[120]。こうした指摘は、たとえばドイツの相続法からみると、遺留分の場合に意味を持つこととなろう。予見可能性という観点も、準拠法選択の可能性を認めることとは両立しない。というのは、実際のところ準拠法選択の結果がどうなるかを見通すことは当事者双方にとって容易ではないからである[121]。少なくとも、共同遺言や相続契約のように、ひとつの法律行為に複数の者が関与する場合には、また相続放棄や遺贈・負担に関する主張が行われている場合にも、事実に着目するこうした観点が法的にも顧慮されることとなろう。むろん、そうした場合に、より良い助言を得る当事者の側が、まさしく準拠法選択の助けを借りて、過度に甘い汁を吸うといった危険性があることも明らかである[122]。たとえば、相続人が実質のみならず方式上も法律行為により遺留分を放棄していなかった場合、相続人はドイツ法上少なくとも遺留分という形で保護されているはずであるが、被相続人による準拠法選択を認めれば、新たな不意打ちによりそうした相続人に対しても不利益が生じる可能性がある[123]。そして、留意点の最後としていえば、すべての加盟国でまったく同一の連結基準が適用され、それゆえ、どの法を準拠法とするかの決定過程をさほど明らかにする必要性がないときは、当初からまったく準拠法選択の必要性がないということも考えておかなければならない。（事柄の属性からみて本来的に多かれ少なかれ自由に選ばれる余地が高い）常居所への連結が行われるならば、準拠法決定における弾力性という利益が十分に反映されることとなろう。いずれにせよ、被相続人は外国との関連性があるときはそうした関連性を基礎として準拠法選択を行うことができるので、法律関係を自由に形成する可能性が認められているという点で、被相続人は、純粋の国内事件における被相続人に対して、追加的に優遇されていることになろう。[124] これらのことを総合的に考慮すると、結論としては、相続人に準拠法選択の可能性を認めることは拒否されなければならない。というのは、準拠法の選択を認めれば当該事実関係とはまったく異なる結果が生じる可能性があるからである。さらに、被相続人による準拠法選択を認める案（準拠法選択容認案には、普通、濫用防止のための種々の留保条項、協議を必須のものとする方式要件、たとえば公証人による証明書の添付といった要件が付加されている）に対しては、さまざまな実際上の考慮やヨーロッパ統合政策に基づく考慮に加えて、強行法規と任意法規との関係に着目した厳密な実定法解釈学に基づく考慮も加えられている。[125] さらにまた、準拠法選択が認められるならば、事情によって、新たに夫婦の利害が衝突するような局面が生じることも考えられよう。[126] ヨーロッパ議会は――法廷地国の公序を留保し、[127] 準拠法選択を認めることと遺留分の権利を認めることとが矛盾しない[128]という前提を設けた上で――被相続人がその本国法と準拠法選択時の常居所地国法とのいずれかを遺言により準拠法として選択する可能性を支持した。[129] この提案はベルギーやオランダの現行の解決策[130]に類似している。関係する当事者――これを厳密に特定することはできない――に有利になるようにという配慮から、ヨーロッパ議会は一定の条件――これも右と同様に厳密に述べられていない――を付した上で、理事会規則二〇〇一年第四四号第二三条および第二四条による管轄合意の可能性を利用するよう、推奨している。[131]

相続白書における第二の大きな関心事は手続の簡素化である。これについても、これまでの共同体法には、規則が置かれていなかった。裁判所の管轄権および裁判の承認執行のためのいわゆるブリュッセル規則Ｉ二〇〇一年第四四号[132]およびヨーロッパ全域にわたる債務名義に関する規則二〇〇四年第八〇五号[133]は、いずれも相続法に適用されるものではない。

2　手　続

(1)　管　轄　権

二〇〇五年六月の裁判所の管轄権の合意に関するハーグ条約[134]も、同条約第一条第二号dにより、相続および終意処分に対しては適用されない。それゆえ、相続事案に関する国際的裁判管轄権は加盟諸国の法によりバラバラに定められているのが現状である。管轄権の有無を判断する裁判籍は、ここでも、被相続人の最後の住所、原告または被告の住所、ある種の財産の所在地、被相続人の国籍、または各紛争当事者の国籍である。ここでは、推定される相続人、遺産受取人、遺留分権利者、遺産債権者、そして、時として、いろいろな国に居住しているその他の関与者——たとえば、遺産を構成する財産の所在地として登場する関係諸国——、これらの主体が有する、さまざまな相反する利益の間で比較衡量が行われなければならない[135]。当事者の法律相談や裁判における法の適用に関して生じる問題点を少なくすることができればできるほど、それだけ国際的裁判管轄権が認められる国と適用可能性を有する実質法や手続法を定めた国とが合致する可能性は増えることとなろう[136]。むろん、細かくみようとすれば、裁判所の国際的管轄権と裁判所以外の機関のそれとが明確に区別されなければならないことはいうまでもない。

a　裁判所の場合

裁判所が裁判する場合の国際的管轄権規則[137]を取り上げる場合、一方において、多くの加盟国ではどのような相続事件についても裁判所の関与が必須のものとされているのに対し、他方、その他の国では相続関係が複雑であるかまたは相続関係に争いがあるときに限って裁判所の関与が必須のものとされるにすぎないといった違いが考慮されなければならない[138]。相続対象物の相違による区別を行うことなく、裁判籍を統一する立場[139]をとれば、個々の具体的相続事件の判断を集中的に行うことができよう。これに対して、より弾力的な取扱いが必要となるの[140]は、遺産のうち不動産についてその所在地国の裁判管轄権が認められる場合[141]である。特に問題となっている不動産の登記が事後に変更されている場合がそうである。ここでは、関係諸国の登記手続において裁判所の判決を相互に承認する[142]という選択肢だけでなく、ヨーロッパ共同体全域に通用する統一的書式を導入する[143]という選択肢も考えられよう。これに類似するが、仮保全措置のための追加的裁判籍[144]をどこに認めるかという点は、普通裁判籍に基づいて国際的管轄権を有する裁判所はどこか、そして当該裁判所が管轄権配分に関してどのような牴触規定を有しているかに関する情報調査義務を検討して、相続人の保全に関する利益に配慮して決定されることになる。このような取扱いは、相続人に関する事案の裁判籍が本来的に相続人の意思に沿うような形で決められる[145]という考え方に対応したものである。裁判籍が複数あるときは、いずれの裁判籍を優先すべきかという意味で、指定の問題が提起される[146]。

b　裁判所以外の機関の場合

相続問題は、たいていの場合、裁判所外で——時として、行政庁の助力を得て、または公証人を介して——規律されている。そこで提起されているのが、裁判所以外の機関が紛争を処理する場合の管轄権をどのように決めるかという問題である。[147]裁判管轄権に関する一般原則をこの場合にも適用するという提案[148]は、管轄権に関する一般原則を通して表示されている地に相続人が居住していない場合、その地に近い行政庁のもとで必要とされている方式規定を遵守すれば足りるという処理が相続人に許されるという考慮に起因する。[149]しかしながら、そこでは、たとえば、相続の承諾および放棄に関する宣言、取消宣言およびその他の期限と結び付けられた宣言、ならびに、相続証明書付与申立の受理、これらが考えに入れられなければならないであろう。

(2)　承認および執行

ブリュッセル規則Ｉ二〇〇一年第四四号がこれまで適用されていなかった[150]相続事件においても裁判所および裁判所以外の機関により発行される文書や証書を共同体規模で承認しようとすることは、渉外的相続事件の関係者にとっては作業の負担をいっそう軽減することとなろう。[151]とはいえ、その場合でも、承認の対象として、一方では裁判所による裁判が登場し、他方では公正証書、遺言書、相続人たる地位に関する証明書、遺産管理人のための代理権などが登場することとなろう。[152]

a　裁判所による裁判の承認および執行

裁判所による裁判を承認するための執行命令手続の廃止[153]をめぐる論議だけでなく、規則Ｉ二〇〇一年第四四号および規則二〇〇三年第二二〇一号[154]上の諸規定に対応する[155]諸規定、それゆえ、法律上の承認および執行宣言を求める手続についても、現在、論議が行われている。法律上の承認および執行宣言を求める手続についての論議では、当事者の詐欺的行動に対する保護策として公序の留保は放棄されていない[156]し、少なくとも公序が維持されている場合において当事者の詐欺的行動を拒否する事由をどのように調整するかという論点も放棄されてはいない[157]。ヨーロッパ議会自体は規則Ｉ二〇〇一年第四四号というモデルに従って相互承認するという立場を支持している。というのは、規則Ｉ二〇〇一年第四四号によれば、いずれか他の加盟国で当該国の執行手続に基づいて執行されなければならないような裁判所の裁判が存在するときにのみ、相互承認を行うために執行命令が必要となるだけだからである。裁判がなされたことが公簿に登録されなければならないような事案については、前述した加盟国が発行する適合証明書が当該裁判に添付されることとなる[158]。

b　公正証書および遺言書の承認および執行

一連の加盟国では、公証人およびその他の部局関係者が相続および相続財産清算に関する証書を作成している。そのため、裁判所による裁判の承認執行に関する諸規定と同じものが相続法に関する証書類に対しても適用されることができるか否か、その結果、たとえば、ある加盟国で公証人により作成された相続法に関する証書がその他の加盟国における土地登記簿の変更を、そのための特別の手続を要せずに、可能とするか否かという問題が提起されている。おそらくはここでも、ヨーロッパ共同体規則二〇〇三年第二二〇一号第四六条[159]というモデルが考慮されていることであろう。選択肢とされているのは、何か特別規定を設けることにより、他の加盟国で作成された遺言書の承認執行を簡素化すべきか否かという点である。(160)ヨーロッパ議会は、ブリュッセル規則I二〇〇一年第四四号第五七条に倣って、公文書の相互承認に賛成している。それゆえ、このような証書が公簿への登録の基礎とされるときは、当該証書に対し、改めて、その証書の名宛人とされる国の公序との適合性に関する証明書も添付されるべきこととなろう。(161)

c　遺産管理者――相続信託管理人を含む――の地位および権限の承認

遺産の管理または清算に携わる第三者の地位は、加盟国により、法制上任意とされることもあれば必須とされることもあり、またその者の権限も加盟国ごとに異なっている。(162)信託はここでも別個の問題を提起している。(163)さらに、遺産管理人の地位および権限を――場合により、その者の地位および権限を取り消すことのできる事由をも考慮することとなろうが――すべての加盟国で承認するかどうかということも、白書における関心事のひとつとなっている。(164)このほか、遺産管理人の地位を確認しかつその権限を記述した証明書を導入するか否かという点も論議されている。(165)

(3)　相続人たる地位の証明――ヨーロッパ相続証明書

相続人たる地位の証明に関する制度は法秩序ごとに異なる。相続人にとって、制度上特に重要なのは、相続人自身が権利者である旨を証明できるということであるが、そのように考える目的は、みずからが相続人として登場するという点にある。これまでのところ、加盟諸国はこのような証明書の承認について異なる取扱いを示してきた。加盟国が発行した相続証明書を相互に承認するために、相続対象物が所在するすべての加盟国で利用することのできる、共同体レヴェルでの統一書式を導入することも、選択肢のひとつである。このようなヨーロッパ統一相続証明書を採用することは、実務上、証明書の相互承認というモデルよりも長所がある。[166] ヨーロッパ統一相続証明書を採用しようとすれば、現在用いられている文書類が統一証明書を作成する上で考慮される余地があるかどうか、場合により、関連する諸手続を簡素化するかどうかという問題について検討する必要があろう。[167] さらに、証明書はどの加盟国で発行されるべきか、どの加盟国にもその発行が委ねられるべきか、どの行政庁が証明書付与権限を有するか、といった問題も新たに提起されている。[168] さらに、証明書付与のための要件、証明書の内容、[169] 証明書の法的効力[170]についても検討を加える必要がある。これまでのところ、ヨーロッパ議会はヨーロッパ相続証明書を導入することに明確に賛成している。[171] あらかじめ設けられた標準的書式に従って作成される証明書に記載された諸項目、すなわち、準拠法、遺産受領者、遺産管理および遺産中の財産の管理につき責任を負う者とその者の権限、これらには拘束力が認められるべきであり、しかも、その証明書は、関係のある国内法に従って公的文書を作成するかまたは認証する権限を有する部局により発行されるべきであろう。そうした証明書に基づいて、相続された財産が所在地国の公簿に登記されることができるようになり、相続証明書上の権利者に対する関係で善意取得者を保護するためには、この証明書に権原それ自体も含まれる必要がある。[172] ヨーロッパ全域に及ぶ統一書式を導入するという考えは、相続証明書についてだけでなく、遺産目録、遺言執行証明書、それに遺言書開封および相続放棄の書式、これらについても採用することができる。[173] その場合、当該文書が法的効力を有するか否かをどのように決定するかという点は、事情により、手続法の分野を越えて、相続実質法に対しても広く影響を及ぼすこととなろう。

(4) 遺言の登録

相続事件においては、時として、遺言の内容が何かを探求することが難しい場合がある。そのことから、遺言登録のための制度をすべての加盟国で一律に導入すべきか否かという点が論じられてきた[174]。むろん、遺言の登録という制度それ自体は、すでにいわゆるハーグ・プログラムで奨励されていたものである[175]。そこでは、ヨーロッパ中央登録簿[176]制度の採用と、それに必要な形式を整えることが明示的に予定されていた。こうした制度を採用する目的は、推定される相続人および(加盟国からみた)所管の行政庁が、登録簿の中で各国に留保されている部分や中央登録簿にアクセスし易くすることにあった[177]。そこでは、加盟諸国の登録簿所管部局相互の間で電子的ネットワークを利用しつつ、分散型の登録簿を維持するというやり方はまったく論議されていない。この問題については、関係諸国の中央官庁が民事および商事の事件のためのヨーロッパ司法ネットに参加する可能性がある。このネットは、二〇〇一年五月二八日の理事会決定をもって設けられたものである。ヨーロッパでは遺言の書式が多様であるところから、私的な遺言、場合によっては自筆による私的遺言がドイツ法上登録されるべきか否かという問題も提起されている。この点について、ヨーロッパ議会は、登記簿を所管する諸国の関係部局をヨーロッパ全域で結ぶネットワークの形成を「希望している[178]」。

(5) 立　法

国境を越える相続問題を処理する方式を簡素化するための最後の方法としては、いずれかの加盟国で作成された相続法に関する公的な証書類に関する新規立法や追加条項の付加と関連させながらではあるが、あらゆる書式を廃止することも提案されている[179]。

3 立法的行動様式

この白書では、最後の論点として、右に述べた計画が複雑なものであることを考慮した上でなお、共同体全域に及ぶ唯一の包括的な法的手段を考えることができるか否か、もし考えられないとすれば、どのような順序でどのような歩みを経てそうした作業を実施すべきなのかという点も検討されている[180]。この点の検討にあたっては、法実務や法政策の観点からの論証だけでなく、そのための権限が第一次法によっても基礎付けられているかどうかについても考えなければならない。というのは、権限に関する第一次法上の根拠に基づいて、関連する授権規範ごとに、法の存在形式と立法手続が別々に用意されているはずだからである[181]。そこで用意されている手段が国際的にどこまで及ぶかという点について、ヨーロッパ議会は対世的効力（erga omnes）を持つという立場を支持している（このことは、個々の相続事件の準拠法がヨーロッパ連合諸国の法でなく、第三国の法であるときもあてはまる[182]）。

(90) この点に関する細目について参照されるのは、*Stumpf*, Europäisierung des Erbrechts : Das Grünbuch zum Erb- und Testamentsrecht, EuZW 2006, 587–592.
(91) Grünbuch, Allgemeines.
(92) Grünbuch, Präambel.
(93) Grünbuch, Frage 1.
(94) EP-Resolution, Empfehlung 1, 6.
(95) Grünbuch, Präambel.
(96) 同様のものとして、*DNotI/Dörner/Lagarde*, 70 がある。連結点として「住所（Domizil）」を引き続き顧慮することに賛成するものとして、*Kropholler*, Internationales Privatrecht, 5. Aufl. 2004, § 38, § 29, S. 267 ff. がある。
(97) *Frantzen*, in : Mansel, Pfeiffer, Kohler, Kronke, Hausmann (Hrsg.), Festschrift für Erik Jayme, 2004, Bd. 1, S. 187, 189.
(98) 原則としてこうした姿勢をとることをいっそう明確に打ち出しているものとして、*Rauscher*, in : Mansel, Pfeiffer, Kohler, Kronke, Hausmann (Hrsg.), Festschrift für Erik Jayme, 2004, Bd. 1, S. 719, 727 がある。
(99) EP-Resolution, Empfehlung 2.
(100) このほかに参照されるものとして、*Kohler*, IPRax 2005, 180 がある。
(101) EP-Resolution, Empfehlung 2.
(102) 前述の箇所をみよ。
(103) Grünbuch, Frage 2.
(104) この意味におけるものとしてはまた、EP-Resolution, Empfehlung 8 がある。
(105) Grümnuch, Frage 3.
(106) EP-Resolution, Empfehlung 4.
(107) EP-Resolution, Empfehlung 5.
(108) Grünbuch, Frage 4.
(109) Grünbuch, Frage 10.
(110) Grünbuch, Präambel および Frage 11.
(111) EP-Entschließung, Empfehlung 9.

(112) Grünbuch, Frage 13.
(113) Grünbuch, Präambel.
(114) Grünbuch, Frage 5.
(115) Grünbuch, Frage 6.
(116) Grünbuch, Frage 7.
(117) 参照されるのは、Kommission, Grünbuch Erb- und Testament である。
(118) 参照されるのは、たとえば、*Dreher*, Die Rechtswahl im internationalen Erbrecht, 1999, S. 34（これには証明が付されている）である。
(119) 参照されるのは、*Kühne*, Die Parteiautonomie im internationalen Erbrecht, 1973 である。この引用は、*Frantzen*, in : Mansel, Pfeiffer, Kohler, Kronke, Hausmann (Hrsg.), Festschrift für Erik Jayme, 2004, Bd. 1, S. 187, 190 による。
(120) 参照されるのは、*Ferid*, Internationales Privatrecht, 3. Aufl. 1986, S. 374 ; *Reinhart*, Zur Parteiautonomie im künftigen deutschen internationalen Privatrecht auf den Gebieten des Familien- und Erbrechts, ZVerglRwiss (Zeitschrift für Vergleichende Rechtswissenschaft) 80. Band, 1981, S. 150, 特に S. 161 ff. ; *Frantzen*, in : Mansel, Pfeiffer, Kohler, Kronke, Hausmann (Hrsg.), Festschrift für Erik Jayme, 2004, Bd. 1, S. 187, 190 である。
(121) 印象深い例が挙げられているのは、*Frantzen*, in : Mansel, Pfeiffer, Kohler, Kronke, Hausmann (Hrsg.), Festschrift für Erik Jayme, 2004, Bd. 1, S. 187, 192 ff. の場合である。
(122) そのようなものとして適切なのが、*Frantzen*, in : Mansel, Pfeiffer, Kohler, Kronke, Hausmann (Hrsg.), Festschrift für Erik Jayme, 2004, Bd. 1, S. 187, 190 である。
(123) *Frantzen*, in : Mansel, Pfeiffer, Kohler, Kronke, Hausmann (Hrsg.), Festschrift für Erik Jayme, 2004, Bd. 1, S. 187, 195. このことは、被相続人をその生涯にわたって家族内で支えたり被相続人とともに家族という関係を少なくともひとつの共同体として維持したりするという家族の覚悟に対して間接的に影響を与える余地があろう。それゆえ、この点は社会政策的にみると家族を構成する要素のひとつともなっている。
(124) *Frantzen*, in : Mansel, Pfeiffer, Kohler, Kronke, Hausmann (Hrsg.), Festschrift für Erik Jayme, 2004, Bd. 1, S. 187, 191.
(125) 公序という観点からみるとき、これについて参照されるのは、*Kuchinke*, in : Köbler, Heinze, Hromadka (Hrsg.), Europas universale rechtsordnungspolitische Aufgabe im Recht des dritten Jahrtausends, Festschrift für Alfred Söllner, 2000, S. 589, 598

である。

(126) 共同遺言および相続契約についてはGrünbuch, Frage 8を、また、相続準拠法として夫婦財産制を規律する法が選択されることについてはGrünbuch, Frage 9をみよ。

(127) EP-Entschließung, Empfehlung 6.

(128) EP-Entschließung, Empfehlung 3.

(129) EP-Resolution, Empfehlung 3.

(130) 学術文献においてその後行われている諸提案について参照されるのは、たとえば、*Kegel/Schurig*, Internationales Privatrecht, 9. Aufl. 2004, § 21 I 2, S. 1002に挙げられている実証例である。

(131) 二〇〇〇年一二月二二日のそれ、ABl. 2001 L 12, 1; EP-Resolution, Empfehlung 3.

(132) ABl. 2001 L 12, S. 1.

(133) ABl. 2004 L 143, 15.

(134) これについては、*Rühl*, IPRax 2005, 410 ff.

(135) 適切にもそのように述べているのが、Grünbuch, vor Frage 14である。

(136) これと同様のものとして、EP-Resolution, Empfehlung 2がある。裁判管轄権と準拠法とが別々の国のものになる場合を想定して、この新しい規則では、準拠外国法の調査という方法が、そして準拠外国法の調査が不可能な場合には上訴という方法が定められている。Empfehlung 6.

(137) ここにいう管轄権は共同体内でのそれをいう。第三国が関わる場合について参照されるのは、Grünbuch, Frage 18 und Frage 19において行われている考慮である。

(138) Grünbuch, Präambel.

(139) これについては、Grünbuch, Frage 14。信託については、Grünbuch, Frage 24。

(140) 参照されるのは、Grünbuch, Präambelである。

(141) これについては、Grünbuch, Frage 20。

(142) 参照されるのは、Grünbuch, vor Frage 20である。

(143) Grünbuch, Frage 21.

(144) 参照されるのは、Grünbuch, vor Frage 16である。

(145) Grünbuch, Frage 15.

(146) Grünbuch, Frage 17.

(147) Grünbuch, Präambel.

(148) Grünbuch, Frage 22.

(149) Grünbuch, Frage 23.

(150) 一九七一年二月一日の民事および商事の事件における外国判決の承認および執行に関するハーグ条約は、アルファベット順にいえば、オランダ、ポルトガルおよびキプロスによって国内法に置き換えられているにすぎない。しかも、この条約も、他の条約とまったく同様に、相続問題についての判決との関わりに明示的に言及していない。

(151) Grünbuch, Präambel.

(152) Grünbuch, vor Frage 25.

(153) Grünbuch, Frage 25.

(154) 二〇〇三年一一月二七日の婚姻事件における裁判の管轄権ならびにその承認および執行に関する、ならびに、親責任に関わる手続に関する規則に関する、さらに、共同体規則二〇〇〇年第一三四七号の廃止に関する規則。

(155) Grünbuch, Frage 25 および Frage 26.

(156) 参照されるのは、*Mankowski*, RIW 2004, 587；*Stadler*, IPRax 2004, 2, 8；*Coester-Waltjen*, Festschrift für Beys Athen, 2003, 183, 193 である。いわゆるブリュッセル規則I、すなわちヨーロッパ共同体規則二〇〇一年第四四号の適用をめぐっては、債務名義が承認されないという結果を待たず、（そうでない場合に、外国判決承認手続において提起される）、「当該権原が判決国で詐欺的行為により取得された」という異議がすでに判決国において退けられているかどうかという点が争われている。*Hau*, IPRax 2006, 20. これに反対しているものとして BGH Urt. v. 6. 5. 2004 IX ZB 43/03 がある。

(157) Grünbuch, vor Frage 25.

(158) EP-Entschließung, Empfehlung 11.

(159) Grünbuch, Frage 27.

(160) Grünbuch, Frage 28.

(161) EP-Entschließung, Empfehlung 11.

(162) Grünbuch, vor Frage 29.

(163) Grünbuch, vor Frage 29、Frage 31 および Frage 32。

(164) Grünbuch, Frage 29. これについて参照されるのは、EP-Entschließung, Empfehlung 7 である。

(165) Grünbuch, Frage 30.

(166) これに似たものとして、二〇〇四年九月二八日および二九日のヨーロッパ法アカデミー（ERA）研究大会におけるリーアリンクの報告がある。この研究大会に関する報告として参照されるのは、Kohler, IPRax 2005, 180 である。このような統一が行われるならば、相続証明書に関して加盟諸国の法が定める法律効果がそれぞれ異なることから生じる問題を克服することができよう。

(167) Grünbuch, Frage 21.

(168) Grünbuch, Frage 35.

(169) Grünbuch, Frage 34.

(170) Grünbuch, Frage 33.

(171) EP-Resolution, Empfehlung 1.

(172) EP-Entschließung, Empfehlung 7.

(173) この意味におけるものとして、Grünbuch, Frage 21 に対する連邦参議院の回答（BR-Ds. 174/05 v. 23. 9. 2005）がある。

(174) Grünbuch, Frage 36.

(175) Grünbuch, Präambel.

(176) Grünbuch, Frage 36.

(177) Grünbuch, Frage 37.

(178) EP-Entschließung, Empfehlung 12.

(179) Grünbuch, Frage 38.

(180) Grünbuch, Frage 39.

(181) この点に関する詳しい文献として参照されるのは、*Stumpf*, EG-Rechtssetzungskompetenzen im Erbrecht, EuR 2007, 291-316（前注（62））である。

(182) EP-Resolution, Empfehlung 6.

E　展　望

まとめに入ることとしよう。右に述べてきたこの大胆な試みは、諸国の相続に関する実質法秩序が異なっているだけでなく、相続に関する牴触法も相続に関する手続法も相違しており、牴触法および手続法に関する国際法条約もこれまでまばらにしか存在していないという状況を前提として、渉外的相続事件につき、ヨーロッパ共同体レヴェルでしかるべき影響力を有する刺激を与えようとして行われたものであった。むろん前述のように、ヨーロッパ憲法条約がまだ発効していないところから、憲法条約上まだ完全には明らかにされていない権限配分に関する問題は度外視しなければならない。相続法がこれまでのところ必ずしも十分に統合の対象として検討されてこなかったという事実をみれば、ここで示した小さな一歩でさえひとつの歩みといえないわけではない。今後の方向としては、ここで述べられた事例群に最もうまく対応するような解決策がまず求められるべきであろうし、日常生活における法の実践を簡素化する度合いが大きければ大きいほど、前述したさまざまな努力を受け入れる可能性もいっそう高くなろう。もとより、個々の問題に遭遇するたびに、常に個別的な規律がそれぞれの相続法体系全体の中でどのような位置を占めているかについてみなければならないし、また時には、特に遺言の自由と家族保護とが緊張関係に立っている場合に、両者の機能が本質的に異なるという点についても考慮しなければならないであろう(183)。この白書で明らかになったいくつものヒントが今後の発展において一体どの程度現実のものとなるのかという点は、現代における法の発展の関心事のひとつといえよう。

(183) ドイツ相続法について参照されるのは、たとえば、*Stumpf*, Erläuternde und ergänzende Auslegung letztwilliger Verfügungen im System privatautonomer Rechtsgestaltung ; *dies.*, FamRZ 1990, 1057 ; *dies.*, FamRZ 1992, 1131 である。

エネルギー事業法改正後のエネルギー供給網の接続権、託送料金および規制

Netzzugang, Netznutzungsentgelte und Regulierung in Energienetzen nach der Energierechtsnovelle

槢﨑みどり 訳

目　次

二〇〇五年七月一三日、採択までの長い過程を経た後、抜本的に改正されたエネルギー事業法（Energiewirtschaftsgesetz：EnWG）が施行された。この新法の中核をなし、かつ採択までの過程において最も争われたのは、エネルギー供給網への接続権、託送料金の算定方法、そしてそれらの国家的規制についてのルールである。新法に付属するネットワーク接続（Netzzugang）に関する命令ならびに託送料金（Netzentgelt）に関する命令の施行が遅れているが、それらが施行されれば、改革はさしあたり完全なものとなる。

A　新しい規律の基礎および目的

新しい規律(1)の背後にあるのは、ヨーロッパ連合におけるエネルギー市場の自由化が進展していることである。電力および天然ガスの域内市場(2)に関する一九九六年指令〔域内電力市場自由化指令96/92/EC〕および一九九八年指令〔域内天然ガス市場自由化指令98/30/EC〕に基づく一九九八年のエネルギー法改正では既に、ドイツのエネルギー事業法において初めて、送電網への接続を求める請求権を設定した。かかる請求権は、二〇〇三年のいわゆるガス改革を通じて、ガス供給市場に拡張された。立法者が意識的に託送網接続についての規則制定を避けてきたのは、当時、電力業界(3)やガス業界(4)における複数の事業者連盟（Verbände）による合意（Vereinbarung）に基づいて民間レベルで料金の設定が行われていたことに配慮したためであった。こうした事業者連盟間の合意は、「優れた業界慣行（gute fachliche Praxis)」として法文上で期限付きで承認されていた（以前のエネルギー事業法第六条第一項第五文および第六a条第二項第五文において）。法体系的には、このことはとりわけまず、市場経済原則により良く合致していた。しかしながら、とくに連盟間合意に基づき託送料金を設定する方式は、［透明性の高い料金体系や監督官庁についての］重要な問いを放置し、活力ある競争を鈍らせ、裁判上の論争へと導いた[5]。これ以外にも、ガス導管網の使用に関する連盟間合意（Vereinbarung II Gas）で計画されていた導管網接続モデルのさらなる展開につき、諸連盟は相互に了解に達することができず、それゆえガス業界における競争はほとんどわずかな程度しか生じ得なかった[6]。

託送網への接続を市場当事者［接続者と送配事業者］により交渉するというドイツでのみ運用されている方式は、当初の自由化のためのヨーロッパ共同体諸指令によれば、国家が接続権を規定するモデルと並んで明らかに開かれた選択肢ではあるものの、原則的な配慮からも、またその運用上の諸問題からも、ヨーロッパ共同体委員会でもきわめて懐疑的に見られていた。いわゆる［自由化］加速化指令[7]は、続く第二の自由化段階において、供給網の接続権を法制化することを指示した[8]。これによりドイツで不可避となったパラダイム転換は、ここにおいて、国内法化をきわめて困難なものにし、［ヨーロッパ共同体指令の］国内法化期限[9]が守れないほどであった。

こういった背景を前に、改正ルールの目的は、たんにドイツにおけるエネルギー供給を安定的で低価格で消費者優遇的で効率的でさらに環境にやさしいものにすることを保証するだけでなく、さらにまた、ヨーロッパ共同体指令に従って欧州的基準を国内法化し、供給網の運営を統御して電気とガスの上流・下流（vorgelagert und nachgelagert）の諸市場において実効的競争を確保するための必須条件を創出するという点にも、見出さねばならない[10]。

（1）　エネルギー事業法を新たに規律するための第二次法（Zweites Gesetz zur Neuregelung des Energiewirtschaftsrechts v. 7. 7.

2005), BGBl I, 1970；この法につき一般的には *Scholtka*, NJW 2005, 2421 を参照。

(2) Official Journal, L 27 v. 30. 1. 1997, S. 20 および Official Journal, L 204 v. 21. 7. 1998, S. 1.

(3) 送電網の使用に関する連盟間合意補足案（Verbändevereinbarung II plus Strom）（通称 VV II plus Strom）v. 13. 12. 2001.

(4) ガス配管網の使用に関する連盟間合意（Verbändevereinbarung II Gas）（通称 VV II Gas）。

(5) 例えば、*OLG Düsseldorf*, WuW/E DE-R 1239 – TEAG；*OLG Düsseldorf*, WuW/E DE-R 1439 – Stadtwerke Mainz.

(6) 参照すべきは、Bericht über die energiewirtschaftlichen und wettbewerblichen Wirkungen der Verbändevereinbarungen（以下「モニタリング報告書（Monitoring-Bericht）」）, BT-Dr 15/1510, S. 24.

(7) ヨーロッパ共同体指令（EC directive）2003/54/EC およびヨーロッパ共同体指令 2003/55/EC（通称「ヨーロッパ共同体料金指令（EltRL）」および「ヨーロッパ共同体ガス指令（GasRL）」）, Official Journal, L.176 v. 15. 7. 2003, S. 37 および S. 57.

(8) これらは、国境を越える電力取引のための送電網接続条件に関するヨーロッパ共同体規則 1228/2003（Official Journal, L 176 v. 15. 7. 2003, S. 1）によって補強されている。これに相当するガス分野に関するヨーロッパ共同体規則は立法策定中である。これにつき二〇〇五年四月一三日のヨーロッパ共同体委員会の鑑定意見（COM/2005/0157 final）を参照。

(9) 二〇〇四年七月一日まで（ヨーロッパ共同体料金指令第三〇条およびヨーロッパ共同体ガス指令第三三条）。

(10) 政府理由書、BT-Dr 15/3917, S. 46 f. このほか、これにより、垂直的統合された諸企業によるアンバンドリング（一括提供されていたサービスを分離して顧客に組合せや購入等の選択権を与える手法）、クロス補助金、および差別的扱いが妨げられるとされる。

B　エネルギー託送網の接続権

わずかな例外[11]を残して、託送網のアクセス権は現在では法文上で規定されている。エネルギー事業法の第二〇条[12]第一項によれば、エネルギー託送網の運営者は、何人であれ、客観的に正当化しうる基準に従って、差別なくその託送網への新規接続を認めなければならず[13]、そのための条件をインターネットで公表しなければならない。託送網への接続権は、具体的には、エネルギー事業法の第二〇条第一a項および第一b項のほか、これに付随する諸法令[14]およびそれらを補充する規制行政庁の諸決定[15]において形成されることになる。

I　送電網の接続権

エネルギー事業法第二〇条第一a項において規定されている送電網への接続に関する契約様式は、主に、送電網の使用に関する連盟間合意補足案（VV II plus Strom）による経験に基づいている。電力の最終消費者（エンドユーザー）および電力供給会社は、送電網の接続に関する命令（StromNZV）の第二四条第一項・第五項ならびに第二五条第一項に基づき、そこから電気を取り出したりそこに電気を送り込んだりすることになる送電網の保有者たるエネルギー事業会社との間で、送電網の接続契約を締結することを要求できる。供給会社との送電網の接続契約は、特定の配出地点に関連付けることを要せず、むしろ一つの送電網の領域においてその電力供給会社が現在および将来に有する全ての顧客について効力を持つ（基本接続契約 Lieferantenrahmenvertrag）。

最終顧客が電力供給会社との間で締結するのは、たいてい——従来通り——いわゆる全て込み（all-inclusive）の契約であり、「自宅渡し（frei Haus）」での電力供給が対象とされる。すなわち電力の配送、つまり送電網への接続を、電力供給会社が規定しなければならない。もっとも最終消費者（エンドユーザー）が望むのであれば、送電網の運営会社との間で直接に接続契約を結ぶことも不可能ではない。最終消費者はそうした契約を結ぶことで、より柔軟に供給会社を切り替えられ、より容易に複数の供給会社と関係を結ぶことができる。送電網の接続に関する命令第二四条第一項第二文は、［供給網の運営者が電力供給者と］基本接続契約を結ぶ際に、最終消費者との接続契約の同時締結を前提条件とすることは禁止される旨、明らかにしている(16)。供給会社の切り替えについては、現在では、送電網の接続に関する命令第一二条に、統一的な手続が、決められた期限付きで規定されている。第五項においてはまた、供給会社の競争が規律されている。第六項では、切替の料金が明白に禁止されている(17)。

Ⅱ　ガス導管網の接続権

ガス導管網の接続権は、エネルギー事業法の第二〇条第一b項に従い、送電網と同様に、具体的な輸送距離に依存しないモデル、すなわち、託送を行う場合のガスの受入地点と払出地点でそれぞれ独立に接続可能な、それぞれ独立に料金を算定する方式（Entry-Exit 方式）として形成されている。法文の規律に基づいて、将来的には、そこにガスを送り込むことになる導管網の運用者との間で受入契約だけを、また、そこからガスを取り込むことになる導管網の運用者との間で払出契約だけを、という契約締結が可能になる。ガス導管網の接続に関する命令（GasNZV）は、こうした方式を完全には跡付けていない。記帳された受入・払出に関しての諸権利は、導管網の接続者に、それぞれの受入地点におけるガスを、それぞれの払出地点でのガス払出(18)のために「関連する導管網または導管網の一部において」調達することを、法的に可能にする（ガス導管網の接続に関する命令第四条第二項第二文(19)）。こうして、導管網の接続者は、一つの清算領域（Bilanzzone）の内部で、自己の受入分と払出分とを柔軟に移動させることができる。しかしながら、立法者は、供給網の運営者には、統一的な清算をなすことを義務付けていない。そのため、大口顧客事業における清算の平準化のための行政コストは、依然として高いままである[20]。

締結すべき契約の内容は、ガス導管網の接続に関する命令第三条第二項において具体的に記されている。それによれば、ガス受入・払出の諸契約は、一つの受入・払出能力契約（Kapazitätenvertrag）と一つの清算範囲契約（Bilanzkreisvertrag）から成ることになっている。前者の契約は、個々の託送契約に関するその託送顧客の受入・払出能力を根拠付ける一つのポートフォリオ（集合体）契約であり、かかる契約では、より詳細に具体的な託送内容が定められ、顧客の受入能力・払出能力はそうした託送内容に連結されている。後者の契約は、清算の範囲を定め、受入量と払出量との偏差分［相殺できなかった分］を決済するための契約である。

Entry-Exit方式は、ガス業界にとっては、一人の最終消費者の供給のために夥しい数の託送契約を並列的に締結して行くことを要した従前のやり方に比べて、画期的な刷新である。いまや導管網の運営者達は、数多くの接続点を介して互いに結びついている複数の導管網を経由する託送の決済のためにわずか一つの受入・払出契約が締結されることで足りるよう、彼らの内部的な関係において互いに協力しあわねばならない。これにより、この種の導管網の運営者達は、受入・払出能力を算出したり提供したりする際にも、またシステム・サービスを提供する際にも、さらに費用や託送料金をガス料金に転嫁する際にも、密接に相互協力することを義務付けられる（エネルギー事業法第二〇条第一b項六）。それに加えて導管網の運営者達は、受入・払出能力を波及的に可能な限り同調的に開示しなければならない（エネルギー事業法第二〇条第一b項八）。託送顧客はこの新しいモデルから利益を得るだろう。彼らの視点からは、天然ガス供給ネットワークは、今後単一なものとして映る。他方で、清算領域が多数存在するがゆえに、（まず）市場は引き続き分裂状態にあり続ける。これと関連した取引費用はしかしネットワーク運営者に転嫁されるので、こうした方法で清算領域数の削減をもたらすかもしれない(21)。

ガス導管網の接続に関する命令の第一〇条によれば、将来的には、導管網の受入能力・払出能力が切迫していることが、導管網の運営者のウェブサイト上で、「その切迫状況に応じて青黄赤の三色で表示される」信号システム（Ampelsystem）によって透明化されることになる。自由に使える余剰の受入能力・払出能力は、競売手続において販売される（ガス導管網の接続に関する命令第一〇条第四項から第六項）。導管網の運営者は基本的に、決まった分の中断不能な受入・払出に対して時間的な優先順位を付けて受入能力・払出能力を割り当てなければならない（ガス導管網の接続に関する命令第九条第一項）。事後的に託送網において受入能力・払出能力が縮小した際は、受入能力・払出能力は比率に応じて削減される（ガス導管網の接続に関する命令第一一条）。

新規供給者の競争機会のために重要なのは、ガス導管網の接続に関する命令第九条第七項に関連して、エネルギー事業法第二〇条第一b項で規定されている「リュックサック原則」である。購買客が自己の供給者を変更する際に、その新規の供給者は以前の供給者から、顧客の供給に必要不可欠な、以前の供給者により確保されていた受入能力・払出能力を、それなしでは顧客の供給が不可能な場合に、譲渡するよう求めることができる。新規の供給者は、こうして、導管網の受入能力・払出能力の割り当てが時間的な優先順位に従って制限されている中で最下位に置かれることなく、それゆえ供給契約が場合によっては履行できなくなるということもなく、そのまま旧い供給者のポジションを受け継ぐことができる。

これらの諸規律は、「利用率が低い場合には他に希望している者に再配分する」「使うか失うかのいずれか（use it or lose it）」の原則によって補完されている。この原則は、導管網の運営者が、中断不能な受入・払出として一度お墨付きを与えた場合でも、受入能力・払出能力を割り当てないことを認めたものである。託送顧客がその受入・払出能力を六ヶ月を超えて利用していない場合、そしてその六ヶ月のうちの一月が冬季の半年すなわち一〇月から三月までのいずれかに該当する場合、導管網の運営者は、これ以外にも受入能力・払出能力の不足状況に陥ったときには、託送顧客に対して、利用されていない受入・払出能力を第三者に提供することを求めなければならず、そして第三者への提供がなされなかったり、あるいは結果を伴わないときは、能力を剥奪することも行わなければならない。利用されていない受入・払出能力を容易に取引できるように、ガス導管網の接続に関する命令第一四条に従い、二〇〇六年八月一日までに、導管網の運営者達によって、余剰の受入・払出能力の取引のための共通の電子取引プラットフォームが設置されることになっている。それまでに、各々の運営者は、自身の所有する導管網に関して一つのプラットフォームを提供し、また、これを他の運営者達のプラットフォームと連結しなければならない。このような方法で、託送網をより有効に活用するためのセカンダリーマーケット（流通市場）が発展することとなる。このような市場において勘定される料金を上限付けるため、ガス導管網の接続に関する命令第一四条第四項はまた、取引される受入払出権の料金が、導管網の運営者により最初に合意される料金を「はるかに」上回ってはならないと規定する。[22]

新しい法により課される要求が重大であるため、エネルギー事業法第一一八条第一b項は、経過期間を与えており、それによればエネルギー事業法第二〇条第一b項は「ガス託送料金に関する命令（GasNEV）の施行後六ヶ月を経過した」二〇〇六年二月一日以降に初めて適用されるものとされる。

Ⅲ　供給網の接続権の拒否

エネルギー事業法第二〇条第二項に従い、供給網の運営者は――これまでのように――、利用権の供与が業務上の理由や他の理由から不可能であったり過重負担である場合は、その供給網へのアクセス権を拒否できる。そのために運営者は供与困難な状況についての証明責任を負う。接続権の拒否は、書式をもって理由が説明されねばならないばかりでなく、規制行政庁にも遅滞なく通知されなければならない。エネルギー事業法第二〇条第二項第三文[23]の重要な新しいルールによれば、供給網の運営者は、受入払出能力が不足している際の接続拒否につき、アクセス申請者である当事者の要望に応じて、その理由付けとして、供給網へのアクセスを可能にすべく供給網を拡充するにはどのような措置やコストを要するか、につき追加的な情報を提供しなければならない。また、エネルギー事業法第二〇条第二項第四文によれば、供給網の拡充に要するコストを転嫁した託送料金も理由付けのなかで通知できる。

ガス導管網の運営者は、さらにエネルギー事業法第二五条および関連するガス託送料金に関する命令第三六条に従い、とりわけガス供給契約の枠内で無条件の支払義務（いわゆるテイク・オア・ペイ（take-or-pay）義務）［買主は契約で一定量の引き取りを約束していた場合に契約通りに引渡を受けない場合でも定められた最低金額を支払う義務がある］が合意されており、かかる義務に基づき運営会社が深刻な経済・財政上の困難に陥っている場合には、支払困難を理由に、導管網の接続権を拒否できる[24]。これは、ヨーロッパ共同体ガス指令の直接適用可能な諸規定に基づき、ガス供給企業による［支払困難を理由とする接続権拒否の］申請に対して規制行政庁が許可を下すことを、前提条件としている。[25] こうした例外は、ヨーロッパ共同体ガス指令第二七条第一項第一文を顧慮しつつ［エネルギー事業法第二五条およびガス導管網の接続に関する命令第三六条の］双方の規定をヨーロッパ共同体指令に適合するように解釈するならば、期限付きでのみ許可されることとなろう。[26] 規制行政庁の決定は、この場合には、その時々の具体的な託送申請に関する個別的案件の決定としてではなく、むしろ特定の期間にわたってあらゆる託送申請に対する効力を持ったものとして下される。その期間内であれば、ガス供給企業は、そのつど新たな個別的案件につき規制行政庁の審理を受けることなく、エネルギー事業法第二五条に基づき、規制行政庁が下した例外許可を援用することができる。

エネルギー事業法第二八 a 条は、ヨーロッパ共同体ガス指令第二二条を援用しており、新規インフラ設備投資または既存の配給網における託送能力の抜本的拡大へと促すインセンティヴ（Anreiz）を提供するものである。この規定はガス導管網にのみ該当する。国境を越える送電網については、ヨーロッパ共同体規則 1228/2003 が直接適用され、その第七条に［エネルギー事業法第二八 a 条に］相当する規律がある。他方、純粋に国内的な電力供給網については、ヨーロッパ共同体電力指令は相当する例外を定めておらず、そのためドイツの立法者にとってもその点では立法作業の必要性は存在していなかった。[27]

(11) ガス堆積設備についてはエネルギー事業法第三条第三一号に従い、上流のガス・パイプライン網についてはエネルギー事業法第三条第三九号に従い、エネルギー事業法第二六条ないし第二八条により、ガス配管網への接続権は、契約ベースに基づきこれまでの規模において維持される。エネルギー事業法第一一〇条の配管網は、接続規制や料金規制には該当しない。

(12) これにつき参照されるのは、ヨーロッパ共同体裁判所二〇〇五年六月七日判決（C-17/03, BeckRS 2005, 70417 – VEMW）である。

(13) 経過的措置がないため、エネルギー事業法第七条の表現形式のいう意味における単独購買者の法的地位（Alleinabnehmer-

status）は考慮されない。

（14）送電網の接続に関する命令（Verordnung über den Zugang zu Elektrizitätsversorgungsnetzen : StromNZV）v. 25. 7. 2005, BGBl I, 2243 およびガス配管網の接続に関する命令（Verordnung über den Zugang zu Gasversorgungsnetzen : GasNZV）v. 25. 7. 2005, BGBl I, 2210.

（15）StromNZV 第二七条、第二八条、GasNZV 第四二条、第四三条。

（16）このことは以前の連盟間合意補足案（VV II Strom）によっても争われていた。これにつき、*OLG Dresden*, GRUR-RR 2002, 85 (86 f.) および *LG Posdam*, RdE 2001, 241 (242 f.)。

（17）変更料金（Wechselentgelten）についてのこれまでの法律実務がそのように規定されたものである。すなわち、*OLG Naumburg*, WuW/E DE-R 805 – MEAG ; *OLG München*, WuW/E DE-R 790 – Bad Tölz ; 連邦カルテル庁のエネルギー供給網利用に関する作業部会報告書（Bericht der Arbeitsgruppe Netznutzung der Kartellbehörden）, S. 49–52.

（18）いずれかの託送網運営者との間で払出契約（Ausspeisevertrag）が締結されるときは、当該託送網の運営者は、特定の採取ポジション（Entnahmestelle）に関連付けてはならない（エネルギー事業法第二〇条第一b項第四文 EnWG およびガス配管網接続命令第八条）。このことは、送電網接続命令の基本供給契約（Lieferantenrahmenvertrag）に対応している。

（19）これにより、エネルギー事業法第二〇条第一b項第一〇文において、長距離パイプライン網の運営者への制限は、廃止される。

（20）参照されるのは、*Kühne/Brodowski*, NVwZ 2005, 849 (851)。

（21）*Held/Däuper*, Zeitschrift für kommunale Wirtschaft (ZfK) 7/2005, S. 11.

（22）この解釈については、価格形成に関する優越的地位の濫用規制（Preismissbrauchskontrolle）の枠内において、いわゆる変動対応割増（Erheblichkeitszuschlag）〔選択した変動範囲を超過した分の割増料金〕につき、カルテル法で展開されてきた実務に依拠していることが考えられる。連邦通常裁判所二〇〇五年六月二八日決定 – KVR 17/04, BeckRS 2005, 09050 – Stadtwerke Mainz, S. 16 des Umdrucks によれば、こうした割増は、検査官（Tatrichter）により調査され、その際、割増の具体的水準は、市場の実情（Marktgegebenheiten）に左右されることが認められている。この点につき参照されるのは、*Büdenbender*, EnWG, 2003, Art. 6 Rdnr. 106（およそ二―三パーセント）および *OLG Düsseldorf*, WuW/E DE-R 1239, 1246 – TEAG（一〇パーセント）。

（23）ヨーロッパ共同体料金指令（EltRL）第二〇条第二項の直接的な国内法化において。例えばより一般的には、ヨーロッパ共同体ガス指令（GasRL）第二〇条、第二二条。

(24) ヨーロッパ共同体ガス指令（GasRL）第二一条第一項（同様の規定はすでにエネルギー事業法第六ａ条第三項の表現形式に見られる）。確実性が欠けていることについては、*Gabler*, Schaffung und Erhaltung von Wettbewerb auf Energiemärkten durch die kartellrechtliche Netzzugangskontrolle gem. Art. 19 IV Nr. 4 GWB, 2005, S. 108-111（詳細な証明が付されている）; *Büdenbender*, RdE 2001, 165 (169-172)。

(25) ヨーロッパ共同体委員会は当該決定の取消または変更を求めうる（ガス導管網の接続に関する命令第三六条第二項およびこれと関連するヨーロッパ共同体ガス指令第二七条第二項）。

(26) こうした申請は、ガス導管網の接続に関する命令第三六条第一項によれば、その年の「六月まで」（おそらく六月三〇日までと思われる）に行うものとされる。遅れての申請は、免除要件（Befreiungsvoraussetzungen）がその後に生じた場合にのみ、許容される。もっともこのことは、規制官庁が［遅れての申請に］正当な根拠があるかどうかを検証してから初めて確認できる。

(27) 国際的に比較すると、ドイツは、国境を越える電力供給については、すでに良好なアクセス環境にある。この点につき、モニタリング報告書 BT-Dr.15/1510, S. 9 f.; 異なる評価として、ヨーロッパ共同体委員会による二〇〇〇年六月一三日決定。Official Journal, L 188 v. 10. 7. 2001, S. 1 Rdnr. 26-31 – VEBA/VIAG.

C　供給網の接続のための諸条件および託送料金

過大な料金が水平的に結合したエネルギー企業体の間で決められているときは、独自の供給網を利用していない競争者に差別的に働き、また、上流・下流の生産市場および供給市場における競争を阻害する。[28] 市場メカニズムによる適切な料金設定がなされ得ない範囲では（この点についてはドイツではこの間にすでに構造的に良好な前提条件が存在している[29]、ヨーロッパの立法は、供給網の接続権に関してのみならず託送料金についても、国家的な規制が必要と考えている[30]。

I　コストを算定基礎とした託送料金の事前認可制度

きわめて重要な新規のルールの一つは、諸々の共同体指令[31]の基準を国内法化する上で、エネルギー事業法の第二三a条第一項において、託送料金の事前認可を法で要求したことである。こうした事前認可は、託送料金が適用される時点より少なくとも六ヶ月前には申請されているものとされる[32]。規制行政庁が六ヶ月のうちに認可を下さないときは、申請された託送料金は、異議申立てを留保して一年の期間は認可済みとして見なされる（認可擬制、エネルギー事業法第二三a条第四項二）。逆に、料金申請が提出されないかまたは遅れて提出された場合は、規制行政庁は暫定的にいずれかの料金価格を最高価格として設定できる（エネルギー事業法第二三a条第五項二）。

申請された料金がエネルギー事業法の諸要件を満たしており、またエネルギー事業法に基づく諸々の料金命令に合致しているときは、供給網の運営者は、認可を求める請求権を有する（エネルギー事業法第二三条第二項）。認可済みの料金価格は最高価格として通用し、それを下回ることはできる。他方、価格の超過は、事後的に上昇した分のコストの転嫁が上流の配電網・変電網から順送りされる場合にのみ、許容されている[33]。

認可が下りないときは、供給網の運営者は、エネルギー事業法第七五条に従った異議申立てを提起できるが、こうした異議申立てはエネルギー事業法第七六条第一項一によれば、料金の適用を認可が下りる時点まで停止する効力

(aufschiebene Wirkung) は持たない。推奨されるのはそれゆえ、このような場合には、有利な料金決定が下りた場合に備えて、事後的に請求できる権利を失わないために、託送顧客に請求するすべての勘定を——事後的な調整を留保して——運営者がツケておくことである。

エネルギー事業法第一一八条第一項bの定める経過期間に則して、配電網の運営者は、送電料金命令の施行から三ヶ月の間に、すなわち連邦ネットワーク庁 (Bundesnetzagentur) によれば二〇〇五年一〇月三一日までに、初回の託送料金の認可申請を行わなければならない。それまでは、これまでの送電網の使用に関する連盟間合意補足案 (VV II plus Strom) に基づいて計算された料金がそのまま適用され得る (エネルギー事業法第二三a条第五項への参照と照合)。ガス導管網の運営者についてはガス託送料金命令の施行から六ヶ月、つまり二〇〇六年一月三〇日までの経過期間が適用される。

Ⅱ 託送料金の算定および規制

供給網の接続に関する諸条件および託送料金は、エネルギー事業法の第二一条第一項が定める諸要件に適合しなければならない、つまり適切でかつ差別なく、そして透明でなければならない。接続の諸条件および託送料金は、ネットワーク運営者の会社内部における供給もしくは連結会社や連携会社に対する供給に関して比較可能な諸事案に適用されるものより不利であってはならない。接続の諸条件および託送料金は、その際には、供給網の運営や供給の安定性、また供給網の機能保全に不可欠なネットワークへの投資が保障されるように形成されるべきである (エネルギー事業法第二四条第二文第四号)。

新しいルールは、これまで実践されてきた以前のエネルギー事業法第六条、第六a条に従ったネットワーク接続料金の算定システムをさらに発展させる。エネルギー事業法は第二一条および第二一a条において、それ自体では、ある枠をあらかじめ設定するにすぎないが、そのような枠は、当面まず、電力託送料金に関する命令[34]およびガス託送料金に関する命令[35]ならびに、その後はインセンティヴ規制[36]の形成に関する法令を通じてさらに具体化されることになっている。供給網の接続に関する料金の規律は、したがって、次の三つの局面で行われる。すなわち、第一の局面では、料金算定の基礎となる費用(コスト)について規制し、続いて第二の局面では、託送料金、「託送料金から得られる」収益、または費用を複数のネットワーク運営者について比較する。経過期間の満了後、費用算定および比較手続から成るシステムは、インセンティヴ規制を目指すシステムへと移行されることになる。

1 料金算定におけるコスト規制

第一の局面では、託送料金は――通信料金と同じく――いずれか構造的に比較可能な、能率の良いネットワーク運営者の業務遂行コストに基づき、算定されるべきである(エネルギー事業法第二一条第二項第一文)[37]。「コストを基調とする料金算定を行う際には」競争に乗ることのない費用部分は考慮されてはならない(エネルギー事業法第二一条第二項第二文)。これにより規制官庁は個々の企業の間で費用や費用の内訳を比較する権限を持つことになり、最終的にはまた業界構造に左右されない諸費用を指標化できる。そのほか、送電線の使用に関する連盟間合意補足案(VV II plus Strom)における料金算定の諸ルールは、託送料金命令において採用されており、また将来的には原則としてガス業界についても妥当する。

改訂されたのは、ネットワーク原価（取得原価）算定の際に減価償却（Abschreibung）を行う方法である。これまでは固定資産の未償却残高（Nettosubstanzerhaltung）を考慮して毎期取得価額（Tagesneuwert）を計算し直すことで減価償却を行っていたが、こうした計算に該当するのは将来的には、電力託送料金／ガス託送料金に関する諸命令第六条によれば、ネットワーク業務に不可欠な設備資産のうち旧設備（Altanlagen）すなわち二〇〇六年一月一日以前に計上された設備のうち、自家調達部分（eigenfinanzierter Anteil）についてのみである。[38] 減価償却分が任意に決定されないよう、電力託送料金に関する命令・ガス託送料金に関する命令第六条第三項は、送電網の使用に関する連盟間合意補足案（VV II plus Strom）に従った実務とは異なり、減価償却率を物価指数に連結することを規定している。旧設備資産のうちの他人資本による調達部分（fremdfinanzierter Anteil）については、設置時に最初に計上された取得原価に対して償却分が計算される。二〇〇六年一月一日以降に計上された新しい設備資産は全て、実質資本維持（Realkapitalerhaltung）という競争促進的な原則に従い、設置時に最初に計上された取得原価に対して定額の償却がされる。このように旧設備と新設備とで扱いが異なるのは、耐用期間中に減価償却方法が変更されても託送料金の急変を抑えられるようにである。

このほか、エネルギー事業法第二一条第三項は、供給網運営者が託送料金を決める際に、事業に投入した資本の利率（報酬率）として、適切で競争力のある、さらにリスクに対応した利付けを行うことを定めている。電力託送料金／ガス託送料金に関する諸命令第七条において具体化されているところでは、過去に争われた幾つかの立場が表明されている。例えば、将来的には、利付けの基礎に置かれる自己資本比率は強制的に四〇パーセントを上限とされる。さらに、電力託送料金／ガス託送料金に関する諸命令第七条第五項では、ネットワーク事業特有の事業リスクをカバーするために、利付けの計算における割増分が保証されている。自己資本の報酬率は、電力託送料金／ガス託送料金に関する諸命令第七条第四項における［経営効率化・料金低廉化へ向けた］刺激策についての規制が施行されるまでは、標準として固定される。目標とされる売上高と、利付けの基礎に置かれるネットワーク原価との差額は、耐用期間中にわたって清算され（電力託送料金／ガス託送料金に関する諸命令第一一条）、これは偶然的な収入を締め出すが、しかし原価割れリスクを補償する。

2 比較手続（Vergleichsverfahren）

料金規制の第二の局面は、［供給網運営者の託送料金・収益・諸費用を］比較する手続である。エネルギー事業法第二一条第三項および第四項では、送電線の使用に関する連盟間合意補足案（VV II plus Strom）に由来する需要供給の構造等級（Strukturklassen）［電圧・ガス濃度の高低や託送網の所在地域による区分］が、少なくとも［コストに基づく料金規制、比較手続そしてインセンティヴ規制という］三つの規制が行われる間、維持される。比較手続は、これ以外に、エネルギー事業法第三〇条でいう「比較可能な市場」概念を具体化している(39)。エネルギー事業法第二一条第三項によれば個々の契約が審査されるのではなく、それぞれのネットワーク段階・変電段階について電力託送料金に関する命令第二二条に従い比較が行われ、そうした比較がネットワーク運営者の市場的地位の濫用に対するエネルギー事業法第三〇条に従った手続についても基礎となる。

比較の単位は、託送料金のほかに、それぞれのネットワーク段階で目標とされる収益や個々のコストでありうる（電力託送料金に関する命令第二三条第一項／ガス託送料金に関する命令第二二条）。もっとも、コストに基づく託送料金の算定がなされている場合には、エネルギー事業法第二一条第三項第二文によれば、コストを比較するだけですむ。比較手続においては、数量値による比較をしなければならず、コスト転嫁[40]の影響やそのネットワーク段階・変電段階の利用量（Auslastung）を顧慮しなければならない。「一キロメーター長さの配管（配線）あたりのコストおよび収益」［託送距離に比例する」という従来争いのあった比較の基準は、いまや法律上の根拠を与えられている[41]。

非常に重要であるのは、エネルギー事業法第二一条第四項第二文であり、これによれば、比較の対象となる諸々のネットワーク運営者と比べて平均的な料金・収益・費用を上回る場合には、異議を留保して、そうした諸費用は、エネルギー事業法第二一条第二項のいう効率的な業務執行のための諸費用にはあたらないと推定される。空白であるのは、平均価格から上向きに逸れる場合はどんなにわずかな超過であっても、その正当化義務をそのつどの関係者に生じさせるのか、または、まさに連邦通常裁判所が競争制限法（Gesetz gegen Wettbewerbsbeschränkungen: GWB）第一九条第四項第二号に関して認めたように[42]、ここでも（法文にはないが）逸脱の限界が考慮されうるかである[43]。そうすると、平均価格は、企業がそのなかを動かなければならない価格の回廊として理解されるであろう。

事前に託送料金がエネルギー事業法第二一 a条に従い規制官庁によって認可されているときは、同第二一条第四項第二文に代えて同法第三〇条第一項第二文五号の推定を受ける。それによれば、託送料金が、認可を受けた上限を超えていないときは、事実上正当化されたものと見なされる。ネットワーク運営者はその際には、相当する認可があることを証明すればすむ。もっとも、規制官庁は、エネルギー事業法第三一条第一項第三文に従った濫用手続の枠内では、認可を撤回[44]する諸条件を満たすかどうかにつき、審査しなければならない[45]。

多様な運営者[46]を比較することは、ネットワーク運営者による料金計算を間接的に統制するのに役立つし、また、競争価格ではなくむしろ依然として独占価格の相互比較がなされる[47]という制約はあるものの、市場の動向に意識を向けるようにもなる。比較においては平均的な託送料金、売上金、そして諸費用[48]を単位として見るが、こうした比較は、「効率の良い」運営者という基準を想起させるような、最も諸費用の安い企業を指向するものではないし、諸費用を制限したり減退させる努力を賞賛するものではない。比較手続によって捕捉されるのは、（託送料金が統一的に傑出して高い水準にある場合やその部門で計算標準が統一している場合は）比較の数値を超えて突き出ている先頭走者（Ausreißer）にすぎない。

3　インセンティヴ規制（Anreizregulierung）

託送料金規制の第三段階（二〇〇七年に期待される）では、ネットワーク接続のための料金は、コスト指向や比較指向の諸規制から離れ、供給事業の経営効率化のためのインセンティヴ（Anreiz）となるような方法によって決定されうる（インセンティヴ規制）（エネルギー事業法第二一 a条第一項）。料金は、その場合には二年ないし五年の期間の当初こそコストに基づいてあるいは比較可能な市場に基づいて算出されるけれども、その後はもっぱら、経営効率の良い企業のコストを基準として規制官庁が料金水準を決定する効率性基準（Effizeinzvorgabe）方式に基づき決定される。ネットワーク運営者は、このような基準とされた価格低下率ないし収益拡大率をできるだけ上回るように「経営効率化に」集中できる。これにより手に入れられた「経営効率化による」利益は、その企業にとどまり、企業内部のコスト削減のためのさらなる努力のためのインセンティヴとなる。託送顧客は、その反射として、料金引下げによる利益を享受する。

立法者はインセンティヴ規制のためにいずれか特定の方法に縛られるのではなく、むしろ方法的にとらわれることなく――コスト・ベースでの料金算定規制および比較手続規制との諸経験にも配慮して――インセンティヴ規制を形成しなければならない[49]。具体化の作業は――法文上であらかじめ定めてある範囲内で――エネルギー事業法第二一a条第六項第一号に従い将来的に制定される法令に残されている。

4　特　例

法文上で標準化された託送料金の計算のほかに、エネルギー事業法第二四条第二文第五号は、法令レベルで、コスト・ベースの原則からの乖離を認めている[50]。これらの特例は、事業者連盟間合意より部分的に受け継がれたものである。例えば電力託送料金に関する命令第一九条第一項は、一時的に電力をより多く消費するエンドユーザーについて、また同第一九条第二項第一文は、特殊な種類の託送を行うエンドユーザーについて特例を設けている。エネルギー多消費型産業の待遇改善も、新規に導入された（電力託送料金に関する命令第一九条第二項第二文）[51]。電力託送料金に関する命令第一九条第三項は、利用者が配電設備を単独利用する場合は利用料金が安くなるという期待に（むろん強制的ではないが）従ったものである[52]。

つい最近まで争われていたのは、ガス託送料金に関する命令第三条第二項および第三項において規定されている複数地域にまたがる長距離パイプライン網についての特則である。諸地域にまたがる長距離パイプライン網の運営者は、そのつどの長距離パイプライン網がその圧倒的な大部分につき、実効的に行われている競争あるいは潜在的な競争にさらされているということを証明すれば、コスト・ベースの料金算定規制から免除される。これは、競争の存在を確認するための条件を指し示すという扱いにくい技術を用いて、論争の妥協が立法技術的に規範化されたものである。

この場合には［料金算定規制は適用されず］比較手続のみ、ガス託送料金に関する命令第一九条およびこれと関連する第二六条に従って適用されるが、比較の対象は託送料金および［託送料金から生じる］収益に制限される(53)。

ローカルなガス輸送ネットワーク運営者は、ガス払出のための単一料金（いわゆる郵便切手 Briefmarke）を［ネットワーク利用者から］徴収できる（ガス託送料金に関する命令第一八条）。このことは電力分野と同様に、ガス供給取引［受入・払出の地点や距離］にかかわらず［地域内であれば単一料金で供給できる］需要地点モデルに応じたものであり、エネルギー事業法第二〇条第一b項第四文の特例［Entry-Exit 方式］から見ても一貫している。

さらに、ガス導管網運営者は、配送ネットワークをより効率良く活用するために、特定の受入・払出地点については、別々の短距離料金を提供することができる（ガス託送料金に関する命令第二〇条第一項）。ガス導管網の運営者は、［導管網から利用者への］直接的な配管の敷設を避けるための個々の事例で、具体的に行われたガス事業活動に基づいて、特別な託送料金を請求してもよい（ガス託送料金に関する命令第二〇条第二項）。

(28) 第一の自由化局面において看取され得たように、とくに新規参入者（Newcomer）は市場から遠ざけられる。

(29) 参照されるのは、例えば、*Böge*, in: *Bauer*, Aktuelle Entwicklungen im deutschen und europäischen EnergiewirtschaftsR, 2003, S. 18 ff.

(30) 共同体法のコンテクストについて参照されるのは、*Stumpf*, in: *Blaurock/Schwarze*, Unternehmen im Spannungsfeld zwischen Marktfreiheit und staatlicher Inpflichtnahme, EuropaR, Beiheft 2/2004, S. 7 ff.

(31) ヨーロッパ共同体料金指令（EltRL）第二〇条第一項およびヨーロッパ共同体ガス指令（GasRL）第一八条第一項。

(32) いずれの書類を規制官庁が「必要（necessary）」（エネルギー事業法第二三a条第三項第二文の意味における）と見なすかは、現時点では見積ることができない。法の表現形式に基づき、いずれにせよ、それはエネルギー事業法第二三a条第三項第四文における最小要件（Mindestanforderung）を超える可能性がある。

(33) エネルギー事業法第七一a条を背景にすると首尾一貫している。すなわち、この場合には、たんに規制官庁に対する公告義務（Anzeigepflicht）があるにすぎない（エネルギー事業法第二三a条第二項後半第二文）。

(34) 送電網の接続に関する料金［託送料金］についての命令（Verordnung über die Entgelte für den Zugang zu Elektrizitätsversorgungsnetzen：StromNEV）v. 25. 7. 2005, BGBl I, 2225.

(35) ガス導管網の接続に関する料金［託送料金］についての命令（Verordnung über die Entgelte für den Zugang zu Gasversorgungsnetzen：GasNEV）v. 25. 7. 2005, BGBl I, 2197.

(36) 参照されるのは、エネルギー事業法第二一a条第四項。

(37) エネルギー事業法の新しい改正法は、事業者連盟間合意（Anlage 3 zur VVII plus Strom）に従った、合理的な事業運営のための諸費用かという基準に縛られることなく、ヨーロッパ共同体規則1228/2003の第四条第一項を指針としている。国内における託送網利用に関係するヨーロッパ共同体料金指令第二三条第二項は、託送網を維持するための投資が継続して確保されるかという点に照準を合わせている。

(38) 新しい連邦州［旧東ドイツ地域］における託送網の場合には、その設立時に独マルクで見積もられた設備資産についての調達コストの計算は、現在用いられる通常の調達コストを用い、さらに基準となる物価指標を用いて逆算して、計算されることができる（送電網の託送料金命令第六条第三項、ガス配管網の託送料金命令第六条第三項）。

(39) Regbegr., BT-Dr 15/3917, S. 60.

(40) 参照されるのは、エネルギー事業法第七一a条。

(41) 競争制限禁止法（GWB）第一九条第四項第二号については、連邦カルテル庁（BkartA）、ZNER 2003, 263 (266) – Stadtwerke Mainz；*Gabler*（前注（24））, S. 237-241（詳細な論証あり）；最近の傾向としては、二〇〇五年六月二八日連邦通常裁判所決定（*BGH*, Beschl. v. 28. 6. 2005）– KVR 17/04, BeckRS 2005, 09050 – Stadtwerke Mainz, S. 9, 11 des Umdrucks；デュッセルドルフ上級地方裁判所（*OLG Düsseldorf*）, WuW/E DE-R 1439 (1443 f.) – Stadtwerke Mainz；とりわけ *Schebstadt*, Recht der Energiewirtschaft (RdE) 2004, 181 (182).

(42) 二〇〇五年六月二八日連邦通常裁判所決定 – KVR 17/04, BeckRS 2005, 09050 – Stadtwerke Mainz, S. 15 des Umdrucks；要約しているのが *Gabler*（前注（24））, S. 245-249（詳細な論証あり）。

(43) この点を白紙のままにしているのが、*P. Becker*, ZNER 2004, 325 (326)；これに対して、*Kühling*, Netzwissenschaften und Recht (N&R) 2004, 12 (17) および *L. Becker*, K&R 1999, 112 (120) は、通信接続料金命令（TentgV）第三条第四項では変動対

応割増ではなく具体的な正当化が認められているだけであることを援用する。

(44) 考えられるのは、行政手続法（VwVfG）第四八条、第四九条に従った認可の取消撤回である。

(45) ここでは、管轄官庁は、いったん下された認可における信頼保護のため、エネルギー事業法第二一条第四項第二文の推定に依拠できない。

(46) また、現実に存在している供給網のみを比較するのであって、理論的上の仮想モデル網との比較は、エネルギー事業法でも諸々の料金命令でも対象とされていない。この点は、*Dal-Canton/Ungemach*, Energie, Markt, Wettbewerb (emw) Nr. 4/2004, S. 22 (23 f.) を見よ。

(47) 特定の長距離ガスパイプライン網の利用に関する料金を例外とする。

(48) エネルギー事業法第二一条第四項第二文、電力託送料金に関する命令第二三条、ガス託送料金に関する命令第二一条。

(49) *Hempelmann* 議員による報告書、BT-Dr. 15/5268, S. 120.

(50) 基本法（GG）第八〇条第一項を理由に批判的であるのが、*P. Becker*, ZNER 2004, 325 (326).

(51) ［こうした待遇改善は］経済政策的に説明可能であり、（第五文における）認可留保を通じて濫用に対する保護がなされているが、しかし、それ以外のネットワーク利用者に残余の費用を負担させることになるのだからなおさら、ヨーロッパ共同体料金指令第二〇条第一項の差別的扱いの禁止において、［電力多消費産業への］特権付与の範囲については慎重な検討を要する（電力託送料金に関する命令（StromNEV）第一九条第二項第八文）。批判的であるのは、*Britz/Herzmann*, Insfrastrukturrecht (IR) 2005, 98 (99 f.); *v. Hammerstein/Beckmann*, http://www.neue-energieanbieter.de/service/download/65420.html. 類似事例として対比できるのが、連邦憲法裁判所、NJW 1995, 381 (382) – Kohlepfennig（国内炭利用者への石炭補助金）; 供給網への接続が規制されている場合における基本法上の制約につき、*Badura*, DVBl 2004, 1189. 諸々のエネルギー指令の第一局面における補助金の共同体法上の問題性に関して、ヨーロッパ共同体裁判所、NVwZ 2005, 917 = EuZW 2005, 499 – AEM.

(52) そのような料金算定がなされても比較的高い託送料金が生じるときは、利用者はこれも支払わねばならない。電力に関する連盟間合意補足案（VV II plus Strom）第一・第八号におけるかつての選択権は、電力託送料金に関する命令では明白な文言のために消失している。

(53) このような例外はとりわけ、長距離ガスパイプラインが競争業者により新たに設置される場合や、パイプラインが共同体により運営される（その持分はそのつど分割して譲渡される）（例えば TEMP や MEGAL）場合に、適用される。

D　エネルギー事業法に従ったネットワーク接続規制と競争制限禁止法(GWB)との関係

以前のエネルギー事業法第六条、第六a条およびとりわけ連盟間合意の「優れた業界慣行」というそこでの「条文における」推定が、ドイツ競争制限禁止法（GWB：カルテル法）に対してどのような関係にあるかは、解釈上争われていた。当時のエネルギー事業法第六条第一項第六文および第六a条第二項第六文によれば、エネルギー事業法と競争制限禁止法とは、相互に適用可能とされていた。しかし、エネルギー事業法がどのような範囲でカルテル法的な判断（Beurteilung）に関して拘束力を発揮するかは、はっきりしていなかった[54]。したがって、新法の立法者はいまやエネルギー事業法の競争制限禁止法に対する関係を、エネルギー事業法第一一一条および競争制限禁止法第一三〇条第三項において、現実に生じ得る規制官庁とカルテル庁との二重管轄についてとくに新たに規定した。

いまや、規制官庁は、託送料金（供給網の利用料金）の規制については専属的に、エネルギー事業法に基づき管轄を持つ。すなわち電力料金およびガス料金が、カルテル庁の管轄範囲にとどまっているにすぎない。しかしながら、エンドユーザーが支払う料金は、とくに基本接続契約の枠内では、エネルギー代金と託送料金との双方から成り立っているのであるから、カルテル庁には託送料金に対する間接的な統制が許されているともいえる。こういった二重統制を予防するため、エネルギー事業法第一一一条によれば、供給網の運営者により公表されている託送料金は、規制官庁や裁判所による最終的な判断によってそれが違法であることが確定されない限り、合法的なものとして「カルテル庁がエネルギー送配事業者からエンドユーザーへの供給に関する代金を審査する際に」基礎に用いられる[55]。

これを置き換える（Umsetzung）ため、競争制限禁止法第一九条および第二〇条は、エネルギー事業法第一一条第一項に従い、エネルギー事業法ないしは同法に基づき公布された諸々の法令が「明らかに自己完結的な規律（ausdrücklich abschließende Regelung）」に該当する範囲では、適用を抑制することを定めている。エネルギー事業法第一一一条第二項第二号は、それゆえエネルギー事業法の第三部を［競争制限禁止法に対して］閉じた規律として宣言している[56]。しかしエネルギー事業法の第三部に基づく諸々の法令は、同第一一一条第二項第二号によると、これには含まれない。これに対応して、送電網の接続に関する命令にはその第一条において自己完結的な規律であることが宣言されている。そのほかの三つの法令（電力託送料金に関する命令、ガス導管網の接続に関する命令、ガス託送料金に関する命令には、こういった宣言は全く含まれていない。このことは、カルテル庁に対して、競争制限禁止法第一九条と第二〇条に基づいてこれらの法令に該当する諸事案を審査し、かつ法令違反を確定する可能性を許してしまうかのように思われる。したがってこの点で新たに明確化されることが望まれる[57]。

(54) この点につき、デュッセルドルフ上級地方裁判所、ZNER 2004, 187 (193) – Stadtwerke Mainz（その裁判例は WuW/E DE-R 1439 に転載されていない）；*Büdenbender*（前注（22））, Art. 6 Rdnr. 142；とりわけ *Gabler*（前注（24））, m S. 142 f.; *Rosin*, in: Festschr. f. Bauer, S. 259 (262), およびいまやまた連邦通常裁判所二〇〇五年六月二八日決定 – KVR 17/04, BeckRS 2005, 09050 – Stadtwerke Mainz, S.5 f. des Umdrucks.

(55) 批判的であるのが、*Säcker*, ZNER 2004, 98 (111 f.).

(56) それ以外ではカルテル諸官庁の任務は変更されていない。とりわけネットワーク接続に対する連邦カルテル庁によるヨーロッパ共同体条約第八一条および第八二条の適用は、エネルギー事業法第一一一条により排除されていない。

(57) それまでは、カルテル諸官庁は、規律が欠けていることや、事実関係が相互に比較可能であることから、送電網の接続に関する命令第一条の類推適用において、他の三つの法令の適用範囲においてもまた、暫定的になんらの審査を行うことなく、その介入権（Aufgreifermessen）を行使しうるであろう。

E　総括と展望

立法手続の過程で、供給網への接続を規制によりどのように確保するかは、これまで二転三転してきた。あらゆる詳細を法文に固定化することはできなかったし、またそうすべきではないと思われる。規制が実際に望ましい結果をもたらすかは、実務において初めて明らかになる。電力分野に対しては、広範に確立された手続が成文化されたことで、これまで整備されてきた法的な手段が現代化されて用いられるようになった。ガス事業に関しては、制度改革の著しい需要があり、また、これまでに導入されたEntry-Exit方式も再検討されねばならない。改革の第三段階として計画されているインセンティヴ規制――これは終局的には将来の規制の中核となるはずであるが――については、法令の立案者がどのようなシステムをこの点に関して詳細に提示することになるのか、まだ待ってみる必要がある。

供給網への接続が規制により確保されることでエネルギー価格がさらに低下するという期待に対しては、近年の自由化の事例や実際の市場動向からの経験は、むしろ警告的な見方で一致している。法令遵守のためのマネジメントや文書化義務の厳格化という理由で企業支出が増加していることや、市場における横並び行動がさらに続く可能性が、大幅な価格引下げの潜在可能性を相殺してしまうかもしれない。

ヨーロッパの観点から言えば、新しい規制の成果は、とりわけ次の点をもって測られる。すなわち、依然として国家的なエネルギー諸市場が、統合されたヨーロッパの域内市場へとさらなる発展を遂げるのに、それらの規制が役立つかどうかという点である。ヨーロッパ共同体委員会は、これらの新しい規制がこの目的を強く推し進めたのは全く疑う余地はないとしている。

ヨーロッパ共同体法における市場的自由と規制

——基礎、問題、パースペクティヴ——

Marktfreiheit und Regulierung im europäischen Gemeinschaftsrecht :
Grundlagen, Fragen, Perspektiven

楢﨑みどり 訳

目　次

A　はじめに

企業が享受する市場的自由（Marktfreiheit）と公権力により行われる規制（Regulierung）との間の緊張関係は、いかなる法秩序においても経済法の根本的な問題にかかわり、その問題は変動しつつある経済的・政治的な枠組みの諸条件によって再び新たに生じるものである。明示的に定式化するならば、市場的自由はどこまで許容されるか、規制がどの程度でなければならないか、という形になろうか。とりわけ経済学や政治学、哲学といった学問領域もこの問題の解答を探ってきたが、ここで扱うのは法学的アプローチである。問題が生起するのはよく知られた個々の国の領域であるとは限らない。ヨーロッパという舞台の上でもかかる問題が生じ、それによりドイツ国内法（もちろん他のヨーロッパ連合加盟国の国内法）もまた影響を受ける。

I　ヨーロッパ法の発展における市場の概念

市場的自由という概念は、ヨーロッパ共同体法ではまず共同市場という概念と結びつく。起草の当初より、かかる概念はヨーロッパ共同体条約の基礎をなしていた。この共同市場という概念は、前世紀半ばの歴史的な経験からの帰結である。すなわち、ヨーロッパにおける安定的かつ平和的な戦後秩序が諸国家の緊密な連携を前提としたこと(1)、当初はしかし、それと近接する軍事的領域[2]では自明のことであるが国家の安全保障という留保のために、包括的な政治的意味においては到達されえなかったこと[3]、それに対して、経済というあまり繊細ではない領域ではより早い段階で妥協は可能であり[4]、またそれは多様な動機から全加盟国の共通の利益になること等であった。一九五一年にモンタン連合がヨーロッパ石炭鉄鋼共同体（ECSC）条約（この条約はまず六カ国の原加盟国の間で初めて純粋な部門的共同化を行った）に基づき先駆的に成立し――しかしそれは石炭鉄鋼という軍事上重要な産業を対象とするために自由保障よりはむしろ規制管理を特徴とする[5]――、その後、一九五七年のローマ条約により共同市場の形成に成功した。共同市場という概念は、当初は一般的な語法において、多かれ少なかれ（当時の）ヨーロッパ経済共同体（EEC）の概念と同義に用いられた。かかる概念は、例えばヨーロッパ共同体条約第二条、第三二条、第八一条、第八二条、第八七条、第九四条、そしてこれらに付随する諸規定において、法概念として今日まで条約の中に含まれている。

自由移動原則と競争法の間の連関において共同市場という自由主義的概念は大きな成果をもたらした。統合が進展するにつれて、この共同市場という概念は、一九八七年の単一ヨーロッパ議定書（Single European Act）によって、域内市場という概念へと発展を遂げた。域内市場とは、ヨーロッパ共同体条約第一四条の定義によれば、「物、人、サービスおよび資本の自由移動がこの条約の規定に従って確保されるところの、域内に境界がない地域」をいう。域内市場という概念は、ほかにも例えば、ヨーロッパ共同体条約第三条C号、第四条、第六五条、第九三条、または第一四条における指定を通じて、第六一条や第九五条にも見られる。ここではつまり、とりわけ法接近（Rechtsangleichung）のための諸規定がなされている。同時にEEAにより、一連の新たな諸政策――域内市場とともに共同体の姿を定めている諸政策――と域内市場は同列視されている。

域内市場は、一九九七年のアムステルダム条約以降、徐々に、「自由、安全および正義の地域」（ヨーロッパ連合条約第二条）へと発展するものとされるが、これまでのところ漸進的に実現しているにすぎない（ヨーロッパ共同体条約第六一条以下を参照）。そして、この概念によって、市場との連関性が薄れ、自由はつまり、経済的な文脈から切り離され、人間と結び付けられるのである。

Ⅱ 規制の概念

「規制」の概念については、他方、ヨーロッパ共同体条約にはこれまでのところ規定がない。経済過程への規制的な、つまり公権力による指導的な介入に従って行われる領域は、ヨーロッパ共同体の語法では慣行上「政策（policies）」と称される。例えば、ヨーロッパ共同体条約第三二条、第七〇条、第九八条、第一〇五条、第一二六条、第一三一条、第一四〇条、第一五二条、第一五三条、第一五七条、第一五八条、第一六五条、第一七四条、第一七七条、第一八一条第a項において――ヨーロッパ連合水準での適切な管轄権限に基づく全体概念（Gesamtkonzept）が規制の基礎にある限り――そうである。規制の重点が加盟国におかれる場合は、ヨーロッパ共同体条約は共同体の側で、「措置（measures）」と呼んでいる。例えば、第一二七条、第一三六条、第一五一条、第一五二条、第一五三条、第一五五条、第一五七条、第一六三条がそうである。それに対して、より最近では、第二次共同体法の中に、規制という概念が見られる――例えば電子通信ネットおよび電子通信サービス(6)、電力域内市場(7)、ならびに天然ガス域内市場(8)についての共同体法には規制という概念が存在する。

(1) 例えばウィンストン・チャーチル（*Winston Churchill*）による一九四六年九月一九日のチューリヒ講演を参照。このことは当時の東西ヨーロッパ間で次第に強化されつつあった鉄のカーテンを背景に生じた。*Oppermann*, Europarecht, 3. Aufl., S. 6を参照。
(2) さらに具体的な契機を示したのが一九五〇年の朝鮮戦争である。*Oppermann*, Europarecht, S. 8を参照。
(3) ヨーロッパ防衛共同体は、一九五四年にフランスの国民会議において挫折した。本来ドイツに対する安全保障として構想された英仏間の一九四七年の*Dünkirchen*協定——ベネルクス諸国の加盟により一九四八年にブリュッセル協定と改称された——はドイツおよびイタリアも一九五四年に調印し、西欧同盟へと結成され直されたが、しかしこれは一九四九年に設立されたアメリカ合衆国とカナダも加盟する北大西洋条約機構（NATO）と比べて意義を欠いたままであった。ヨーロッパ政治共同体なるものは一九五四年に交渉段階において無期延期された。一九四九年に結成されたヨーロッパ評議会／ヨーロッパ会議（Europarat）は、人権保障を除き、指導的な政治的役割を継続的に引き受けるにはあまりに乏しい管轄権しか持たなかった。
(4) 第一にまず一九四八年に設立されたＯＥＥＣ(Organization for European Economic Cooperation)（ヨーロッパ経済協力機構）においてである。
(5) ヨーロッパ石炭鉄鋼共同体条約（ECSC）は、五〇年のうちに閉じられ、それゆえその間に打ち切られた。同条約の規律項目は、ヨーロッパ共同体（EC）およびヨーロッパ原子力共同体（Euratom）に移譲された。
(6) Art. 3 der RL 2002/21/EG, ABl. 2002 L 108, 33.
(7) Art. 23 der RL 2003/54/EG, ABl. 2003 L 176, 37.
(8) Art. 25 der RL 2003/55/EG, ABl. 2003 L 176, 57.

B　ヨーロッパ経済基本法の基礎体制における市場的自由と規制

ヨーロッパ法は、動態的な法秩序である。一九五七年のローマ条約、一九八七年のＥＥＡ単一ヨーロッパ議定書、一九九二年のマーストリヒトヨーロッパ連合条約（一九九七年のアムステルダム条約そして二〇〇一年のニース条約による改正を伴う）が、発展の道程を示す主な里程標となっている。二〇〇四年一〇月二九日のヨーロッパ憲法条約は、批准手続におけるいわゆる猶予期間の後、いまだ現行法となるに至っていない(9)。

以下でヨーロッパ共同体経済基本法（Wirtschaftsverfassung）［経済憲法とも訳される］というのは、ヨーロッパの水準での経済基本法のことである(10)。一般に経済基本法というときには、共同体設立条約における（経済関連の(11)）諸規定、ならびに第一次共同体法の一般的な法原則(12)を指すものと理解されている。

I　ヨーロッパ経済基本法における市場的自由の優位性

現在、ヨーロッパ共同体のための前文には既に、自由競争システムを採択する権利が明白に述べられ、かかる権利はヨーロッパ共同体条約第二条に条文化されている(13)。市場という概念でヨーロッパ共同体条約がかかる条文で暗に示すのは、脱集権的な経済体制のための当該条約の優位性である。市場指向的・競争的体制の基礎となっているのはまず、自由移動原則（Grundfreiheiten）であり(14)、ついでヨーロッパ共同体競争法の諸規定が挙げられる(15)。ヨーロッパ共同体条約は繰り返し(16)「共同市場の機能」について述べている。その際、ヨーロッパ共同体条約は、市場固有の価格形成メカニズムを通じて広範に自律的に作用する市場の経済政策的概念(17)を至るところで前提としている。そういった「自由市場」の概念は、既に一九五五年六月三日のメッシーナ（Messina）会議の最終コミュニケにおいて言及されている(18)。こうした競争に基づく市場経済へのヨーロッパ共同体の支持表明は、とくにマーストリヒト条約以降、ヨーロッパ共同体条約第四条に明文化されている。すなわち、共通経済政策は、現在ではヨーロッパ共同体条約第四条第一項により、「自由競争を伴う開放市場経済の原則」に従うことを明白に義務とされ、ヨーロッパ共同体条約第九八条も再度この点をはっきりと強調している。同じく共通通貨政策も、ヨーロッパ共同体条約第四条第二項において、自由競争を伴う開放市場経済の原則に従うとされる。ヨーロッパ共同体条約第一〇五条第一項も再度この点を明白に繰り返している。(19) そして、こうした自由市場的経済秩序の保障はまず統合過程の中で機能するものとして説明されるのである。すなわち、ヨーロッパ統合の過程でまず問題とされた共同市場なるもの（ein Gemeinsamer Markt）は、競争的な自律的作用を活用した場合にこそ最も効率的に達成されうる。域内市場もまた、ヨーロッパ共同体条約第一四条の定義によれば自由移動原則を義務とする。経済的統合は当初から政治的統合の先駆けとして考えられ、政治的統合はとくにＥＵ条約以降、徐々に実現してきた。また、アムステルダム条約以降の新しい「自由、安全（保障）、正義の空間」という指導的パラメータが、自由を第一の地位に置いた。

最後に、ヨーロッパ連合条約第六条第一項における一般的な自由の保障は、自律的決定に基づいた経済秩序に対する支持を含んでいる。(20) それによれば、法的に保護された自己決定に公権力が介入することは、そうした介入が授権規定に依拠して行われる場合にしか許容されない。(21) この限りにおいて、自由の保障は、数十年にわたって判例法を通じて発展してきた民主主義的規範および法治国家的規範と関係している。さらに規範的には、自由の保障は、ヨーロッパ連合条約第六条第一項との関連性が見出される。この条項によれば、ヨーロッパ連合は基本的権利を尊重することとなっており、基本的権利は、人権および基本的自由の保護のためのヨーロッパ共同体条約において保障され、また、基本的権利は共同体法の一般的原則すなわち加盟国に共通な憲法上の伝統から生じるとされる。

ヨーロッパ共同体裁判所は、判例を通じて常に、所有権や経済的自由もまた共同体法の一般原則として基本的権利の保護を享受しているとする。また裁判所は、例えば職業選択の自由、通商および経済の自由、そして競争の自由を、営業の自由（Erwerbsfreiheit）がそれぞれ発現したものとして正当に評価してきた。共同体裁判所の基本学説によれば、基本的権利の制限が正当化されるためには、次の条件を満たすことが必要である。すなわち、そうした制限が第一に公共の福祉に資すること、第二に、目的と手段との均衡がとれていること（相当性）、そして第三に、基本権とその核心部で抵触しないことである。(22)

Ⅱ　ヨーロッパ経済基本法の基礎体制における規制

このように、市場的自由については、多様かつ機能的・操作的、かつ介入対象や介入の受益者に応じてそれぞれ異なった義務を課している一方で、ヨーロッパの経済枠組みでは、介入の諸領域は、たんに散発的にしか存在しない。

1　伝統的な規制領域

伝統的な政策領域では、ヨーロッパ共同体条約は、規制をすでに最初から許容している。規制はここでは伝統的には加盟諸国レベルで行われる。このようなセクターでは、競争規定は制限され、かつ部分的にはヨーロッパの市場規制が効力を持つ。

―　ヨーロッパ石炭鉄鋼共同体（ECSC）条約[23]は、二〇〇二年七月二三日で失効し、それ以降はモンタン連合の領域についても、より市場経済に即したヨーロッパ共同体条約が適用されている。

―　ヨーロッパ原子力共同体（Euratom）条約は引き続き有効であるが、同条約は、核エネルギー経済が産する物品と製造物質とについては、ヨーロッパ共同体の共同市場によく似た共通市場を設立している。それ以外に、Euratomの介入権は、公共の利益によって正当化されるものとされる。このほか、核エネルギーは、徐々に、ヨーロッパ共通エネルギー政策の対象となることが増えており、そうした政策の主要部分はヨーロッパ共同体条約にその基礎を持つ[24]。

―　ヨーロッパ共同市場は、ヨーロッパ共同体条約第三二条によれば農業をも含み、諸々の農産物市場を運営する共通組織を伴う。この組織は、ヨーロッパ共同体条約第三四条によれば、産品に応じて、次のいずれかの形をとる。すなわち、(a)競争に関する共通ルール（一般の競争規定より適用範囲が狭い）（一般の競争規定・補助金規定はヨーロッパ共同体条約第三六条によれば農産物分野ではわずかな所定の範囲でのみ適用される）、(b)各加盟国の国内市場組織を義務的に調整すること、あるいは、(c)ヨーロッパ的な市場組織である。供給確保（Vorsorgungssicherheit）ならびに農村住民のために行わねばならない社会的・文化的な構造転換が、ここでは公共の福祉の利益により正当化されるものとして背景に存在する。漁業分野が依然として困難な状況にとどまっているのに対して[25]、農業政策は、市場組織政策から市場構造政策へとゆっくりだが確実な転換を示している。すなわち、初期段階では、まず生産の確保、ついで（価格引下げと一九九二年調整補助金を併用することによる）余剰生産調整が行われ、さらに二〇〇三年の改革では農村地域振興目的での直接補助金によって代替された（生産量に応じた農業補助金を切り下げ、その代替として補助金は、環境・動物愛護および安全規格の基準を満たすかどうか、さらに構造転換対策とも連動することとなった）。

現在では例えば甜菜糖市場規則に見られるように個々の市場規則が徐々に廃止されることにおいて、このような概念的な農業政策の転換が見受けられる。[26] 二〇〇七年六月一一日にヨーロッパ共同体理事会によって承認された単一の共同市場秩序の設立のための提案[27]が、法技術的には、この点で役立つ。そうした秩序が実現すれば、現在二一に分かれて存在する市場秩序が統一されることになる。

― 共通の輸送政策については、ヨーロッパ共同体条約第五編が、第七五条の差別禁止ならびに第七六条における輸送契約約款についての競争制限条項の禁止のような市場経済的要素を含む。もっとも、公権力による介入操作措置も、競争の外部にあるとくに社会的性質[28]の目的のもとでは、許容される（第七一条ないし第七四条）。輸送セクターの自由化は次のように区分されることができる。すなわち、一九七二年までの市場指向的期間、一九八二年までのインフラ改善に向かっていた時期、そして交通域内市場の発展期がそれ以降というようにである。重要な交通機関については、一九九三年の自由化が、完結したものと見なされた。

― 一般に、加盟国における伝統的な規制の対象とされ、かつ一貫して、食品、輸送、エネルギー供給のように基本的供給に該当する領域については、次の点が確認される。すなわち、私的な市場的自由を制限するにあたっては、このような保護を受ける領域でも、公共の利益という強行的な要請に注意を向けていることである――驚くべきことに、このような公共の利益という共同体法の集権的概念が、現存の状況では利用されていないにもかかわらず、である。とくに、供給の確保、生産者の適切な生活水準の保証といった点からの制限がそうである。第二に、少なくとも、このような制限を必要程度まで制限するための努力が見て取れるということである。最後に、そうした制限は、ヨーロッパ共同体およびEuratomにしっかりと係留されているにもかかわらず、そうした制限を、域内市場を基礎とするヨーロッパの政策枠組み（Politikrahmen）に埋め込む傾向が増えている。

2　比較的最近の規制領域

上述された伝統的な規制領域のほかに、比較的近時に導入された規制領域がある。そうした規制は最初から決して加盟国水準ではなくヨーロッパ水準で構想（konzipiert）されてきたものである。これらの比較的新しい領域は、ヨーロッパ共同体条約第三条で列挙されているように、雇用政策[29]、産業政策[30]、社会政策[31]、環境政策[32]、研究促進[33]、ヨーロッパ横断ネットワークの構築[34]、健康政策[35]、教育文化政策[36]、消費者保護[37]、エネルギー、民間保護および観光の分野における措置[38]、または経済的および社会的結合の強化[39]である。一九七〇年代、自由移動原則と競争法とが原則として確立したが、それ以降、共同体法の統合的機能が、当時の時流に応じて、公権力による計画策定を通じた社会的な改革に至るまで、拡大してきた。

このような政策領域は、もともとのヨーロッパ経済共同体（EEC）とは違って、もはや決して経済領域に限定されず、むしろ全体としてのヨーロッパ社会を射程としているが、それはかかる理由から偶然ではない。すなわち、競争の外部にある公共の福祉という目的が導入されており、この公共の福祉とは、全ての成熟した国家機構（Staatswesen）において知られているが、厳密に言えば、市場と競争とに対して決して対極的な存在ではない。たしかに、公共の福祉は、市場原理による市場参加者の自律的な行為によるというよりはむしろ、伝統的には国家主権による外部からの操作という手段によって行われてきたものであるにせよ、（また当然にも）ここでも些末ではあるが、しばしば経済問題が取り上げられているのである。

ヨーロッパ共同体条約第一五七条は、産業政策が個別的に策定されているが、同条がこれまた同様に明文で定めているのは、［共同体の］産業政策の活動が、「開放されかつ競争に基づいた市場制度（einem System offner und wettbewerbsorientierter Märkte）」に対応していなければならない、ということである[40]。ヨーロッパ横断ネットワークの構築に関する第一五四条は、ヨーロッパ共同体条約第一四条、すなわち域内市場に関する義務を援用する。このほか、第一五四条第二項によれば、共同体の活動は、「開放されかつ競争に基づいた市場制度の枠内」にとどまらなければならないとされる。ヨーロッパ共同体条約第一三六条は、社会政策についてもまた、加盟諸国の社会規則の調整（Abstimmungen）として共同市場が作用することを、――ヨーロッパ共同体条約に基づく追加的規制のほかに――前提条件とする。一般教育に関する個別規定、ヨーロッパ共同体条約第一四九条、職業訓練（第一五〇条）、文化振興（第一五一条）、公衆衛生（第一五二条）、消費者保護（第一五三条）、経済・社会的結合の強化（第一五八条以下）、研究開発政策（第一六三条以下）、環境政策（第一七四条以下）は、そのようにはっきりした形では市場経済へと結びつけていない。ヨーロッパ共同体条約第三条(i)（雇用政策）ならびに第三条(u)（エネルギー、民間保護、観光の分野における措置）は、個別規定によって補充されてはいない。

Ⅲ　ヨーロッパ経済基本法の根本システムにおける市場的自由と規制との関係

要するにヨーロッパ経済基本法（Wirtschaftsverfassungsrecht）が示すのは、それぞれの経済基本法が実際にそうであるように、一方では市場経済的・自由主義的要素と、他方では介入的要素との混合である。ここでは、伝統的にこれまでの加盟諸国に由来する規制はむしろ追いやられ、それに対して共同体レベルで新しい規制領域が出現している。伝統的な起源のものであれ、近代的な起源のものであれ、規制領域は、規制のための法的規定を創出することによって特徴づけられる。しかしいまでも顕著なのは、市場経済原理が引き合いに出され繰り返し強調されるのは政策の領域であるということ（政策は市場経済原理が当然に考えられる領域ではない）、また、規制領域においてはとくに、公共の福祉による正当化ならびに相当性原則による方向付けを伴いつつ、私企業によるイニシアティブを促進するための介助的な措置（介入的措置ではない）が選択されていること、それにより、市場的自由の単独性ではなく優位性が見られることである。最後に、法的裏付けの必要性は、相応の権限規範が第一次共同体法に採用されることで、遵守されている。

Ⅳ　比較的近年の政策領域（共通政策）

近年の政策領域は、それらが市場に重要となっている限りで、概して市場経済に親和的に展開している。[41]

― 共同体の雇用政策のガイドライン[42]では、企業家精神（Unternehmergeist）、雇用能力（Beschäftigungsfähigkeit）、調整能力（Anpassungsfähigkeit）、機会均等の促進に重点をおいており、その手段として、起業・企業活動の容易化、市場経済の基本条件を改善するためのツールとしての社会保険法上の障害の緩和、リスク資本市場の設立、雇用政策上の社会給付システム、教育システム、租税システム、とくに不登校（Schulabbrüche）の抑止、および若年失業者ならびに長期失業者の職業的再教育、社会復帰（Wiedereingliederung）措置が挙げられる。[43]

― 教育政策は、その間、作業プログラム「一般教育・職業教育二〇一〇」ならびに二〇〇七―二〇一〇年のための統合された行動計画を通じて、規定されている。ここでは、教育は、共同市場のための人的資本（Humankapital）資源の育成として、一貫して市場支援ツールとして理解されている。研究支援についても同様に、それは、学問自身のための基礎研究に代えて、共同体の産業の科学技術的基礎の強化および共同体の国際的競争力の発展に役立つよう義務づけられている[44]が、時としてそれは、あまりにも市場指向すぎるように思われる。[45]

— ヨーロッパの消費者保護は、当初から、五つの基本的な消費者権利の実現を試みている。すなわち、健康の保護および安全を求める権利、経済上の利益の保護を求める権利、損害補償を求める権利、消費者情報を求める権利ならびに、集団での利益主張を求める権利がそうである[46]。これらについては、この間、著しい規模で、第二次共同体法が成立してきている。健康保護は、とくに食品、医薬品、化粧品、化学薬品および農薬の分野に該当し、経済上の利益の保護は、ヨーロッパ消費者私法が成長したことに表現されている[47]。このように社会に考えられている消費者保護の利益と、市場的自由の要請との間には繰り返し衝突が生じるのは避けられない。他方、消費者保護法は、市場という力が、脆弱な市場の相手方（消費者）の側から一方的に不当な利益を得させてしまうために、企業側の市場における力を拘束することを正当に要請する。この点で消費者保護法と比較可能なのが競争法である。競争法には、弱小企業を大企業の地位の濫用から保護する要請がある。消費者保護法はしたがって競争法の補完である。競争法はBusiness to Business (BtoB)（企業間取引）の領域で働くものであるが、消費者保護法は、Business to Consumer (BtoC)（対消費者取引）の領域において作用する。共同体機関は、消費者保護の分野においては、禁止の代わりに消費者向けの情報開示義務を優先することによって、市場的自由を考慮しようとしている（例えば、食品法における表示義務または特定の消費者契約における取消（クーリングオフ）期間など）。これはいずれにせよ競争法の道具立てと比べると明らかに緩やかな規制であるが、消費者保護のためにはこれで十分なことが多い。なぜならそれは、私的自治の意思形成を保障しているためであり、またそれは究極的には、市場的自由を最も尊重する手段でもあるからである。

— ヨーロッパ横断ネットワークの構築のためのヨーロッパの政策は、交通網、通信、そしてエネルギー管理については、そのつどの各論政策と一緒に検討されるべきである。これまでの措置は、ヨーロッパの連携の促進のため、各加盟国の諸々のネットワークならびにネットワークへのアクセスの相互運用性（Interoperabilität）をとくに指向しており、したがってヨーロッパ共同体条約第一五四条に基づく市場経済的な指針の義務化を一貫して考慮している。

— 産業政策なるものの導入は、当初、一部では非常に批判的に受け止められていた。しかし、このような疑念は、ヨーロッパの実務によって現在まで追認されてこなかった。例えば、造船や繊維産業といった個々の分野における構造調整過程は、主に加盟国の水準で指導されているが、また共同体によりこれまでも競争法および補助金法により統制され、またこうした統制実務により調整されてもいる(48)。ヨーロッパ共同体委員会の理解——ヨーロッパ共同体委員会のウェブサイトに表現されているように(49)——によれば、産業政策は今日では三〇年前の実務とは異なる。その当時は、保護主義的措置が公共の福祉のための鍵と見られていた。これはしかし、当初から一部の加盟国——とくにドイツ——により問題とされていた見解である。しかし今日までの間、市場障壁の設置は不況を、それに対して市場的自由化は需要と供給の両サイドで最大の効用を生み出し、経済が絶えずグローバル化・競争化している領域において競争力を維持するのに役立つ、という考えは広くほぼ社会全体で承認されるようになった。保護的・保護主義的あるいは分野的な政策指向を断念し、共同体の活動は、構造調整の迅速化と企業（とりわけ中小企業）のイニシアティヴや発展を支える領域の育成とに集中されている（その証拠として、共同体の行動は直接的な介入ではなく補助的な措置を指向している）。

— 共同体の結合政策（Kohäsionspolitik）は——ヨーロッパ共同体裁判所によれば、ヨーロッパ共同体条約第一五八条から第一六二条の規定は「プログラム的性格」のものとされるが(50)——主に構造政策（Strukturpolitik）として理解される。すなわちそれは、共同体ならびに加盟諸国の政策および行動の結果でなければならない。構造政策は主に構造基金を通じて行われる。また、新しいプログラム[51]のために、特別なイニシアティブが展開され、それにより企業設立および零細企業のための融資が促進されるものとされる。その際には、専門的な支援、補助金やそのほかの手段が結合して用いられる。結合政策のための支出はおおよそ共同体予算の三分の一にのぼる。これは、公権力による企業規制としてというよりは、むしろ加盟国の水準における一種の連邦国家の前段階の財政調整（Finanzausgleich）［財政の豊かな自治体から乏しい自治体へと資金が補填されるよう連邦から指示すること］として、機能しているといえよう[52]。

総じて、実務では、比較的近時の政策領域については、包括的ではないがしかし優勢的な方向付けが市場経済へと向けてなされていることが認められる。もっとも、伝統的な政策領域（そもそも加盟国の規制がなされていたのが後退している領域[53]）とは反対に、共同体の行為が長年にわたって絶えず増加してきた領域がここでは問題になっていることは見逃すことができない。つまり介入が行われる傾向、それも共同体のレベルでの介入が、ここでは当初から存在している。とはいえ、企業的な市場的自由の制限は、ここでもまたヨーロッパ共同体条約で定められている原則に応じて、常に、具体的な公共の福祉目的に関連づけられている。市場適合原則的なツールに対する介入を、それが不可欠かつ適切な場合に制限しようという努力もまたここでは重要である。

（9）　またその間に合意された二〇〇七年一二月一三日のリスボン条約（ABl. C. 306 v. 17. 12. 2007, 1）は、ここでは扱わない。同協定は規制と市場的自由との関係について幾つかの特筆すべき重要事項の変異をはらむが、これは別稿をもって扱うに値しよう。

（10）　ヨーロッパ経済基本法（経済憲法）という概念は今日ではもはや異論を見ない。この概念にはその意味において数十年来ドイツで議論がなされたが、それはドイツ基本法が原則的には経済政策的に中立であるにもかかわらず、経済政策に対してどの程度基本法上の遮蔽物を築くかという問題をめぐってであった。共同体法の語法でもまたかかる問題について手つかずのままではない。この点については *Müller-Graf*, Unternehmensinvestitionen und Investitionssteuerung im Marktrecht, S. 250 ff. に詳しい論証があるのでそちらを参照されたい。共同体法はしかし法律上、その特有の規律に従っている。それゆえ経済基本法についての問いには共同体条約自身の一般的な解釈規定をもって答えが与えられ得る。このことはこの間に、すでに多くの面で見受けられる。この点は Stumpf, Aufgabe und Befugnis, S. 130 ff. に詳細な論証があるので参照されたい。とりわけ経済基本法としての名称は、二〇〇四年一〇月二九日ローマで調印されたヨーロッパ憲法条約（VVE：Vertrag über eine Verfassung für Europa）に関してヨーロッパ連合の憲法保有能力（Verfassungsfähigkeit）［ヨーロッパ連合ははたして公式の憲法を有する能力を持つか］をめぐり行われている現行の争いにも左右されない（この点につき *Stumpf*, in：*Schwarze*, EU-Kommentar, Art. 1 EUV に詳しい説明があるので参照されたい）。

(11) あまり経済的に関係を持たないのは例えばヨーロッパ共同体条約第一七条以下の共同体市民に関する諸規定である。

(12) 例えば、*Basedow*, Von der deutschen zur europäischen Wirtschaftsverfassung, 1992, S. 11.

(13) そのようにすでに述べるのは *Ipsen*, Europäisches Gemeinschaftsrecht, S. 566.

(14) 基本にあるのは *Müller-Graf*, Unternehmensinvestitionen und Investitionssteuerung im Marktrecht, S. 292 ff.　けだし共同体域内の境界が除去され諸国の国家経済が統合されたことで、共同体域内で市場での自由な事象の生起が実現することにも役立ったからである。

(15) *Oppermann*, Europarecht, Rn. 890 のみを参照。

(16) 例えばヨーロッパ共同体条約第三条(h)、第三二条第四項、第八八条第一項、第九四条、第九五条第一項、第一三四条、第二一一条、第二九七条。

(17) *Grabitz/Borchardt*, Europarecht, S. 122 ff.；*Ophüls*, ZHR 124 (1962), S. 136, 150.

(18) EA 1955, 7974.

(19) より詳細には *Stumpf*, Aufgabe und Befugnis, S. 130 ff. に多数の詳しい論証がある。

(20) *Stumpf*, in：*Schwarze*, EU-Kommentar, Art. 6 EUV, Rn. 9 を参照。

(21) *Stumpf*, in：*Schwarze*, EU-Kommentar, Art. 6 EUV, Rn. 8；この点についてはとりわけ *EuGH*, verb. Rs.46/87 und 227/88, Hoechs, Slg. 1989, 2859, 2924 Rn. 19.

(22) *Stumpf*, in: Schwarze, EU-Kommentar, Art. 6 EUV, Rn. 28 以下に当該判決についての多数の論証があるので参照。

(23) ヨーロッパ石炭鉄鋼共同体のシステムについて参照すべきは例えば、*Stumpf*, Die Reichweite des Beihilfeverbots aus Art. 4 c des EGKS-Vertrages, RIW 1991, 1017 ff.

(24) ヨーロッパ共同体委員会 の二〇〇六年三月八日のエネルギー域内市場に関するグリーンペーパー (Energie-Grünbuch der Kommission vom 8. 3. 2006), COM (2006) 105 final を参照。

(25) ヨーロッパ共同体委員会の海洋政策についてのグリーンペーパー COM (2006) 275 final を参照。

(26) ヨーロッパ共同体規則 318/2006 およびヨーロッパ共同体規則 320/2006（加えて修正諸提案 COM/2007/0227 final.）を参照。

(27) COM/2006/0822 final.

(28) より詳細には *Oppermann*, Europarecht, Rn. 1424.

(29) ヨーロッパ共同体条約第三条(i)。

(30) ヨーロッパ共同体条約第三条(m)。

(31) ヨーロッパ共同体条約第三条(j)。

(32) ヨーロッパ共同体条約第三条(l)。

(33) ヨーロッパ共同体条約第三条(n)。

(34) ヨーロッパ共同体条約第三条(o)。

(35) ヨーロッパ共同体条約第三条(p)。

(36) ヨーロッパ共同体条約第三条(q)。

(37) ヨーロッパ共同体条約第三条(t)。

(38) ヨーロッパ共同体条約第三条(u)。

(39) ヨーロッパ共同体条約第三条(k)。

(40) 運輸、通信、およびエネルギーネットワークは相応の諸政策と関連して規定されている。ヨーロッパの諸措置はヨーロッパ域内の相互運用性およびネットワークへの自由なアクセスを目的としているが、これはヨーロッパ共同体条約第一五四条において述べられている市場経済目的に良く適合している。

(41) 健康政策についてより詳細には *Berg*, in: *Schwarze*, EU-Kommentar, Art. 152 Rn. 36. 環境政策については例えば

Oppermann, Europarecht, Rn. 1993 ff. を参照。

(42) 一九九七年一一月のルクセンブルクでの雇用サミットにおいて、アムステルダム条約の新しい条約諸規定に基づきいわゆるヨーロッパ雇用戦略（Europäische Beschäftigungsstrategie, EBS）が設立され、サミット後、最初の雇用政策に関するガイドラインが一九九八年に関して発布された。一九九七年一二月一五日の理事会決定（理事会文書 No. 13200/97）を参照。この点について詳細であるのが *Kreußel*, in Schwarze, EU-Kommentar, Art. 128 Rn. 8 bis 11. 後の諸々のガイドラインはこのような重点を維持している。参照されるべきは Kreußel, 前掲書 Art.128 Rn.18 bis 22. ヨーロッパ共同体委員会の二〇〇二年の中間報告書（Mitteilung der Kommission an den Rat, das EP, den WSA und den Ausschuß der Regionen vom 17. Juli 2002, COM (2002) 416 final）および二〇〇五年―二〇〇八年に関するガイドライン（二〇〇五年七月一二日の理事会決定 2005/600/EC）も同様である。

(43) エッセン（*Essen*）ヨーロッパ理事会がすでに挙げていたのは、職業教育、穏健な賃金政策、労働市場監督官庁の能率性、地方の水準でのイニシアティブによる新規雇用機会の創設、そして特殊なターゲット・グループのための労働市場アクセスであった。これに対してヨーロッパ議会は一九九七年一一月一九日の *de Vigo & Tsatsos* 報告において労働市場政策の積極的措置を要求した。しかし二〇〇〇年三月におけるリスボンヨーロッパ議会が目標として定めたのは、一般で七〇パーセント、女性で六〇パーセント超の雇用率であった。この目標はしかし再びヨーロッパ連合（EU）にとっての全体目標すなわち、世界で最も競争力を持ち最も成長力に富んだ、知に基づく経済空間になるという目標のより大きな関係に据えられた。二〇〇一年三月のストックホルムヨーロッパ議会（中間目標として一般労働力につき六七パーセントの雇用率、女性労働者につき五七パーセント、中高年労働者につき五〇パーセントの雇用率という目標を定めた）ならびに二〇〇二年三月のバルセロナヨーロッパ議会も同様である。

(44) ヨーロッパ研究開発共同体地域の実現およびイノベーションのための寄与としての研究、技術開発、実演の分野における第六ヨーロッパ共同体基本枠組みプログラム（二〇〇二―二〇〇六）（ABl. L 232 vom 29. 8. 2002, S. 1 ff.）。

(45) 官僚主義化やブリュッセル（共同体本部）レベルでの不透明な決定の恣意性という短所を一方では抱え、他方では学生の自由移動性に積極的影響を与えた第一世代・第二世代のプログラムにつき、*Oppermann*, Europarecht, Rn. 1930 ff. 参照。共同体の文化政策は、共同体に特有の文化政策上の活動のほか、その他の（例えば競争法上の）ヨーロッパ共同体管轄権を文化親和的に適用するという方法での間接的な文化促進措置によって強く特徴づけられている。ここではまた、例えば、ドイツの書籍価格の固定ならびに *Presse-Grosso*（書籍雑誌の卸売業界団体）が共同体法上では以前は文化的理由から承認されていた後、ドイツ・オーストリア間の書籍価格固定をめぐる論争によって、純粋な競争的観点への明白な注意喚起がなされたことが確認される。より詳細には、*Oppermann*, Europarecht, Rn. 1987.

(46) Erstes Verbraucherschutzprogramm 1975, ABl. C 290/1.

(47) 例えば、誇大広告、欠陥商品に関する責任、訪問販売、価格表示、消費者契約（濫用的条項、消費者クレジット、保険契約、タイム・シェアリング（会員制）、パッケージ旅行、通信販売、消費財販売）。

(48) *Oppermann*, Europarecht, Rn. 960 ff.

(49) http://ec.europaprise_policy. htm.

(50) *EuGH*, Rs. C-149/96, Urt. v. 23. 11. 1999, EuZW 2000, 276.

(51) ヨーロッパ共同体委員会の二〇〇六年六月一二日の通達、Zusammenhalt（結合）に関する第四回中間報告書（4. Zwischenbericht über den Zusammenhalt, Mitteilung der Kommission vom 12. 6. 2006, COM (2006) 281）を参照。

(52) *Oppermann*, Europarecht, Rn. 979.

(53) 前述九五頁以下を参照。

C　域内市場法

I　自由移動原則（Grundfreiheiten）

域内市場法の出発点は、依然として、自由移動原則である。すなわち、物品の自由移動、労働者の自由移動（企業にとって間接的に重要）、サービス・居住の自由、そして資本の自由移動である。これらの自由の保障義務の名宛人は加盟国であり、また受益者（Nutznießer）は企業である。ヨーロッパの自由移動原則の本質的な性格は、次の点に存する。すなわち、国境を越える市場的自由を企業のために創出・確保し、そして、加盟国による企業への規制をその限りで排除することである。

1　物品の自由移動

自由移動原則の発端は、物品の自由移動である。物品の共同市場は、主に、域内の関税および関税と同等の効果を有する課徴金、ならびに数量制限およびそれと同等の効果を有する措置を撤廃することによって作り出されている。物品の域内市場における実際の例外は、ヨーロッパ共同体条約第三〇条の正当化規定によって根拠づけられており、知的財産権法、食品安全規格法、医薬品法は、長い間、例外であった。それらの分野は、その後、包括的な法的調整に服することになり、そのプロセスはまだ続けられている[54]。域内関税および関税と同等の課徴金ならびに数量制限および数量制限と同等の効果を有する措置を撤廃することにより、物品の共同市場は原則的には達成されている。

2　居住の自由およびサービスの自由

居住およびサービス取引の自由はとくに、定住地（Standort）の自由な選択、内国民と同等の扱い[55]、そして制限の禁止を意味している[56]。自営業の職業行使については技能証明や資格試験、あるいは資格証明といった要件があるため、ヨーロッパ共同体条約は、こうした資格証明については加盟国間で自由化および調整のための諸規定を発布することを定めている。調整は二〇世紀の一九六〇年代に始まり、当初は、職人手工業グループに関する幾つかのヨーロッパ共同体指令の中に職業経験に基づく職業資格の承認が規定された。一九七〇／一九八〇年代には、医師、歯科医、獣医師、薬剤師、助産師、看護師、介護士、建築技師について専門分野ごとの資格証明の承認を経て、一九九〇年代には、多かれ少かれ一般的な三つのヨーロッパ共同体指令が出された。これらは職業教育の水準に関連づけられており、少なくとも三年の大学教育を受ける職業、高校教育終了後に一年以上の専門教育を受ける職業、そして、前二者のガイドライン以下の職業的能力証明の承認を一般的に統制する第三のガイドラインが成立した。[57] これにより、規則としては幾らか整いまた範囲も拡がったが、しかし規範技術的にも内容的にも非常に中身のつかみにくいものであった。こうした問題は、いわゆるＳＬＩＭ（Simpler Legislation for Internal Market 域内市場のための法制簡素化）指令において幾分か改善された。[58] このような調整の過程は、これまでの間に、広範に終結されるに至っている。二〇〇五年九月七日には、職業資格の承認に関する指令2005/36/EC[59]が出されている。同指令は、単一のヨーロッパ共同体指令という形でこれまでの規定制度を包摂しており、それらの指令に付されていた包括的な付属書を含めて一二一頁を官報から不要にした。その結果、また、立法過程において集中的な議論がなされたため、内容的にも、実験的に起草された以前の諸規定よりも引き締まったバランスのとれた内容となっている。[60] 即自的にも対自的にも（an und für sich）上述の指令によって把握されている職業グループのなかには、分野の特殊性によってさらに特別な諸規定に服している職業がある。例えば、交通セクターあるいは保険仲介業などである。そのほか伝統的に、職業資格となる能力証明だけでは職業行使のために十分でなく、むしろ分野に関連した高等教育修了と結びついて、より長い年月の追加教育を経て修了試験を終えていなければならない職業がある。その場合には、弁護士[61]や公認会計士（Wirtschaftsprüfer）についての資格承認のための追加的な諸々の指令があり、彼らが法定の修了試験者として仕事をしている限り[62]引き続き有効である。とりわけこれらの追加的指令は、実際に、弁護士や公認会計士の市場の徹底的な開放をもたらし、世界的に活動する弁護士・会計士団体（Sozialitäten）をヨーロッパに形成するに至った。個々のサービス分野において実際に市場開放をもたらしたこのような経験から、広範な一般的なサービス指令（2006/123/EC）[63]が二〇〇六年一二月一二日に発布された。この指令の第九条によれば、居住の自由に対する加盟国の規制が許容されるには、規制が差別的でないことのほか、次の条件が必要とされる。すなわち、公共の利益に関する絶対的理由があること、また、その規制により追求されている目的が他のより緩やかな手段によって達成できないことである。さらに、同指令第一六条によれば、サービスの自由に対する加盟国の規制が許容されるには、その規制が差別的でないことのほかに、公の秩序、公共の安全、公の健康、ないしは環境の保護から規制が正当化されうること、そして追求される目的に照らして手段としての均衡がとれていることを要する。

3　支払・資本取引の自由

加盟各国の国民経済は、処分可能な資本に対する特別な利害を有する。それゆえヨーロッパ共同体条約の初期の形式においては、支払・資本取引に対する加盟国による非常に広範な規制が許容されていた。そのため自由移動原則の下でも、支払・資本取引の自由は、実現のために時間が最も長くかかった。他の自由移動原則が発展したことで変化が初めて生じた[64]。支払・資本取引の自由は、一九九二年にマーストリヒト条約によって初めてヨーロッパ共同体条約の第五六条から第六〇条までに起草され、さらにアムステルダム条約によって根本的に新しく起草され直した。通貨同盟の導入により、自由な通貨取引は少なくともユーロランドにおいては保証された。それ以来、この分野でも原則的には自由化が完結した。

これまで達成された自由移動原則をより確実なものにできるかは、しかし、とりわけ裁判所の司法判断に負わされた長期的課題である。とくに、差別と同等の効果を有する措置や差別的ではないが自由移動を制限する効果を持つ措置について、どのように扱うかにつき判断が求められている。物品の自由移動に関して展開されたヨーロッパ共同体裁判所のカシス・ド・ディジョン方式(65)は、最近の判例によれば他の自由移動原則についてもあてはまるとされる(66)。かかる方式によれば、自由移動の制限が許されるには、制限が差別的なものでなくても、ここでもまた公共の利益に関する絶対的理由によって正当化されなければならず、さらに相当性の原則にも適合していなければならない。

より詳細に眺めてみれば、しかし転換が見られる。少なくともこのような、とくに自由移動について長いこと確実なものとして用いられてきた諸原則の適用においてである。明らかな現実的な例としては、いわゆる黄金株（Goldenen Aktien）についての一連の裁判例がある。黄金株とは、幾つかの加盟国において、かつての国営企業がこれまでに民営化されてきた際の、当該企業に関する特殊な会社持分である。すなわち、民営化に際しても当該企業はいまだ国家ないし公法人（Körperschaften）によって保有され、これらには法を通じて［黄金株という種類株の形式で］特別な議決権や拒否権が割り当てられている。その目的は、他の（外国の）企業によって当該企業が買収されるのを妨げるためである。

ヨーロッパ共同体裁判所が複数の裁判において認定したのは、次の点である。すなわち、かつての国営企業に対する国家の影響力行使のために黄金株が許容されるのは、公共サービスの分野では、「一般的に正当な利益」が存在しており、かつ目的が他のより制限的でない措置によっては達成されえない場合のみであり、そうでなければ、ヨーロッパ共同体条約の定める資本取引の自由に対する違反となる。ヨーロッパ共同体裁判所は、それゆえ、二〇〇二年に、かつてのフランスの国営企業Elf Aquitaine（今日の仏トタル社Total Fina Elf）の黄金株、また、銀行・保険・エネルギー・運送セクターにおいて民営化されたポルトガルの諸企業における黄金株に関する諸ルールは、ヨーロッパ共同体法に合致しないと判断した(67)。域内市場における資本取引の自由に対するそのような妨害を、ヨーロッパ共同体裁判所は二〇〇三年に英国の法規にも認めた。当該の法規は、英国国家が空港経営会社ＢＡＡに対して保有していた黄金株に、特別なコントロール権を認めていた(68)。同じく二〇〇三年に、ヨーロッパ共同体裁判所は、スペイン法のケースで同じように判断した。当該の法は、スペイン政府に事実上、通信事業コンツェルンであるTelefonica社、エネルギー供給会社であるEndesa社、かつての国営企業であるRepsol社、Argentaria社、Tabacalera社に対するコントロールを認めていた(69)。さらに二〇〇五年にはイタリアの電力会社・ガス会社に対する関係でヨーロッパ共同体法違反を認定し(70)、最後に今年二〇〇七年には、二〇〇三年からの係争でＫＰＮ社およびＴＰＧ社についてのオランダに対するケースならびにフォルクスワーゲン法についてドイツに対して(71)、同様に判断した(72)。これらのケースでは、ヨーロッパ共同体裁判所は、加盟国による規制を、公共の福祉のために必要なものではないと判断した。

わずか一つの訴訟手続において、ヨーロッパ共同体裁判所は二〇〇二年に、Société Nationale de Transport par Canalisation社およびDistrigaz社に対する黄金株に関するベルギーの規律を、とくに相当性の点からも、許容できると判断した。すなわち、真に危険が迫った際に天然ガスの最小限度の供給が確保されねばならないとした(73)。

このような司法判断は特筆に値する。なぜなら、これらのケースで対象となった企業は全て一般市民のライフライン（生命線となる供給Daseinvorsorge）――エネルギー、空港、通信回線、銀行、保険サービス――について、とりわけ大きな責任を持つ企業であるからである。

二〇〇六年からイタリア(74)とスペイン(75)に対する二つの訴訟が、さらに二〇〇七年からスペイン(76)に対する別の訴訟が、今もヨーロッパ共同体裁判所に係属中である。
ヨーロッパ共同体委員会によるヨーロッパ共同体条約違反の調査手続（裁判前手続（ヨーロッパ共同体条約第二二六条））が進行中であるのは、イタリア（第一段階）[77]、ポーランド（第一段階）[78]、フランス（第二段階）[79]、ハンガリー（第二段階）[80]、ポルトガル（Portugal Telecomに対する特別法のため）（第二段階）[81]、そしてルクセンブルク（第二段階）[82]に対してであり、これらはいまだ終結していない[83]。

これらの事件がヨーロッパ共同体裁判所によってどのように判断されるかは世間の関心事であるが、一般的な印象としては次のように思われる。すなわち、直接的であれ間接的であれ、加盟国レベルでの法規で、企業がコンツェルンに従属化する際の［従属会社・少数株主・会社債権者等の］保護（Konzerneingangsschutz）に関するものは、長期的にはヨーロッパ共同体条約第五六条の違反として見なされうるということである。公共の福祉という絶対的条件による正当化は、一応そのままできるものとされてはいるが、結果的にはしかしほとんど機能しておらず、公共サービスの領域でさえそうである。それゆえ、公共の福祉は徐々に、国家的な概念ではなくむしろヨーロッパの概念として理解されてきているように思われる。公共の福祉という絶対的条件を確保することは、それゆえ加盟国の規制ではなくむしろますますヨーロッパの規制にとっての問題となりつつある。数十年の議論の後でその間にヨーロッパ企業買収指令（Übernahme-Richtlinie）[84]が成立した事実は、このような見方を裏付けるものである。最近発布された第二次共同体法も同様に、エネルギー、輸送、そして銀行分野の域内市場を実現するためのものであるが、この法はヨーロッパ共同体委員会によってヨーロッパ共同体条約第五六条と同様の経過で監督・適用される。規制がこのようにヨーロッパの水準へと転じることは、しかしながら他方で、ヨーロッパ共同体条約第五条の補完性原則（Subsidiaritätsprinzip）

にも服する。そして、ヨーロッパの規制を個々の加盟国の法秩序へと国内法化することにより、加盟国の水準において深刻な政治的な衝突は生じないであろう。もっとも、例えばこれまでエネルギー市場の再構築の際に生じたような危険は明らかになるであろうが(85)。

Ⅱ 法の接近（Rechtsangleichung）

自由移動原則の行き渡らないところでは、ヨーロッパ共同体条約はその当初よりすでに、自由移動の事実的な制約は法の接近という方法、すなわち加盟各国の国内法化義務を伴った共同体水準での高権的な規制によってのみ除去されうるという認識を考慮に入れている（ヨーロッパ共同体条約第二四九条を参照せよ）。市場的自由はつまり、それが市場の力そのものによって十分に効果的に実現され得ないときは、規制を根拠づける公の福祉という目的そのものでもあり得る(86)。

この点に関する比較的最近の例が、ヨーロッパ共同体におけるエネルギー市場の規制である。エネルギー域内市場のための第一世代のヨーロッパ共同体指令(87)は、ネットワークで結ばれた産業界に市場開放をもたらす二つの道を原則的に許容していた。すなわちネットワークへのアクセスを交渉により獲得する方法かまたは規制により確保する方法である。大多数の加盟国は後者の可能性を採った。ドイツは前者の可能性を選び、民間の諸協定(88)を国家的規制に優先した。これは何よりもシステマティックにより良く市場経済に適合したが、また同時に一九九八年のエネルギー法改正においてネットワークへのアクセスを求める請求権を設定し、この権利は二〇〇三年の改正においてガス分野にも拡張された。しかし産業諸連盟の諸協定における価格協調協定が重要な諸問題を白紙のままにし、かつネットワーク・アクセスのさらなる展開に関する総意を見出すことに連盟は成功しなかったため、競争は弱体のままであり、一連の裁判手続が結果生じた[89]。それゆえ、ネットワークへのアクセスを交渉により獲得する道は、第二世代のエネルギー域内市場指令[90]では抹消された。これによりドイツはそのエネルギー法の完全な改訂[91]を、またドイツのエネルギー経済はより大規模な構造転換[92]を強いられた。これらの指令の目的はつまりエネルギー分野における市場的自由を創設することであるが、実際には当該セクターに対して強く規制的に作用している。

したがって、その限りで法による規制要件が意味を持つこととなる。つまり、公共の福祉との連関のほかに、ここでもとくに相当性原則も活用される。

総じて、前世紀九〇年代初頭からの域内市場プロジェクトの過程では、調和のための立法が大量に発布されている。大多数はヨーロッパ共同体指令であるが、これはその後加盟各国により国内法化されたか、企業において実質規定として顧慮されるべきとされてきた。企業にとってこのことは国家的な規制基準に対する経費やコストをもたらした。ヨーロッパ域内の輸出の際に経費やコストを削減することは、これと対峙する。概して法の統一は、域内・対外貿易を向上させ、投資活動と所得を上昇させ、そしてインフレ抑制を進め、つまり総じて経済にとって積極的効用をもたらした[93]。こうした法接近から生じた法の大群——例えば環境保護、労働者保護ないし消費者保護において、または食品法、医薬品法において、または技術的規範・工業規格の分野において、社会法や会社法において——ならびにこれらの法と結び付いた一般的な（個別分野に特化されていない）規制は、特別な経済操作ツールとは思われないのがしばしばであるが、しかしその実際的な経済への効用の点では時として、企図された経済操作ツールと同等かまたはそれ以上の影響力を持つものである。例えば二〇〇七年六月一日に発効した化学薬品に関するヨーロッパ共同体規則REACH(94)をめぐって活発な闘争が示してきたように。また、キュウリに関する品質規格の設定のためのヨーロッパ共同体規則1677/88も好例であろう。これによれば、長さ二〇㎝のCucumis種の野菜は、一級品として取引されるためには、想定される直線から最大三㎝以上曲がっていてはならないとされる。

それゆえ、共同体の規制をより整然たるものにするため、いわゆるリスボン・プロセスならびに二〇〇二年のヨーロッパ共同体委員会のアクション・プログラムに引き続き、「法規制改革（Bessere Rechtsetzung）」のための戦略が開始された。これに資するのが、二〇〇三年の規制簡素化プログラムに従い現在進められている諸々の、審議継続中の立法諸提案の撤回ないし修正、既存の法規範の簡素化、そしてヨーロッパ共同体委員会による新規提案の内容改善のためのプログラムである。(95)二〇〇七年一月二四日のアクション・プログラム(96)はこうした戦略を取り上げている。ただし見過ごすことができないのは、ヨーロッパの規制の集積がこうしたイニシアティヴを通じてこれまでのところはっきりとスリム化された訳ではないこと、廃棄されるべきとされる規制の対象数が二〇〇五年三月の当該プログラムの公式発表以来徐々に引き下げられていることである。確かにこの間に六八もの立法提案――そのうちにはすでに数十年にわたり採決が待たれてきたものもある――が削除された。しかし既存の指令を、その不要性を理由に廃棄することを理事会が決定したのは、二〇〇七年五月二一日が初めてである。(97)

企業の市場的自由と共同体法上の規制との間の緊張関係においては、法の接近をさらに先へと立案する際には、［共同体に］授権している権限規範(98)への当該政策の具体的関連性、また一般的な法の接近の際には、公共福祉要件としての域内市場への直接的な連関、これらから目を離さないでおくという課題が残っている。(99)また相当性原則は、法を接近させる規制を適用する際のみならず、そうした規制を創出する際にすでに、規制の必要でかつ相当でかつ適切な度合を見つけることを要求するのである。かかることは付言すれば、結果的に、国家の水準でヨーロッパ共同体指令を国内法化することを楽にする。[100]

III 租税法

規制による企業の市場的自由の制約は、租税賦課を通じてとくに直接に感じ取ることができる。

1 直接税

いずれか特有の課税主権なるものを、ヨーロッパ連合はしかしながらヨーロッパ共同体と同様、これまでのところ有していない。[101]

むしろヨーロッパ共同体条約がその第九〇条ないし第九三条において加盟各国に定めるのは、域内物品貿易における差別的取扱いの禁止である（およびその第九四条の総則的枠組みにおいて可能な接近を直接税につき行うことを加盟国に指示している）。こうした規則は、自由移動原則という機械装置を租税法に関しても再び拾い上げる。すなわち、企業が享受する市場的自由は国家的な規制に対して保護を受けるが、しかしそれは、かかる規制が直接的に域内市場に有害な影響を与えるように作用する限りにおいてでしかない。共同体はそれ以外は加盟各国の財政主権を尊重する。市場的自由の保障は、ここでは、自由移動原則の際に——主に共同体裁判所の場合に——そうであったように、制度的な役割分担に根ざしている[102]。

しかしながら、加盟国による直接的な課税との関連においてもまた、自由移動原則に関する諸規定は言及されうるのである。直接税は、加盟国間で調整されている訳ではないため自由移動原則の射程から締め出されない[103]。確かに直接税は、共同体法の現時点での状況では、共同体の管轄権内に該当しない。他方で、加盟各国は、共同体法を遵守して自らの権限を行使しなければならず[104]、またそれゆえ、国籍に基づくあらゆる明白なまたは隠された差別・制限をしてはならない。

公共の福祉のような――自由移動原則について普通説かれる――強行的な諸根拠は、法的正当化根拠として作用しうる。租税法の分野に特有のそのような諸根拠としては、租税逃れや脱税の阻止[105]、租税監督の措置の保障[106]、そして国内の租税法秩序の一貫性（Kohärenz）――ただし当該の租税上の優遇とそうした優遇の他での代償（Ausgleich）との間に直接の連関が存在する場合に限られる[107]――が認められている。これに対して租税収入の減少の危険は［そのような強行的根拠としては］認められていない[108]。また、こうした認められた法的正当化根拠が有効なのは相当性原則[109]の枠内にあってこそである。自由移動原則は、こうしたやり方で、加盟各国の国内租税法秩序に対してますます少なからぬ影響力を展開している。

最近の数年においては、自由移動原則の全ての領域にとって重要な共同体裁判所の諸判決が、その間に、直接税に関して下されている[110]。

総じてここでは、すでに黄金株との関連で見ることができたのと同様の展開、すなわち、加盟国による規制がヨーロッパ共同体裁判所によりヨーロッパ共同体条約の自由移動原則をもって抑え込まれるという現象が確認できる。

2 間接税

事情を異にするのが、間接税の場合である。ここではヨーロッパ共同体条約第九三条は明白に加盟諸国の租税の調和を共同体の水準で要求しているが、もっともそれは「これらの調和が域内市場の確立および運営を確保するのに必要である限り」としている。問題を孕んで残されているのはここではとくに付加価値税（Mehrwertsteuer）の調和である。手間のかかる、また根本的な事項ですらきわめて困難な交渉の後、一九九三年一月一日にかけて合意した経過的な枠組みなるものは、現在でもなお通用しているが、これと結びついた高い行政コストと、偽装の容易さから、一般には満足いかないものと思われている。[11] こうした欠損はここではそもそも共同体法が不完全にしか発展していないという状況から説明される。すなわち、課税には、企業が享受する市場的自由の、共同体加盟国による制約があり、こうした制約は共同体法として帰納的に推論されるのであるが、共同体法の水準ではしかし、現時点ではまだその権限規範から十分に導かれ得ない。

Ⅳ 競争法

市場的自由と規制との緊張関係において、結局、特別な地位にあるのは、競争法である。

ヨーロッパ競争法は、そもそも第一義的には、経済の公権力による操作ではない。むしろ逆に、経済の競争による自然な動きのための、市場の開放性維持に役立つ。ここで問題なのはつまり、そもそも一方の市場参加者の市場的自由と、他方の参加者の市場的自由との間の緊張関係である。しかしながら、ヨーロッパ共同体条約の競争規定は、自由移動原則や税法とは違って、加盟国を名宛人としているのではなく、企業に対するものである。[112] ヨーロッパ共同体裁判所は、これらの諸規定を、初期の頃より、直接的に適用可能な規定として説明してきた。[113] 競争規定は、命令や禁止を定めているあらゆる法規のように、直接、企業の行動領域を制限している。しかしながら、経験的に説明しうる（belegbar）事実として、いかなる競争政策においても、やはり市場で生起することへの公権力の介入がある。こうした介入は、第一義的には、競争的目的を追求するものではなく、むしろたいていの場合、競争以外の経済全体の目的、または全く経済外的な目的、つまり一般政策的な目的を追求するものである。それはあらゆる税制において、純粋な財政上の規定以外に、税制外の社会政策的な目的に役立つ税制上の経過措置や過重税が見られるのに似ている。そのような経済操作的な介入の規模は、そのつど法的基礎を通じて、法治国家として定められるものである。法治国家の規律は、ヨーロッパ共同体条約第六条によれば、共同体法の根本的諸原則に属する。[114] カルテル禁止についての法の基礎は、ヨーロッパ共同体条約第八一条である。[115]

ヨーロッパ共同体条約第八一条第一項においてカルテルを広く禁止しているヨーロッパ・カルテル法にも、その第八一条第三項に、規制的介入を容認する箇所が存在する。すなわち、同条においては、所定の要件の下で、産品の生産もしくは流通を改善するため、または技術的もしくは経済的進歩を促進するためであれば、企業単独ないし企業グループの適用免除（Freistellung）（カルテル禁止からの適用免除）の可能性が認められている。ヨーロッパ共同体条約の初期の頃は、以下のような学説上の論点が存在していた。すなわち、このような第八一条第三項の構成は、合法的な例外を伴う禁止として解されるべきか、あるいは許可の留保を伴う禁止として解されるべきか、という点についてである。かかる解釈の違いが意味するのは、思い切って簡素化すると、前者の場合には、カルテルは、それが禁止されない限り許可され、他方、後者の場合は、カルテルは、それが許可されない限り禁止されるということである。ヨーロッパの実務は、当時、後者の見解をとることで一致していた。[116] これにつき一九六二年にカルテル手続規則(Kartelverfahrensverordnung)が作られ、そこではヨーロッパ共同体委員会に、唯一の許可官庁としての機能が与えられた。[117] 企業の裁量への許可権限を、このようにヨーロッパ共同体委員会に独占させたことが、共同体全体の統一の競争政策をもたらしたが、またヨーロッパ共同体委員会の恒常的な超過負担を引き起こした。

それゆえ、業務超過を軽減する助けとなるのは、まずもって、少量例外(デ・ミニミス(de minimis))規則である。ヨーロッパ共同体裁判所がこれまで、その比較的初期の裁判例において明らかにしたのは、ヨーロッパ共同体条約第八一条第一項の禁止のための要件事実を充足するには、すなわち第八一条の競争制限は、「明白な(spürbar)」ものでなければならない、という点である。[118] ヨーロッパ共同体委員会は、このような競争制限の「明白性」という基準を、いわゆるバガテル(些細)通達(Bagatellebekanntmachungen)として具体化した。[119] これまでの売上高による区分(Umsatzgrenzen)(当該企業の総売上高 = 300 Mio. Euro 三億ユーロ)は、その間に放棄され、そのため、今日では大企業もバガテル規則の利益を受けることができる。また、水平的協定(ここでは通例、協定の相手企業との合計で該当市場の五パーセント以上の市場シェアを占めるときは、競争制限の明白性が認められてきた)と、垂直的協定(ここでは各々の市場で、協定の相手企業との合計で一〇パーセントの市場シェアが要求されていた)との間の区別もその間に放棄された。代わって、いまや競争者間の協定については——核心的な制限は例外として——一〇パーセントの限界値、非競争者間の協定については一五パーセントの限界値、そして複数の並立する協定により累積的に市場で参入制限効果が見られる場合には五パーセントの限界値が適用される。ここではつまり、カルテル審査基準が緩和される傾向が見られる。

それでもなお、ヨーロッパ共同体委員会は多忙を極めたままである。その上、とりわけ（ヨーロッパ共同体条約第八一条第三項で明文上で定められている）事業者団体の適用免除に関する措置が発展し確立した。垂直的結合に対しては、各種の個別事業者団体の適用免除規則[120]から、この間に、これらの諸規則を総括する、統一したいわゆる包括団体適用免除規則[121]へと発展した。自動車販売に関する事業者間協定のみは、同規則の例外とされている。[122]水平的協定の領域では、諸々の技術供与協定がその間に一つの統一した団体適用免除規則としてまとめられ[123]、これは二〇〇四年に改正された。[124]そのほか、共同研究開発および専門研究に関する適用免除規則ならびに専門化（Spezialisierung）のための事業者間協定に関する適用免除規則がある。[125]最後に、農業[126]、交通[127]、および保険[128]に関する分野ごとの規律も存在する。「コンフォート・レター（comfort letter）」のようなインフォーマルなやり方や、たんに期間（Frist）を引き延ばすことは、ヨーロッパ共同体委員会の業務超過を制御するのには役立たなかった。

それゆえヨーロッパ共同体条約第八一条の適用にあたっては、基本的なシステム転換が決定された。新しいカルテル手続規則[129]（二〇〇四年五月一日施行）は、第八一条第三項を、もはやカルテル許可が留保される場合としてではなく、むしろ、合法的例外にあたる場合として解釈している。すなわち、企業ならびに国内カルテル官庁、そして国内裁判所は、問題となる企業協定がヨーロッパ共同体条約第八一条第三項の要件を満たすか否か、自ら審査する権限を持ち、審査することが義務づけられる。改正のさらなる一歩は、次の点にある。すなわち、ヨーロッパ共同体条約第八一条を適用する権限は、もはや排他的にヨーロッパ共同体条約第八一条を適用・実行しなければならない。その際には、官庁は自国の手続法を適用する。ヨーロッパ共同体委員会は、競争政策の形成、各国カルテル官庁のネットワークの調整、および特別重要な個別案件の判断に集中することとなった。[130]最後に、新しいカルテル手続規則[131]の第三条第一項によれば、より厳しい基準をとる加盟国の国内法は、ヨーロッパ法によって封鎖（ブロック）される。逆のケース

（加盟国の国内法がヨーロッパ法よりも緩やかな場合すなわち、ある企業協定がヨーロッパ共同体条約第八一条によれば禁止されるが加盟国の法によれば許容される場合）には、ヨーロッパによる禁止が作動する。加盟国独自の国内のカルテル禁止の要件は、このような法的背景にあって、将来的にはほとんど意味をなさなくなる。ドイツの第七次ＧＷＢ（das Gesetz gegen Wettbewerbsbeschränkungen 競争制限防止法）改正は、このことを考慮に入れ、伝統的なドイツのカルテル法制度を断念し、ＧＷＢをヨーロッパの構造に調和するように合わせた。

ヨーロッパ共同体条約第八一条の分権的な適用[132]は、いまや、第八一条第三項の定式化および機能を、基準となる権限規範としてヨーロッパの水準で捉えるかどうかにかかっている。このことはとくに、この規定の本文は、産品の生産や流通の改善もしくは技術的・経済的な進歩の促進といった点のほかには、企業の適用免除を認める根拠を認めていないということを意味する。さらに進んで、第八一条第三項は、第八一条第一項の規定の例外として原理的には狭く解釈されるべきものであるのみならず、また法治国家の規則であることへの考慮から、自由を制限する権限規範としてのその役割ゆえに、第八一条第三項本文の理解を過度に拡張することは許されないのである。また、カルテル禁止の適用免除が、競争法の一部として、体系的には、共同体水準での政策領域（自ら事態を構成しうる領域として広範な決定権および裁量権によって特徴づけられる）に位置づけられるのではなく、むしろ、統合法（Integrationsrecht）に含まれるのだということを指摘しておかねばならない。この統合法は、たんに、ヨーロッパ共同体条約が設定する諸規定との緊密な関連において法を実行するために権限を認められているにすぎない[133]。このほか、ここでは、私人の行為の自由が衝突する。このような理由から、カルテル禁止の適用免除は、裁判所で徹底的に精査可能なものである[134]。

とりわけ団体適用免除における分野特有の規律は、ヨーロッパ共同体条約が例外分野を定めていないという事実から見れば、すでに根本的に疑わしいものである。ヨーロッパ共同体条約が例外分野を認めていないのは、それなりの理由があり、その背後には、次のような一般的な構造政策上の認識が存在する。すなわち、分野ごとに規律するならば、官庁の独立性が高度には保障されていない場合、それぞれの分野における政策に対する利害により、適用免除へのアプローチが容易になってしまう。数年前になされた自動車の団体適用免除規則の改正は、まさにこのような理由から、ちょっとした混乱を巻き起こした。国内の官庁による分権的適用の際は、このような観点が特別に重要となる。

このことは、その当初よりヨーロッパ共同体条約の自由移動原則を補完するために規定されたカルテル法の、ヨーロッパ統合的な機能への配慮から意義を持つのみならず、また本来加盟国水準での制限に対して原則的な自由を認めることによって開放されているべき共同体において、私人が競争制限的な協定を結ぶことで国内市場に障壁を設けようとするのを競争法という手段で抑制するという点でも有効である。しかしながら、ヨーロッパ競争法が市場開放に対するその伝統的な統合を促進する役割を持つという理由のみならず、また私的自治に義務づけられている固有の権限からもますます共同体法の核心的な地位を占めることになっているのだ。競争法の核心になればなるほど、共同体もますます、完全に展開した法秩序の方向へ延びてゆく。それに応じて、ヨーロッパ共同体条約の競争規定は、自由移動原則や法の接近に関する諸規定とは異なり、すでにいまや、加盟国に対してではなく、むしろ企業に対して向けられている。なぜなら、法による自由の保障は、公権力による規律に対してのみならず、むしろ制御されていない私人の権力による規制に対してもまた不可欠だからである。それゆえ、適用免除法においては、市場的自由を制限する目的で結ばれた企業間協定による私人の規制もまた、次のような場合でしか許容されない。すなわち、ヨーロッパ共同体条約第八一条第三項で述べられているようないわゆる公共の福祉の利益がこうした規制を求めており、また、追求される目的に照らして均衡のとれた規制水準――例えば団体適用免除規則において典型的に規律されているように――が保たれており、また第一次共同体法により規定される［共同体への］授権の限界づけが顧慮されているような場合に限られる。それゆえ、ここでは、加盟国や共同体による公権力に基づく規制に対するのと、同様の基準が適用されている。

（54） この点につき例えば *Stumpf,* Gewerblicher Rechtsschutz auf dem Weg vom gemeinschaftsrechtlichen Ausnahmebereich zur Binnenmarkt-Normalität, DZWIR 1998, S. 124-128 参照。

（55） *Bleckmann,* WuVerw 1987, 119.

（56） *EuGH,* Slg. 1995 I-4165, Rs. C-55/94, "Gebhard"; *Everling,* GS Knobbe-Keuk, 1997, 607 ff.

（57） ここで考えられているのは、学校教育を受けた後で、通例はその卒業証書が大学進学のための必須条件とされる、そのような課程である。

（58） 個々の展開については *Stumpf,* Freie Berufe und Handwerk, in: *Dauses* (Hrsg.), Handbuch des EG-Wirtschaftsrechts, E II を参照。

（59） ABl. EG 2005 Nr. L 255/22.

（60） この点につきより詳細には *Stumpf,* Aktuelle Entwicklungen im europäischen Dienstleistungs- und Niederlassungsrecht, DZWIR 2006, 99 ff.

（61） 弁護士サービス指令 77/249/EEC, ABl. 1978 L 17 および弁護士居住指令 98/5/EC, ABl. 1998 Nr. L 77/36.

（62） とりわけ第八会社法指令 84/253/EEC. ABl. 1984 Nr. L 126/20；これにつき参照されるのは *EuGH,* Urt. v. 17. 11. 1992, Rs. C-157/91, Kommission/Niederlande, Slg. 1992 I-5899；現在ではまた、年度末決算および連結決算の監査に関して共同体指令78/660 および 83/349/ＥＣを変更するためのヨーロッパ議会および理事会による二〇〇四年三月一七日の指令案（COM/2004/1077 final., COD 2004/0065）である。当指令案は二〇〇四年三月一七日に理事会およびヨーロッパ議会に提出された。

（63） 二〇〇六年一二月一二日のヨーロッパ共同体指令 2006/123/EC（二〇〇六年一二月二七日の官報 ABl. L 376）。当該提案は、サービス提供者を一般に、そのサービス提供時にこれまでのように仕向地の法規ではなく仕出地（Herkunftsland）の法規に服せしめようとした。これは、国境を越えてサービスを提供する者がそのつど目的地の法状況への順応を強いられることをなくすためである。こうした提案は非常に争いのあるものであったが、この提案に対して、国内法上の高い保護水準を持った加盟諸国――傾向的にはそうした国々は受入側よりはむしろ派遣側であると見られる――は、自国のサービス業者にとって競争が不利になることやまた結果としてその国の保護水準が崩れることを恐れた。

（64）資本の自由移動は、サービスの自由と密接に関わっている。自由な支払移動は、物、人、サービス、資本の自由移動の必要不可欠な補完物である。これらの取引の財貨的帰結が共同体域内の境界を越えて移されず居住地で利用され得ないならば、これらの自由から利を得ることができない。*Mathijsen*, A Guide to European Union Law, 8th ed., 2004, p. 224.

（65）*EuGH*, Slg. 1979, 649, "Cassis de Dijon".

（66）*EuGH*, Slg. 1995 I-4145, "Gebhard".

（67）民営化された特定の諸企業に対する外国からの投資に関する許認可手続につき、Pressemitteilungen IP/04/880；IP/03/692；CJE/02/49；IP/97/1111 を参照。ポルトガルが当該判決に従うための二〇〇四年二月四日までの追加的措置を布告した後、ヨーロッパ共同体委員会はポルトガルに対するさらなるヨーロッパ共同体条約違反訴訟を終結することを決定した。フランスにより講じられた同判決の国内法化措置に関してもまた、条約違反訴訟はその間に公式に終結されている（Pressemitteilung IP/03/692；IP/99/583；IP/98/1058 を参照）。

（68）*EuGH*, Urt. v. 13. 5. 2003, Rs. C-98/01, Kommission ./. Vereinigtes Königreich, NJW 2003, ここでもまた、さらなる条約違反訴訟が公式に終結されたのは、英国政府が二〇〇四年七月二七日までの追加的措置を本判決に従うために布告した後であった。

（69）*EuGH*, Urt. v. 13. 5. 2003, Rs. C-463/00, Kommission ./. Spanien. 本件で対象となったのは、民営化法 5/1995 ならびに Repsol SA, Telefónica de España SA, Telefónica Servicios Móviles SA, Argentaria, Tabacalera SA そして Endesa SA に対するデクレの諸規定――それらが官庁による事前認可制度を定めていた範囲で――である。本件はスペインによる相応の措置の後、終結されている。

（70）*EuGH*, Rs. C-174/04, Urt. v. 2. 6. 2005. 本件では、本国市場において市場支配的地位を占める非上場の公企業の会社持分のうち、二パーセントを超える持分については議決権が自動的に停止することが問題とされた。本件訴訟は公式に終結されているが、それはイタリアが二〇〇六年八月一日に判決に従うための措置を行った後である。参照したのは、Pressemitteilungen

IP/06/1366；IP/06/439；IP/05/1270；CJE/52/05；IP/03/1734；IP/03/964；IP/02/1489.

(71) Pressemitteilungen IP/03/1753；IP/03/180を参照。

(72) 二〇〇七年一〇月二三日判決を参照。

(73) Pressemitteilungen CJE/02/49；IP/98/1135を参照。

(74) Pressemitteilungen IP/06/859；IP/05/1270；IP/03/177；IP/98/1134；IP/98/717を参照。

(75) エネルギー分野における議決権についてはPressemitteilungen IP/06/437；IP/05/874；IP/03/964；IP/02/1489を参照。

(76) スペインの電気・ガス規制官庁であるComisión Nacional de Energía (CNE)の権限は諸々の法規により拡張されている。例えば規制セクターにおける特定の諸企業の持分が一〇パーセントを超えて取得される際あるいは当該企業に対して他の方法で著しい影響が及ぼされる際にはCNEによる許認可を要するという規制によってである。こうした諸規定についてはPressemitteilung IP/07/82；IP/06/1264；IP/06/569を見よ。

(77) イタリアにおける高速道路コンセッションのシステムにつきPressemitteilung IP/06/1561を参照。

(78) 一九九〇年の*Bank Pekao*の私有化に関するUniCreditとの契約における競争禁止につきPressemitteilung IP/06/276を参照。同時期の企業合併統制手続（Fusionskontrollverfahren）につきPressemitteilung IP/06/277を参照。

(79) 公の秩序、安全保障、および国土防衛に潜在的影響を持つ諸々のセクターにおける外国投資に関する許可手続につき、Pressemitteilungen IP/06/438；IP/06/1353を参照。

(80) 一九九五年民営化に関する枠組法は、三一の民営化企業への重要な出資に関し、国家に特別の議決権を与えた。この法につき参照されるのは、Pressemitteilung IP/06/865.

(81) 参照したのは、Pressemitteilung IP/06/440；IP/05/1594.

(82) 衛星の事業会社であるSES Astraとのコンセッション契約により、ルクセンブルクは、SES AstraおよびAES Globalに関する所定の出資に対して拒否を行う権限を持つ。参照したのは、Pressemitteilung IP/05/1636.

(83) コペンハーゲン空港に関する法律に関し二〇〇三年に始められたデンマークに対する訴訟（Pressemitteilung IP/03/178を参照）は、デンマークが相応の法律変更を布告した後、設置された。

(84) ヨーロッパ共同体指令2004/25/EC, ABl. L 142 v. 30. 4. 2004, 12.

(85) これにつき参照されるべきは、他の多数の文献のほかに、***Stumpf/Gabler***, Netzzugang, Netznutzungsentgelte und Regulierung in Energienetzen nach der Energierechtsnovelle, NJW 2005, S. 3174 ff.

(86) このような観点は法の平準化においてのみならず、むしろとくに競争法においても見受けられる（本文中の以降の記述を参照せよ）。

(87) ABl. 1997 L 27/20 und ABl. 1998 L 204/1.

(88) 電力分野を含む第二次連盟協定（Verbändevereinbarung II plus Strom = VV II plus Strom, vom 13. Dezember 2001）およびガス分野の第二次連盟協定（Verbändevereinbarung II Gas = VV II Gas, vom 3. Mai 2002）。これらは優れた実践（good practice）としてエネルギー経済法（EnWG）§ 6 I 5 and § 6a II 5 の表現形式において承認された。

(89) 連盟協定のエネルギー経済的効果および競争的効果に関する報告（BT-Drs. 15/1510, S. 24）を参照。

(90) 二〇〇三年六月二六日のヨーロッパ共同体指令 2003/54 および 2003/55, ABl. 2003 L 176/37 および L 176/57, これに加えて、ネットワークへのアクセス条件に関するヨーロッパ共同体規則1228/2003, ABl. 2003 L 176/1. ガス分野について参照されるのは、COM/2005/0157 final.

(91) エネルギー経済法を新たに規律するための二〇〇五年七月七日の第二次法 (Zweites Gesetz zur Neuregelung des Energiewirtschaftsrechts, vom 7. Juli 2005), BGBl. I 1970.

(92) これにつき参照されるのは、他の多数の文献のほかに、*Stumpf/Gabler*, Netzzugang, Netznutzungsentgelte und Regulierung in Energienetzen nach der Energierechtsnovelle, NJW 2005, S. 3174 ff.

(93) *Monti*, Der Binnenmarkt und das Europa von morgen, 1997.

(94) 化学物質の登録・評価・認可・制限、ヨーロッパ化学物質庁（European Chemicals Agency）の創設（および第二次共同体法の変更）のための二〇〇六年一二月一八日のヨーロッパ議会・理事会による規則 1907/2006。英語表記の REACH は、Registration, Evaluation, Authorisation of Chemicals の略である。ヨーロッパ化学物質庁は二〇〇七年六月一日にヘルシンキ（フィンランド）を本拠に活動を開始した。

(95) 現行の二〇〇五―二〇〇八簡素化プログラム（これについてはヨーロッパ共同体委員会の告示：「二〇〇五年一〇月二五日の制度政策領域の簡素化のための戦略」(Eine Strategie zur vereinfachung des ordnungspolitischen Umfelds, vom 25. 10. 2005), COM/2005/0535 final）を参照。二〇〇六―二〇〇九のアップデートが付されている（これについてもヨーロッパ共同体委員会の告示 COM/2006/0629 final）。参照したのはまた、ヨーロッパ共同体委員会告示「二〇〇六年一一月一四日のヨーロッパ連合における法令改善のための戦略的構想」（Strategische Überlegungen zur Verbesserung der Rechtssetzung in der EU vom 14. 11. 2006), COM/2006/0689）ならびに「二〇〇六年一一月一四日の制度政策領域の簡素化のための戦略に関する第一次経

過報告書」（1. Fortschrittsbericht über die Strategie für die Vereinfachung des ordnungspolitischen Umfelds vom 14. 11. 2006), COM/2006/090 final.

(96) COM (2007) 23 final.

(97) 原木の分類に関するヨーロッパ共同体指令 68/89/EC。林業に関する品質基準の設定のための規律は限定的にしか行われていない。なぜなら木材市場における関係者は相異なる計量・分類手続を容認しているからである。規律はそれゆえ将来的には完全に無くなるのではなく、むしろ諸々の規格認証機関によって受け継がれることになる。現在はヨーロッパ議会がかかる規格化に取り組んでいる。類似の計画はコーヒーの包装に関しても存在する。

(98) 参照すべきは、*EuGH*, verb. Rs. 46/87 und 227/88, Hoechst/Kommission, Slg. 1989, 2859, 2924 Rn. 19. ヨーロッパ連合条約の第六条の自由保障との関係につき参照すべきは、*Stumpf*, in *Schwarze*, EU-Kommentar, Art. 6 EUV Rn. 8.

(99) 複数国にわたる関連付けは、例えばヨーロッパ共同体条約の旧第一〇〇条に基づいていた労働法関連の諸々の指令では、例えば事業譲渡の場合、ほとんど見てとることはできない（*Rebhahn*, in *Schwarze*, EU-Kommentar, Art. 136 Rn. 28.「prima facie 純粋的国内事案の規律」。しかし今日ではヨーロッパ共同体条約第一三七条に特別の法的基礎を見出しえよう。

(100) これについては、*EuGH*, Rs. C-376/98, Deutschland/Parlament und Rat, Tabakwerberichtlinie I, Slg. 2000, I-2247.

(101) いわゆる一九七〇年四月一日のヨーロッパ共同体理事会の自己資金決定に従い、一九七五年一月一日以降、共同体財政は、Abschöpfungsbeiträgen、関税、そして付加価値税の収入からもたらされる。このような自己資金はしかし、昔も今も変わらず加盟諸国の財政に入るのであり、これら加盟諸国より所定の分担比率に従って共同体へと拠出される。そのため本来的意味での自己資金ではない。

(102) 詳細につき参照されるのは *Stumpf*, in : *Schwarze* (Hrsg.), EU-Kommentar, Art. 90 Rn. 1 ff.

(103) *EuGH*, Urt. v. 28. 1. 1992, Rs. C-204/90, Bachmann, Slg. 1992 I, 249 Rn. 11 ; Urt. v. 13. 12. 2005, Rs. C-411/03, Sevic, Rn. 26.

(104) *EuGH*, 28. 1. 1986, Rs. 270/83, Slg. 1986, 273, avoir-fiscal ; Urt. v. 11. 8. 1995, C-80/94, Wielocks, Slg. 1995 I-2493 Rn. 16 ; *EuGH*, 6. 6. 2000, Rs. C-35/98, Verkooijen ; Urt. v. 10. 3. 2005, C-39/04, Laboratoires Fournier, Slg. 2005 I-2057 Rn. 14 ; Urt. v. 23. 2. 2006, C-513/03, van Hilten, Rn. 36 ; Urt. v. 14. 9. 2006, C-386/04, Stauffer, Rn. 15.

(105) *EuGH*, Urt. v. 3. 10. 2002, Rs. C-136/00, Danner.

(106) *EuGH*, Urt. v. 15. 5. 1997, Rs. C-250/95, Slg. 1997 I, 2471 ; Urt. v. 13. 12. 2005, Rs. C-411/03, Sevic, Rn. 28.

(107) *EuGH*, Urt. v. 28. 1. 1992, Rs. C-204/90, Bachmann, Slg. 1992 I, 249 ; Urt. v. 11. 8. 1995, Rs. C-80/94, Wielockx, Slg. 1995 I,

2493 ; Urt. v. 14. 11. 1995, Rs. C-484/93, Svensson und Gustavson, Slg. 1995 I, 3955 ; Urt. v. 27. 6. 1996, C-107/94, Asscher, Slg. 1996 I-3089 Rn. 58 ; Urt. v. 16. 7. 1998, C-264/96, Slg. 1998 I-4695 Rn. 29 ; Vestergaard Rn. 24 ; Urt. v. 26. 10. 1999, Rs. C-294/97, Eurowings, Slg. 1999 I, 7447 ; Urt. v. 13. 4. 2000, Rs. C-251/98, Baars, Slg. 2000 I, 2787 ; Verkooijen ; Urt. v. 3. 10. 2002, Rs. C-136/00, Danner ; Urt. v. 21. 11. 2002, Rs. 436/00, X und Y, Slg. 2002 I-10829 Rn. 52 ; Urt. v. 12. 12. 2002, Rs. C-324/00, Lankhorst-Hohorst ; Urt. v. 12. 7. 2005, Rs. C-403/03, Schempp ; Urt. v. 14. 9. 2006, C-386/04, Stauffer, Rn. 53.

(108) *EuGH*, Urt. v. 6. 6. 2000, Rs. C-35/98, B.M.S, Verkooijen, Rn. 59 ; Urt. v. 3. 10. 2002, Danner, Rs. C-136/00, Slg. 2002 I-8147 Rn. 56 ; X und Y Rn. 50 ; Urt. v. 14. 9. 2006, C-386/04, Stauffer Rn. 59.

(109) これにつき租税法の分野において参照されるのは *EuGH*, Urt. v. 3. 10. 2002, Rs. C-136/00, Danner ; Urt. v. 14. 9. 2006, C-386/04, Stauffer.

(110) 本件裁判につき参照されるのは、包括的な証明を伴う *Stumpf* in : *Schwarze* (Hrsg.), EU-Kommentar, 2. Aufl. 2008, Kommentierung zu Art. 90 EG.

(111) 個々の展開について参照されるのは *Stumpf* in : *Schwarze* (Hrsg.), EU-Kommentar, 2. Aufl. 2008, Kommentierung zu Art. 93 EG.

(112) 公企業もまた共同体法に服する。公企業の活動は、その競争者である私企業と同程度には、競争によって左右されない。公企業はそれゆえ本来的にはヨーロッパ共同体によって努力されてきた純粋的な競争システム（ヨーロッパ共同体条約第三条(g)）における異物である。他方、公企業は、一部の加盟諸国では、当初より国家経済的または政治的に非常に重要なものであった。公企業の規律はそれゆえ、共同体の諸々の基本条約についての初期の交渉においてよりすでに、きわめて論争をはらむものであった。すなわち、公企業の規律は依然としてヨーロッパ共同体条約の交渉における核心部をなし、その際に何度も、最終の段になって初めて、今日のヨーロッパ共同体条約第八六条において妥協を見出すことに成功するのであった。第八六条は結果的にそれ自体、分かりにくいものであり、さらに慣用句的な性格を持つ。原則的には次のように適用される。すなわち、経済的行為つまり市場で行動する限り、公企業は法的には通常の企業と同じように見なされうる。ヨーロッパの競争規則もまた、私企業と公企業を区別していない。参照されるのは、*EuGH*, Slg. 1994 I, 1508 (1518) = EuZW 1994, 408 „Almelo"; *Burgi*, EuR 1997, 261 ; *Ehlermann*, ZögU 1992, 377 ; *Heinemann*, Grenzen staatlicher Monopole, 1996, 72 ff. ; *Mestmäcker*, RabelsZ 52 (1988), 526 (536 ff.), ders., FS Börner, S. 277 ; *P. v. Wilmowski*, ZHR 155 (1991), 545 ; *Emmerich*, Kartellrecht, S. 386. このほか、加盟国家が経済的に活動するための法形式ならびに履行関係の様式は、何の役も果たしていない。国営企業はいずれにせよ競争規則に結び付けられている。（*EuGH*, Slg. 1987, 2619 (2621) „Transparenzrichtlinie“; *EuGH*, Slg. 1993 I, 5373 (5379 Tz. 15); *EuGH*, Slg. 1993 I, 5398 (5403 Tz. 14); *Komm.*, Entsch. v. 17. 6. 1998, ABl. L 252/47 (53 f. Tz. 21 f.) „AAMS“; *Emmerich*, Kartellrecht, S. 386). 共同体加盟国自身がその経済的活動に従事する際にも同様のことが妥当する (*EuGH*, Slg. 1997 I, 1580 (1587 Tz. 16 f.) = EuZW 1997, 312 “Cali/SEPG”; *Kommission*, 9. WB, Tz. 114 f., S. 86; *Emmerich*, Kartellrecht, S. 386), とりわけ経済的物品を購入申込する場合 (*EuGH*, Slg. 1997 I, 1580 (1587 Tz. 16 f.) = EuZW 1997, 312 „Cali/SEPG“). 伝統的に公企業が見られるセクターは、とりわけエネルギー産業や、通信業、メディア産業、交通手段、そして銀行セクターである。多くのこれらの分野は、前世紀に脱規制化され、民営化されている。このプロセスはいまだ継続中である（これにつき参照されるのは *Blaurock* (Hrsg.), Grenzen des Wettbewerbs auf deregulierten Märkten, Tagungsband Graz 1997, Bd. 191 der Arbeiten zur Rechtsvergleichung）。

(113) *EuGH*, Rs. 13/61, De Geus/Bosch, Slg. 1962, 97.

(114) これにつき詳細は *Stumpf*, in *Schwarze*, EU-Kommentar, Art. 6 EUV Rn. 14 f. を参照。

(115) 市場支配的地位の濫用禁止はヨーロッパ共同体条約第八条に規定されている。国家の補助に関する諸規定はヨーロッパ共同体条約第八七条以下に見られる。企業合併コントロールは、ヨーロッパ共同体条約第八三条に基づく共同体規則に依拠している。

(116) 参照されるのは例えば *Müller-Graff*, EuR 1991, 11 であり、ここには詳細な証明も示されている。

(117) ヨーロッパ共同体規則17/62, ABl. 1962 L 13/204.

(118) *EuGH*, Rs. 56/65, Société Technique Minière/Maschinenbau Ulm, Slg. 1966, 281, 303 f.

(119) ヨーロッパ共同体条約第八一条第一項に従い競争を些細にしか制限しない（de minimis）あまり重要性を持たない事業者間協定に関するヨーロッパ共同体委員会の布告（ABl. C 368 vom 22. 12. 2001, S. 13 ff.）。

(120) 独占販売協定の事業者団体への共同体条約第八五条第三項の適用に関する規則 1983/83/EEC (ABl. 1983 L 173/1)（最終的には規則 1582/97/EEC（ABl. 1997 L 214/27）の表現形式）、また、独占取引協定の事業者団体への共同体条約第八五条第三項の適用に関する規則（ABl. 1983 L 173/5）（最終的には規則 1582/97/EEC, ABl. 1997 L 214/27 の表現形式）、フランチャイズ契約の事業者団体への共同体条約第八五条第三項の適用に関する規則 4087/88/EEC（ABl. 1988 L 359/46）。これらの諸規則は二〇〇〇年五月三一日に失効している。

(121) VO (EG) 2790/1999, ABl. 1999 L 336/21.

(122) 以前は共同体規則1475/95（ABl. 1995 L 142/25）において、現在は共同体規則1400/2002（ABl. 2002 L 203）において規定されている。

(123) 技術供与契約に関する共同体規則240/96（ABl. 1996 L 31/2）は、特許ライセンス契約に関する共同体規則2349/84（ABl. 1984 L 219/15）およびノウハウ供与協定に関する共同体規則556/89（ABl. 1989 L 61/1）に取って代わるものである。

(124) 参照されるべきは現在では、共同体規則772/2004（ABl. 2004 L 123, 11）。共同体規則240/96における「ブラック・リスト」［除外対象一覧］は、ここでは「ホワイト・リスト」［採用対象一覧］に代えられている。

(125) 専門化（Spezialisierung）協定を結んだ事業者団体への共同体条約第八五条第三項の適用に関する規則2658/2000（ABl. L 304 vom 29. 11. 2000, S. 3）、研究開発協定を結んだ事業者団体への共同体条約第八五条第三項の適用に関する規則2659/2000（ABl. L 304 vom 29. 11. 2000, S. 7）、さらに、水平的協調に関する協定への共同体条約第八一条の適用可能性についてのヨーロッパ共同体委員会のガイドライン2001/C 3/02（ABl. C 3 vom 6. 1. 2001, S. 2 ff.）。

(126) 一九六二年四月四日の理事会規則Nr. 26（ABl. EG 1962 Nr. B 30）。

(127) 共同体規則823/2000（ABl. 2000 L 100）（これに変更を加えるのが規則463/2004, ABl. 2004 L 77（海洋輸送））、規則3976/87, ABl. 1987 L 374（これに変更を加えるのが規則2411/92, ABl. 1992 L 240およびヨーロッパ共同体規則1/2003, ABl. EG 2003 Nr. L 1）、ヨーロッパ経済共同体規則1617/93, ABl. 1993 L 155（これに変更を加えるのがヨーロッパ共同体規則1523/96, ABl. EG 1996 Nr. L 190）、ヨーロッパ共同体規則1083/1999, ABl. 1999 L 131および規則1324/2001, ABl. 2001 L 177および規則1105/2002, ABl. 2002 L 167（空輸）。

(128) 現在ではヨーロッパ共同体規則358/2003, ABl. 2003 L 53.

(129) 二〇〇二年一二月一六日のヨーロッパ共同体カルテル手続規則（ABl. L 1 vom 4. 1. 2003, S. 1）。

(130) 参照されるのは、ヨーロッパ共同体条約第八一・第八二条につき個々の事案において生じる新種の諸問題に関するインフォーマルな相談助言に関する委員会布告、競争官庁間ネットワーク内部での協力に関する委員会布告、そしてヨーロッパ共同体条約第八一・第八二条を適用する際の委員会と適用対象の加盟諸国との間の協力に関する布告。これらの布告は全てABl. 2004 C 101において公開されている。

(131) ヨーロッパ共同体条約第八三条第二項ⓔがすでに以前より必要とするのは、加盟国のカルテル法秩序と共同体カルテル法秩序との間の関係を規律する牴触法である。しかしそうした牴触規定はこれまでのところ常に欠けてきた。一世紀にわたる専門的議論においていわゆる修正二障壁理論（Modifizierte Zweischranken-Theorie）が価値を認められた（*Stumpf*, Aufgabe und

Befugnis, S. 357, 369 f. を参照）。ヨーロッパ共同体委員会のこれまでの適用除外実務において出発点とされているのは、国家の立法者、官庁、裁判所が適用除外決定ないし適用除外規則の核心部を傷つけないままにしているのであれば［共同体法の］適用の優位性は十分に顧慮されていることになる、という点である。*Schröter*, in: *Groeben/Thiesing/Ehlermann*, Kommentar zum EWG-Vertrag, Vorbemerkung zu den Artikeln 85 bis 89 Rn. 132；団体適用免除については特にまた *Bunte/Sauter*, EG-Gruppenfreistellungsverordnungen, Einführung, Rn. 68. 共同体法の優位についての、核心部保障に基づくこの種の制限は、新しいヨーロッパ共同体規則においては規定されていない。システム的な諸理由から疑問があるのはこれまでの法についても同様であり、この点をすでに言及したのが *Stumpf*, Aufgabe und Befugnis, S. 370 ff.

(132) 新しいヨーロッパ共同体規則はヨーロッパ共同体条約第八二条に関しても適用される。ヨーロッパ共同体条約第八二条は――アメリカ合衆国のカルテル法（シャーマン法第二条）に従った独占の禁止と異なり――そのような独占としての企業の市場支配的地位に対するものではなく、市場支配的地位の取得にも向けられていない。禁止されているのは、関係市場でのこのような地位の濫用にすぎない。ヨーロッパ共同体条約第八二条は、第八一条と同様、直接適用可能である。すなわち、企業の支配的地位の濫用により不利に立たされるかまたは損害を受ける企業は、直接に、国内裁判所のもとに差止ないし損害賠償を求めて訴訟を提起できる。これ以外に、ヨーロッパ共同体委員会は、異議を申し立てられた行為の除去を請求する権限を付与されている。ヨーロッパ共同体委員会は課徴金をも課すことができ、この可能性を使用している。自明であるが濫用禁止については適用除外は認められない。なぜなら支配的地位の濫用は製品製造や製品流通の改善や技術的・経済的進歩の促進に役立ち得ないからである。関連する企業に制限が負わされ、そうした制限はこれらの諸目的の実現のために免除しうるものであるか、または当該商品の本質的部分につき競争も排除する可能性が開かれていることとなしには。第八一条第三項がカルテル禁止の適用除外について要求しているように。広範にわたる適用免除基準はしかし、第八二条の濫用概念と両立し得ないであろう。第八一条と第八二条は並置されている。つまり考えられ得るのは、市場支配的企業といずれか他の企業との協定は、第八一条第一項の要件事実に該当するが、第八一条第三項に従った適用除外の要件も満たしてそこでは許容されるけれども、同時にまた第八二条によれば市場支配的地位の濫用を構成することになってここでは適用免除を受けることはできないから、結論的には禁止されることになる。実務では、このような複合的状況はしかし滅多にない。なぜならすでに団体適用免除規則がヨーロッパ共同体条約第八一条第三項に従い幾重にも市場占有率を含んでいるからである。新しい規則に従い第八二条の貫徹は、国内官庁に重点を移されている。しかし加盟国によるより厳格な制裁は、新しい第三条第二項に従い、カルテル禁止の適用において締め出されている。加盟国には濫用規制においてより厳しい個別国の諸規定は禁止されていない。

(133) 共同体条約には、厳格でかつ必要性に結びつけられた法の実行のケースが知られている。例えば自由移動原則それ自体が厳格な実行を要求している。法の接近は必要性要件に結びつけられたままである。それらはしかし事実的な予測の確実性の度合いによってのみ区分されるのであり、両者は原則的には事実形成的な自由裁量を開設してはいない。共同体条約の代表的な側面をなす諸条項もまたそれゆえ法の実行の領域へ拡張しない。

(134) これにつき詳細なのは、*Stumpf*, Aufgabe und Befugnis, 1999.

D　結　語

要約すれば、次のように言えよう。すなわち、企業の市場的自由がヨーロッパ法において享受しているのは、孤高の地位というわけではなく、むしろその高い優位性である。このことは、条約法というヨーロッパ基本法の水準でも、その法実務上の適用においても、同様である。これは、そもそも、とりわけ統合促進機能（Integrationsfunktion）の点から根拠づけられていたが、こうした根拠は今日なお依然として通用する。それに加えて、市場的自由は、これまでの間に、特殊な状況において、ますます共同体法の水準においてもまた基本法のように確立されつつある。この点において、ヨーロッパの市場的自由は、その当初の制度化機能（Ordnungsfunktion）に対してますます個人との連関を持つようになっている。すでに初期の頃に、自由移動原則の直接適用可能性や競争規定を通じて、そして後にヨーロッパ共同体指令へとますます権限の委譲が進むにつれて、市場的自由は、そのつど特殊な状況において、および加盟国の規制に対する限り（共同体の規制ではなく）――これは市場的自由が基本権とは異なっている点であるが――主体的に出訴して請求可能な権利を個人に認めている。

共同体は、当初よりたんなる経済共同体というわけでもなく、また政治的単位としてでも全くなく、むしろとりわけ確実な法的共同体として理解されてきた。ヨーロッパの法的伝統では、ローマ法という起源以来、現在に至るまで、法は、個人の間ならびに政治的な諸事象の間の諸関係を規制する機能を持っている。法は、自然な利益衝突を、欲望のフェアな調整へともたらすことによって、公権力あるいは私人にとって無統制な自由があったときに脅威となりうる心理的あるいは物理的侵犯行為を抑制することに役立つ。

発展した法秩序は、個々においてはきわめて錯綜していて、また部分においては世界観的に形成されてきた多くの機能を果たしている。これら法制度が歴史的に、長期を通じて確立しえた限りにおいては、しかしたいていの場合、個人を法の対象というよりは法の主体として取り扱っているという点で特徴づけられる。かりに経済的、政治的、あるいは社会的な規制が、全くの反射反応（Reflex）として考慮に入れられるとしても、法の重要な規律目的とは、一方では持続的な受容を享受しようとする法秩序であり、他方ではむしろ無統制な権力に対する個人の正統（合法的）な利益の保護なのである。市場的自由に主要な優位性を認めることで[135]、ヨーロッパ共同体は、則自的にも対自的にも（an und für sich）正しい根本決定をなしてきた[136]。ヨーロッパ法は、さまざまな規制の関係において、加盟国国家や共同体機関による公権力による規制を、私法上の契約による私的な規制と同様に、市場的自由の制限の下で、原則として許容してきた。しかし、そうした規制については、そのつど厳しい要件を課している。このような審査の関係ごとに特定される制限要件は、より詳細に観察すれば、三つの基本原理に帰せられる。

第一：規制は、公共の福祉のために資する義務を負っている。このことは自由移動原則の例や、法の接近における具体的な域内市場へのまたは政策的な連関性の要件において、明らかである。また、ヨーロッパ共同体条約第八一条第三項の規範も、この観点では考慮すべきである。

第二：規制は、法治国家の規律を満たさねばならない。とくに、権限規範に由来し、実質的に根拠づけられるべきである。そのような例として、例えば、ヨーロッパ共同体における新しい諸々の政策領域は、一般的な法接近規定がもはや十分でないことが認識されるときに、導入されなければならなかった。カルテル禁止からの適用免除は、それがヨーロッパ共同体規則として発布されているとしても、ヨーロッパ共同体条約第八一条第三項の権限規範から立証されるいずれかの根拠付けを必要とする。

第三：市場的自由の制限は、相当性原則に適合していなければならない。このような、ヨーロッパ共同体裁判所によって展開された基本法の学説の規律も、自由移動の審査において見受けられる。法の接近の実務においても、消費者私法において禁止に代わって、情報開示義務に関連付けることは、相当性原則の発露として見なされうる。別の例としては、付加価値税の調和または「黄金株」の諸事例において見受けられる。

市場的自由と規律との関係は、ヨーロッパ共同体法においては、いかなる成熟した経済・社会制度システムにおいて見られるように、市場的自由的な構成要素が、私人、加盟国、あるいは共同体による介入可能性と絡み合っているという点で、混合的なものである。

それにもかかわらず、こういったヨーロッパの法システムに特徴的なのは、市場的自由が原則的に優位性を持つことであり、そしていかなる規制的介入にも一貫した法的な拘束を課していることなのである。

(135) 基礎的には *Müller-Graff*, Unternehmensinvestitionen und Investitionssteuerung im Marktrecht, 1984, S. 272 ff.　類似の観点はすでに *Ipsen*, Europäisches Gemeinschaftsrecht, S. 566.

(136) この点に関する詳細な理由付けは *Stumpf*, Aufgabe und Befugnis, Das wirtschaftsverfassungsrechtliche System der europäischen Gemeinschaftsziele, dargestellt in seinen Auswirkungen auf die Freistellung vom Kartellverbot, 1999, S. 309 ff.

役務提供および居住移転に関するヨーロッパ法の現下の展開

Aktuelle Entwicklungen im europäischen Dienstleistungs- und Niederlassungsrecht

山内惟介訳

目次

ヨーロッパの域内市場ではあらゆる種類の物の国際的な自由移動がもうすっかり当たり前のこととして定着してしまっている。これに対して、役務については、今なおそのほとんどが各国の国内市場で提供されている。その理由のひとつは、法規範的な統合が頻繁に先送りされているという事実に求められよう。この間、二〇〇五年九月七日のヨーロッパ共同体指令二〇〇五年第三六号[1]が二〇〇五年一〇月二〇日に施行された。この指令によって、ようやく役務についても域内市場の統一へと向かう重要な礎石が築かれたことになろう。

A　自立した者にとってのヨーロッパの基本的自由

ヨーロッパ共同体条約第四三条以下に定められた居住移転の自由と同第四九条以下に定められた役務提供の自由はともにヨーロッパ共同体が発足した当初からすでに基本的自由に関するヨーロッパ法の中心を成していたものである。この一〇年間の動きをみると、これらの自由は、これまでおおむね先駆者としての役割を果たしてきた「物の自由移動」の場合と同様、ヨーロッパ裁判所の判例を介して、基本的自由に関するヨーロッパ法をいっそう強化してきた。

Ⅰ 法律要件

居住移転の自由も役務提供の自由も、何よりもまず内国民待遇を認めている。というのは、内国民待遇が共同体の基本原則のひとつだからである。内国民待遇原則というのは、受入国に対して、国内において他の加盟国の国民を陰に陽に差別することを禁止するものである。(2) この原則は職業へのアクセスについても職務の実施についても適用される。(3) 自由移動に関する諸規定が置かれているところから、ヨーロッパ共同体内のどこにみずからの立ち位置を決めるかの自由な選択が特に保障されていることになる。これらの規定はいずれも、一九七〇年に経過期間が満了した後、直接に適用されるようになっている。(4) さらに、最近の判例によると、第四九条が侵害される場合として次のようなケースが挙げられている。すなわち、第一に、――たとえ本来の意味での差別ではなく、それゆえ内国人か外国人かの区別なく適用される加盟国の規定であっても――ヨーロッパ共同体からみた外国人が滞在国で行う役務の提供が禁止されたり妨げられたりしているとき、第二に、国内規定が自由な役務提供を制限する効果しかもたらしていないとき、(5) たとえば、認証に関する種々の要件を介して、外国で発行された能力証明書提示の際に、申請に必要なすべての資料につき認証済み証明書を提示するよう義務付けることにより、(6) また外国での治療行為をカヴァーする法定の強制疾病保険の適用上その費用償還を可能とする承諾要件を追加することにより、それぞれ制限的効果がもたらされるとき、(7) これらのケースがそうである。

医療行為が外国で行われる場合の方が、本国における費用償還規定を用いるよりも低額になる場合、ヨーロッパ共同体条約第四九条の解釈に関するヨーロッパ裁判所の判例によれば、本国の社会保障制度運営者は、当該社会保障の受給者に対して、補充的な償還を行うよう求めることができるとされている[8]。共同体裁判所は、シュニッツァー事件[9]において、三年以上にわたりモルタル塗装業務の大部分をバイエルン州で行っていたポルトガルの企業にとって共同体法上関連するのは、役務の自由であって居住移転の自由ではないと、それゆえ、受入国において手工業者名簿への登録を義務付けることはヨーロッパ共同体条約第四九条の意味での制限を意味すると判示した[10]。この裁判例はその他の建築業務についても十分に転用することができる。

自由移動に関する諸規定は、加盟諸国の国家機関を拘束するだけでなく[11]、たとえば労務給付や役務提供の分野における団体に関する規定[12]や職能身分に関する組織の定款[13]に対しても拡張して適用されている。

これに比して、ヨーロッパ共同体法は、ヨーロッパ共同体裁判所の解釈では、加盟国と、当該国の国民であって、当該国のみで資格を取得し、当該国に居住しかつ当該国で活動している者との間での純然たる国内的事案には関わりがないため適用がない[14]とされている。しかも、諸国の国民経済、消費者保護、安全保障、警察などに関する考え方や社会保障制度の相違は共同体法により尊重されている[15]。職業に関する諸規定、たとえば学位の取得要件、支店開設の禁止、地域限定の原則、居住義務、宣伝広告の禁止等々に関する規定は、それがいずれかの加盟国の国内事案に限って適用される場合に限り、ヨーロッパ共同体条約上の居住移転の自由および役務提供の自由に反しないとすることができる[16]。

これに対して、自国民でありながら、他の加盟国で能力証明書を適法に取得している場合がある。たとえば、ある加盟国の国民であって、ヨーロッパ共同体以外の外国から自宅のある他の加盟国に戻りたいと考えている者がそうである。また、ある加盟国の国民であって、他の加盟国の出身であるが、現在では当該加盟国に帰化している者もそうである。さらに、外国人とまったく同じ状況にある二重国籍者もそうである。それゆえ、例外的ではあるが、これらの者も自国に対する関係では、まったく同様に、ヨーロッパ共同体条約第四三条および第四九条ならびにこれらと関連する第二次法に依拠することができる(17)。

Ⅱ　留保された分野

右に述べたさまざまな自由の保障も、原則として、公序、安全保障または健康といった理由で設けられた外国人についての特則による制約を免れることはできない（ヨーロッパ共同体条約第四六条、第五五条(18)）。

さらに、ヨーロッパ共同体条約第四五条および第五五条によって、いずれかの加盟国で継続してまたは一時的に公権力の行使と結び付けられて行われるような活動は、居住移転の自由および役務提供の自由の適用対象から除外されている。留保条項を適用するための手掛かりは、そのつど行われる個々の活動であって、関連する職業イメージではない。但し、居住移転の自由を認めるにあたって――たとえ一時的な現象にすぎないとしても――外国人による公権力の行使を加盟国が認めなければならなかったという事実が示すように、個々の活動が互いに密接に関連付けられているときは、この限りではない(19)。

これらの基準に従えば、弁護士が行う典型的な活動、たとえば法律相談に乗ったり、訴訟を遂行したりすることは、それらが定期的に提供され、裁判所の手続の中に組織的に取り込まれている場合であっても、また弁護士の関与が法律により強制されていたりそうした活動が弁護士にのみ専属的に留保されたりしている場合であっても、どちらも公権力の行使には当たらない[20]。

これに対して、たとえば強制執行措置をとる場合の裁判所執行官や典型的な文書作成活動を行う場合の公証人には公権力の行使が委ねられている[21]。公正証書は、どの加盟国においても、ラテン語で作成された公証人たる地位を示す印を備えた公式の証書であり、形式的にも証明力を有するのであって、裁判所はそうした公正証書の内容に拘束されている[22]。ドイツでは、宣誓の誓約、宣誓に代わる保証の受領、執行可能な正本の付与とその保管所としての役割、これらは公証人に委ねられているが、これらについての管轄権限も、弁護士による和解とそれに対する執行宣言、仲裁裁定に対する執行宣言、競売の場合の協力、交互異議申立ての開始、これらについての管轄権限も、いずれも全面的に裁判官に委ねられるべき職務であるがゆえに、明らかに主権的性質を有している[23]。これらはオーストリアでも、公証人の証書作成活動と裁判所関係職員の職務範囲とされている[24]。主権の行使を伴う獣医の職務についてみると、加盟諸国には、ヨーロッパ共同体条約第四五条を援用しないことが義務付けられている[25]。

消防署が行うべき職務を特定地区に配属された煙突掃除人が担当しているときは、煙突掃除人はヨーロッパ共同体条約第四五条第一項の適用範囲に入れられる。

Ⅲ　公共の福祉の視点からする強行性――自由に対する制限の承認

法律要件の解釈によって適用範囲が広がるとしても、居住移転の自由[26]や役務提供の自由[27]は、公共の福祉の視点からする強行規定を通して制限を受けている。共同体の立法行為や行政行為が何も定めていない場合に限り、加盟諸国は、国内措置をとることで、公共の福祉を考慮することができる[28]。居住移転の自由や役務提供の自由を事実上認めることが国内の法規や実務慣行に基づいて行われている場合であっても、当該事項について管轄権を有する公的部局——法律上認められている職能組織を含む——は、そうした法規や実務慣行が内外国民間で差別を伴うことなく適用されるよう保障しなければならない[29]。守秘義務についての職務規定、手数料規則、宣伝広告に対する制限、資格保持を伴う自由業のための自己管理、自己責任に基礎を置いた自由業に対する信頼性、これらに関する規定が依頼人に対しても社会に対しても向けられたものであり、したがって消費者保護の現れである場合、そうした規定は、なるほど居住移転の自由に関する法や役務提供の自由に関する法の分野の法律要件からみると基本的自由に対する侵害とみなされる可能性があるが、それでも原則的に有効なものとして正当性を認められている[30]。とりわけきちんと整序された医療介護制度や当該職業に就いている者の身分に関する法の遵守は、それらが自国民に対しても無差別に適用されている限り、正当性を有する基準であるとみなされていた[31]。

公益を考慮した職務規則は、もちろん基本的自由に対する介入ができるようにするために、今後も引き続いて実質的に必要なものとされなければならない。言い換えれば、これらの規定は行き過ぎたものであってはならない[32]。

(1) ABl. L 255/22 v. 30. 9. 2005.
(2) EuGH, Slg. 1974, 631 (632), Reyners ; Slg. 1977, 1199, Patrick ; Slg. 1988, 4415 ; Slg. 1990, 1/4611.
(3) EuGH, Slg. 1985, 1819, Steinhauser.
(4) EuGH, Slg. 1974, 631, Reyners ; Slg. 1974, 1299, van Binsbergen ; Slg. 1974, 1405, Walrave, Koch ; Slg. 1976, 1333, Donà/Mantero ; Slg. 1977, 1199, Patrick ; Slg. 1981, 3305, Webb.
(5) 参照されるのは、たとえば、EuGH, Slg. 1996, 6511, Broede である。
(6) EuGH, Slg. 2002 I-3129, Kommission/Italien.

（7） EuGH, Slg. 1998, 1931, Kohll、これは医師についての事案である。Slg. 2001, 5363, Vanbraekel、これは外科医についての事案である。Slg. 2001, 5473, Smits und Peerbooms.

（8） EuGH, Slg. 2001, 5363, Vanbraekel.

（9） EuGH, Urt. v. 11. 12. 2003, Rs. C-215/01、この事案はまだ公式判例集に収録されていない。

（10） そのように述べているものとしてはすでに、EuGH, Slg. 2000 I-7919, Corsten がある。

（11） EuGH, Slg. 1974, 1405, Walrave, Koch ; Slg. 1976, 1333, Donà/Mantero ; Slg. 1995 I-4921, Bosman ; Slg. 2000 I-4139, Angonese ; Slg. 2002, 1577, Wouters.

（12） EuGH, Slg. 1999 I-4773, Bobadilla.

（13） EuGH, Slg. 1977, 765, Thieffry ; Slg. 2002, 1577, Wouters.

（14） 確定の判例である。参照されるのは、EuGH, Slg. 1988, 2029, Bekaert ; Slg. 1990, 1/3537 ; Slg. 1992, I-323, Brea und Palacios ; Slg. 1995 I-301, Aubertin u.a. ; Slg. 1995 I-4353, Gervais u.a. ; Slg. 1998 I-4239, Kapasakalis u.a. である。

（15） これについては、EuGH, Slg. 1998, 1931, Kohll、これにはその余の証明が付されている。

（16） EuGH, Slg. 1995 I-301, Aubertin u.a.

（17） ヨーロッパ共同体条約第四三条については、EuGH, Slg. 1977, 765, Thierffry ; Slg. 1979,399, Knoors ; Slg. 1991, 2357, Vlassopoulou ; Slg. 1999 I-4773, Bobadilla があり、同第四九条については、Slg. 1988, 111, Gullung がある。

（18） これについて参照されるのは、EuGH, Slg. 1986, 1475 である。このほか、EuGH, Slg. 1998, 1931, Kohll がある。これに類似したものとして、EuGH, Slg 2001, 5363, Vanbraekel ; Slg. 2001, 5473, Smits und Peerbooms がある。

（19） EuGH, Slg. 1974, 631, Reyners ; Slg. 1988, 1637 ff. Frontistiria.

（20） EuGH, Slg. 1974, 631, Reyners ; Slg. 1988, 1637, Frontistiria.

（21） ヨーロッパ共同体条約第四五条の意味では、こうした限界付けは、これと法的観点を異にするときは、そのことによる影響を受けない。参照されるのは、たとえば裁判所執行官および公証人の付加価値税納入義務についての EuGH, Slg. 1987, 1471 である。バーデン・ヴュルテンベルク州非訟事件手続法により公職に就くよう任命された公証人および国家の公務に就いているポルトガルの公証人について適用されるのは、ヨーロッパ共同体条約第三九条第四項である。これについては、*Battis* (Hrsg.), Europäischer Binnenmarkt und nationaler öffentlicher Dienst, 1989 ; *Everling*, DVBl. 1990, 225 ; *Fischer*, DNotZ 1989, 467, 483 ff. である。

(22) *Bohrer,* Das Berufsrecht der Notare, 1991, Rdn. 425 ff.; *Everling,* DJT-Gutachten, C 18; *Fischer,* DNotZ 1989, 467, 495 ff.; *Oppermann,* Eurparecht, Rdn. 1541; *Randelzhofer,* in: Grabitz, EWG-Vertrag, Art. 55 Rdn. 6; *Schöne,* Dienstleistungsfreiheit in der EG und deutsche Wirtschaftsaufsicht, 1999, S. 148；参照されるのは、BVerfGE 73, 280, 294 である。

(23) *Bohrer,* aaO (前注22), Rdn. 86; *Geimer,* DNotZ 1991, 266; *Wolfsteiner,* Die vollstreckbare Urkunde, 1978, Rdn. 33. 2.　競売の場合の関与も同様である。参照されるのは Art. 411 der RL 64/224, ABl. 1964, 869 である。

(24) 同様のものとして、*Knechtel,* Das Recht der Notare auf Berufsausbildung, 1996, S. 26; *Drasch,* MittBayNot 2000, 280 ff. がある。現在、このような意味を明確に述べているものとしてはこのほか、Erwägungsgrund 41 der RL 2005/36/EG もある。全般的には、*Stumpf/Gabler,* notar 2000, 11-17 参照。

(25) ABl. 1987, C 308/1.

(26) EuGH, Slg. 1977, 765, Thieffry.

(27) EuGH, Slg. 1974, 1299, van Binsbergen; Slg. 1975, 1547, Coenen.

(28) EuGH, Slg. 1977, 765, Thieffry; Slg. 1987, 719,; Slg. 1991, 1/659; Slg. 1991, 1/709; Slg. 1991, 1/727; Slg. 1981, 2311, Broekmeulen.　これらと同様のものとして、Slg. 1986, 3755 がある。これについて参照されるのは、*Dauses,* EuR 1988, 378; *Hübner,* JZ 1987, 330; *Schwintowski,* NJW 1987, 521 であり、内容上これらに対応する裁判例は Slg. 1986, 3663; Slg. 1986, 3713; Slg. 1986, 3817 である。

(29) EuGH, Slg. 1977, 765, Thieffry; Slg. 1986, 1475; Slg. 1974, 1299, van Binsbergen; Slg. 1975, 1547, Coenen; Slg. 1986, 1475.

(30) EuGH, Slg. 2002, 1577. Wouters.　共同体法における公共の福祉による拘束（Gemeinwohlbindung）および比例性の原則（Verhältnismäßigkeitsgrundsatz）について参照されるのは、*Stumpf,* EuR Beiheft 2/2004, S. 7-28 である。

(31) この点について参照されるのは、EuGH, Slg. 1986, 1475 である。

(32) EuGH, Slg. 1991, 1/659; Slg. 1991, 1/709; Slg. 1991, 1/727.

B 能力証明書の相互承認――歴史的展開

国内で規制されている職業[33]の場合、他国民に対して内国民と同じ地位を認めるとしても、そのことによって、外国の職務提供者――たとえば受入国の国民――が何よりもまず内国の職務アクセス要件を満たさなければならず、特に、たとえ本国ですでに当該の資格を取得していたとしても、受入国の国家試験に合格していなければならないということが妨げられてはならない。受入国が本国の職業資格を自国においても同価値のものとして承認しようとするか否かという点は、受入国の自由な判断に委ねられている。同じ職業であるのに何回も繰り返して教育を受けるようにという強制を避けるべく、ヨーロッパ共同体条約第四七条第一項によって必要とされたのが能力証明書相互承認のための共同体の立法行為であった。この共同体の立法行為は、指令を介して、資格の同価値性を確認するものであった。

このような任務に応えるのが、現在のところ、職業資格の承認に関する二〇〇五年九月七日のヨーロッパ共同体指令二〇〇五年第三六号[34]という新しい指令である。この指令の源を成す包括的な立法例は、共同体法の歴史的発展においても、最上のものと考えることができる。というのは、この指令が今後いろいろな段階で持続的に新しい指令に対して影響力を持つものと考えられるからである。

Ⅰ　一般プログラム

初期には、居住移転の自由および役務提供の自由を実現するためのさまざまな努力が払われた。一九六二年に、一般プログラム(35)により、職務許可試験の調整に加えて、経過措置が規定された。個々の職業について設けられている各国の国内規制を特別なやり方で調和させる作業もこの経過措置に従って行うよう求められた。加盟諸国では役務提供に関する多くの職業に法構造上違いがあるところから、調和を実現するための活動は、当初、専門分野ごとに限定して、個別指令をひとつの単位として行われた。

Ⅱ　職務経験に基づく資格の承認

その際、調和を求める活動が行われた初期には、方法的にみると、当該活動を受け入れる上で特別の条件がすべての加盟国において知られているわけではないようなグループの職業については、職務経験に基づく資格の承認という制度が設けられた。これに対して、その他の職業については、一部ではあるが、厳格な能力証明書の提出を要件とすることとされた。

最初の単位となったのは次の二つの指令であった。まずヨーロッパ経済共同体指令一九六四年第二二二号(36)は、卸売業における活動ならびに商取引、機械工業および手工業における仲介活動に関するもの[37]であった。これと並ぶヨーロッパ経済共同体指令一九六四年第四二七号は、特別に列挙された一連の製造業および加工業に関するもの[38]であった。これらに追加されるのが小売商についてのヨーロッパ経済共同体指令一九六八年第三六四号[39]である。この指令は、食品および嗜好品ならびに飲料の生産に関する自営業活動についてのヨーロッパ経済共同体指令一九六八年第三六六号[40]、および、飲食店および居酒屋ならびに宿泊業およびキャンプ場営業についてのヨーロッパ経済共同体指令一九六八年第三六八号[41]と同時に発せられたものであった。これとまったく同一の立法モデルに従っているものとしては、石炭分野での石炭卸売業および仲介業を営む自営業活動についてのヨーロッパ経済共同体指令一九七〇年第五二三号[42]、それに現在でも有効な、毒物取引のためのヨーロッパ経済共同体指令一九七四年第五五六号[43]がある。これらの後に発せられたものとしては、ヨーロッパ経済共同体指令一九七五年第三六九号[44]がある。この指令には、性質をまったく異にする一連の自営業活動が含まれていた。そこに含まれるものを列挙すれば、内陸漁業、船舶・鉄道車両・航空機の製造、特許ライセンス業務を行う事務所、交通に関わる若干の補助活動——そこには港湾内での水先案内業務、海難救助活動が含まれる——、タクシー業、液体炭化水素およびその他の液体化学製品のための配管事業、ニュース・郵便・遠距離通信といった制度、映画・劇場、スポーツ・談話、家政・洗濯・ドライクリーニング・染物・美容院・マニキュアなどと並列関係にある個人的業務、写真室、建物清掃管理・害虫駆除者、貸衣装・結婚紹介所・占い・衛生業務・葬祭業、そして海外旅行のための旅行添乗員および通訳、これらが挙げられる。これらの指令に続けて、保険代理店および保険仲介業者のためのヨーロッパ経済共同体指令一九七七年第九二号[45]と交通および旅行代理店に関する一定の補助業務の自営業活動についてのヨーロッパ経済共同体指令一九八二年第四七〇号[46]が発せられた。その後出されたのが、理容業についてのヨーロッパ経済共同体指令一九八二年第四八九号[47]であった。

これらひとつの単位を成すものとして発せられた従来の指令は、どれもみな、経過措置として発せられたものであったが、この数十年間にそれらはしだいに重要性を持つようになり、実務と判例を形成してきた。そして、ミレニアムの転換期に複数の一般的な規則[48]が定められた結果、その大多数が廃止されることとなった[49]。層を成すほど多数に上ったこれら従前の規範をみると、そこで用いられた手掛かりは、特定の職業イメージではなく、ただ具体的な――規範の中でも具体的に指定されている――活動であって、そうした活動が産業として行われているか手工業の形式で行われているかとは関わりがない。そこには、商取引活動もあれば役務提供もある。その定義に際して用いられたのは、統計をとる目的で展開されたヨーロッパ固有の「ＮＩＣＥ命名法」であった。これは、国連の命名法のひとつである国際学生身分証カードの主要グループ二三ないし四〇というやり方に倣って採用されたものである。

法律効果の側からみると、職務経験――これは職業資格が国境を越えて承認されるという結果をもたらす――は、出身国で実際に行われた職務活動期間（その活動や責任の度合いに応じてランク付けられたものである）がどのくらいの比率を占めているかという点で測定される。

Ⅲ　能力証明書の分野別相互承認

このほかにも、一般プログラムが、すでに能力証明書の相互承認を規定していた。その結果、調和を求める動きが最初の高まりを迎えた頃には根本的に、どのような能力証明書を承認するかという見方はなくなっていた。その後、調和を求める次のステップは、加盟諸国の間で養成課程や能力証明書に関する国内法制に違いがあるにせよ、加盟国のすべてにおいて関連するような、役務提供に関する職業の調和へと向かった。ここで特に取り上げられたのは古典的な自由業、それも主として医療に関する職業である。患者の生命および健康に対する役務提供に高度の責任が付随するところから、加盟諸国は、ここでは、職務経験の相互承認というやり方では満足せず、さらに進んで、資格を取得した教育課程に対する管理を行うようになった。このようにして、当初は加盟諸国間にみられた教育水準の大きな相違がもはや域内市場での障害物にはならなくなり、能力証明書の相互承認を要件として、教育課程も必然的に調整されるようになった。

これまでに発せられた指令を世代別の立法モデルという点からみると、それらは、それぞれの事情を反映したさまざまな職業分野に対応して、以下の二つに分けられよう。

1　教育条件が統一されている場合の学位の分野別承認

余りにも自明であるところから、当時すでにヨーロッパ全域にわたって、最小限の同意が得られていたような職業グループについては、承認指令と調整指令という一対の指令が発せられている。そうした一対の指令が特に具体的な職業を念頭に置いて発せられたのは、それぞれの職業グループの特殊性を考慮するためであった。

発端となったのは、医師についての承認指令、すなわちヨーロッパ経済共同体指令一九七五年第三六二号(50)であった。この指令は、相互承認基準と当該基準を満たす能力証明書を掲げるほか、専門医としての能力証明書をも列挙し、それらについての相互承認も規定するものであった。多くの加盟国では、大学医学部での教育に続けて、医師としての活動に対するアクセスを制限しないようにするための条件として、臨床教育を必要としていたが、追加的に、こうした臨床教育へのアクセスを他の加盟国の国民に対しても認めるよう求める、ヨーロッパ経済共同体理事会勧告一九七五年第三六七号[51]が加盟国に向けて発せられた。この立法例は、後に一般医学の分野での特別教育に関するヨーロッパ経済共同体理事会指令一九八六年第四五七号[52]によって補充されている。調整指令であるヨーロッパ経済共同体指令一九七五年第三六三号[53]によれば、医師の能力証明書は、学問的方法論、健康なひとや病気のひとのからだの状態、作用および行動、臨床専門分野と実習、適切な臨床経験、適切な病院経営、これらの細目について厳密に限定された一定の知識を問うものである。医師の教育にあたっては、総じて、大学での理論および実務の授業が少なくとも六年間またはは五五〇〇時間行われていなければならない。個々の専門医教育については、厳密に専門化された特別の諸規定が適用された。専門医および一般医についての承認指令・調整指令であるヨーロッパ経済共同体指令一九八六年第四五七号――この指令は、何度も変更されたが[54]、後に他の指令と一緒に、調整された医師指令であるヨーロッパ経済共同体指令一九九三年第一六号[55]によって補充されている――は、医師に限定してではあるが、承認と調整との協力を単一の指令の中に盛り込んだものである。

これと対比されるものとして、この間にしばしば修正された[56]ルールが歯科医についても設けられている。調整指令であるヨーロッパ経済共同体指令一九七八年第六八七号[57]によれば、歯科医師の能力証明書は、学問的方法論、健康なひとや病気のひとのからだの状態、作用および行動、歯、口腔、顎、これらに属する組織の状態および作用、適切な臨床経験、適切な病院経営、これらの細目についてより詳しく専門化された知識を問うものであり、全日制で計算して、少なくとも五年間、理論および実習両面にわたって大学での教育が行われていなければならない。この指令には、歯科医教育の調整のための特別規定も含まれている。承認指令であるヨーロッパ経済共同体指令一九七八年第六八六号[58]は、これらの基準に対応する加盟諸国の歯科医能力証明書を個別的に掲げるほか、この規定が適用される活動を列挙し、そして最後に、加盟国が前述の歯科医能力証明書を承認すること、および、当該歯科医能力証明書を有する者に対して歯科医としての活動を受け入れ、かつ実施できるようにするため、自国の能力証明書に対するのと同一の効力を付与すること、これらを定める。承認に関する特別規定は顎整形外科および口腔外科についても適用される。

これと対比することができるが、調整指令であるヨーロッパ経済共同体指令一九七八年第一〇二七号[59]では、獣医について、学問的方法論、健康な動物の状態と作用、飼育、繁殖、衛生、栄養、飼料生産、動物の行動、動物の病気、予防医学、動物から取れる食料の生産、関連する法・行政の規定、ならびに適切な臨床経験と実習経験、適切な病院経営、これらの細目について厳密に限定された一定の知識を問うものとして、獣医能力証明書が求められていた。そうした知識は、全日制の大学で少なくとも五年間、理論および実務の教育を通して習得しなければならないものとされていた。承認指令であるヨーロッパ経済共同体指令一九七八年第一〇二六号[60]は、これらの基準に対応する能力証明書を列挙し、そして、これらの能力証明書の相互承認を定めていた[61]。

薬剤師については、調整指令であるヨーロッパ経済共同体指令一九八五年第四三二号[62]がその第二条において少なくとも五年間の教育課程を定めている。そこには、少なくとも四年間の理論教育と少なくとも六ヶ月間の実習とが含まれている。これを受けて、ドイツでは、一九八九年の薬剤師開業免許法改正により、大学での教育が八ゼメスターに拡張された。内容上どのような事柄が最小限度含まれていなければならないかについては、同指令第二条第五号が分野別カタログを定めている。こうした教育課程の調整に加えて、ヨーロッパ経済共同体指令一九八五年第四三三号[63]は、同指令第四条において最後に列挙されている学位の相互承認を定めていた。それによれば、ヨーロッパ共同体加盟諸国のいずれかで最初に学位を取得した薬剤師は、原則として、ヨーロッパ共同体の他の国[64]に三年間滞在した後に初めて（この制限は同指令第二条第二項から生じる）、その国で薬局を開業することができる。このような制限があるからといって、加盟国が——実務上重大な影響を及ぼす——薬局の新規開設につき数量的にまたは分野ごとに設けている居住移転に対する制限に対して、この指令は影響を与えることができるわけではない。けれども、加盟国の国内規定は、当該国においてつねにそれらの規定が自国民と他国民に対して同じように適用されているか否かという観点から評価されてきた。それゆえ、加盟国が、薬局開設許可を付与するための選定手続への関与を自国民にしか認めていない場合、そうした制限はヨーロッパ共同体条約第四三条に違反することになる(65)。

助産婦の資格は、ヨーロッパ経済共同体指令一九八〇年第一五五号(66)によって調整されている。この指令は、ヨーロッパ経済共同体指令一九八〇年第一五四号(67)による能力証明書の相互承認を担保するものである。

看護師については、これと同じようにその後たびたび変更されている(68)一対の法源として、次の二つの指令が出されている。すなわち、そのひとつは、ヨーロッパ経済共同体指令一九七七年第四五二号(69)——この指令は、それが適用されるさまざまな活動を列挙し、個別的に掲げられた能力証明書の相互承認を定めていた——であり、他のひとつは、調整指令であるヨーロッパ経済共同体指令一九七七年第四五三号(70)——この指令は、看護師について、しかるべき能力証明書を取得するために、一〇年間の一般的な学校教育と三年間または四六〇〇時間を超える特別の全日制による理論的・実践的な職業教育（その教育内容は別表に詳しく挙げられている）を求めるものであった——である。

2　教育条件が統一されていない場合の学位の分野別承認

自由業という概念についての見解は細かな点では加盟諸国において互いに異なっているが、そうした違いが域内における限界を克服するための法的な連結を時として細部では難しくしている。たとえば、建築士を取り上げると、すべての加盟国で普通に行われている総合大学での教育と異なり、ドイツでは専門単科大学での教育が行われていることが、この数十年間にわたって、当時必要なものとみなされていた調整指令の制定を妨げていた。その結果、建築士については、承認指令であるヨーロッパ経済共同体指令一九八五年第三八四号[71]しか存在しないという状況にある。この指令が成立するまでには、一八年という期間を要した[72]。妥協により指令が成立した後、学位の承認については原則として全日制で少なくとも四年制の大学での学修が行われていることが必要とされた。しかし、三年間で行われるドイツの専門単科大学での教育についても、それがドイツ連邦共和国で四年制の職業教育により補充される場合には、特別規定により承認される道が開けた[73]。インテリア・デザイナーと造園家については、これらの者に対する教育がヨーロッパ経済共同体指令一九八九年第四八号に定められている諸条件を満たすときに限り、この指令の適用範囲に含まれることとなる。

Ⅳ　共同体全域にわたる能力証明書の承認のための一般規定

調和を求める最初のステップですでに対象とされた事業分野以外で、役務を提供するいくつかの職業については、分野別の指令によって、特記すべき調和が達成されている。しかし、手掛けられた分野――それらは何よりもまず全般的にみて加盟国間で容易に一致が得られる分野であった――が厳密に定められたために、まずもってたくさんの職業が引き続いて調和の対象から除かれることとなった。たとえば、心理学者、医師以外で治療行為を職業とする者、これらがそうである。それゆえ、まだ対象として把握されていない職業グループについて、今後、分野別指令――そうした指令は各教育課程の調整に向けられることであろう――が多数追加されるといった立法上の無駄を省こうとすれば、承認を内容とする一般的規則を増やすことがずっと望ましいように思われる。

1 ヨーロッパ経済共同体指令一九八九年第四八号

大学卒業を示す学位――これは同時に少なくとも三年間の職業教育課程を修了したことを意味するものである(74)――を承認するための（第一次）一般的規律に関するヨーロッパ経済共同体指令一九八九年第四八号は、このようにして、特定の職業グループに着目して個別的に定める路線から離脱し、承認指令と調整指令とを一対のものとして定めるというやり方を放棄している。この指令が適用対象とした職業は、相互承認のための（分野別）個別指令の対象とされていた職業ではない。この指令が最初に念頭に置いていた職業は、たとえば心理学者がそうであるように、大学卒業を示す学位が職業教育のための資格をすでに与えているような職業である。けれども、この指令の適用は、これらの職業に限定されていない(75)。このほか、税理士や弁護士に対しては、学位承認に関する指令であるヨーロッパ経済共同体指令一九八九年第四八号(76)が適用された。

この指令は、各分野の教育課程をそのつど調和させるという方法に代えて、加盟諸国におけるそれぞれの教育を相互に信頼するという考えに基づいて形成されたものであった。教育に関するさまざまな条件を調整するというやり方が放棄されたため、この指令が掲げるコンセプトによると、ヨーロッパにおいて自由業の資格を取得するための要件に関する水準は、自由移動が認められたことによって、結局は、市場の法則に委ねられることとなった。教育内容が異なっている場合に違いを修正する最小限の方策として用意されたのは、わずかに、受入国で適応調整のための教育課程を設けたり適性試験を実施したりすることのみであった。この場合、資格の承認を求める申請者には選択権が与えられた。これに対して、法律相談を職業とする者の場合、この選択権は受入国に帰属した。ドイツの見解によれば、そうした職業として考えられているのは、弁護士、税理士、公認会計士、それに弁理士である。

この指令では、大学での学修としては行われておらず、大学での学修と並行して行われている教育課程、たとえば、専門単科大学卒業を示す学位も取り上げられていた。

第三国で発行される学位が承認されるのは、それが共同体と関連する要素を含んでいる場合に、それゆえ、その比重をみると圧倒的な部分に置いて共同体で取得されていたといえるとか、または、志願者が当該学位を承認しようとする加盟国で職業訓練を受けていたとかといった場合に限られている。(77)

2　ヨーロッパ経済共同体指令一九九二年第五一号

第二次教育課程を終えた後に少なくとも一年間(78)の教育課程を修了することで得られるその他の学位に関する職業上の能力証明書を承認するための――多少とも一般的な――第二のルール、そして、右に掲げたものに類似する教育課程修了証明書を対象とするものはヨーロッパ経済共同体指令一九九二年第五一号(79)である。この指令により規律されるのは、いくつかの（医師の活動を補佐する）パラメディカルな職業(80)、社会教育に関する職業、海運に関する職業、技術および商業に関する教育課程修了後に就く職業、手仕事に関する職業（たとえば、デンマーク、ドイツおよびルクセンブルクでは、めがね製作者、整形用器具製造者、整形用靴製造者、ドイツおよびルクセンブルクでは、これらに加えて、歯科技工士、包帯製造業者、補聴器調整業者）、行われた活動の態様からみて自由業に数えることができるがそれでいて完全にアカデミズムに属する古典的な教育を必要としない職業、たとえばイタリアの consulente del lavoro（社会保険労務士）や ragioniere（公認会計士）[81]、フランスにおける特定分野のスポーツ教師（スキー教師、登山ガイド、マリーンダイビング教師、スカイダイビング教師、洞窟探検家）やオランダにおける gerechtsdeurwaarder（裁判所執行官）、これらである。それゆえ、資格に関する条件からみると、この指令は、ヨーロッパ経済共同体条約一九八九年第四八号に基づく第一次一般規律の下方に位置するひとつの平面をカヴァーするものとなっている[82]。また法技術的に表現すると、この指令は、一般的な活動について記述した部分と個別的事案を列挙した部分とから成る混合形態を表している。

3　ヨーロッパ経済共同体指令一九九九年第四二号

職業上の能力証明書を承認するための（限定的な）第三次一般ルールとなったのは、結局、それまで自由化指令・経過措置指令のもとに置かれていた職業活動について定めるヨーロッパ共同体指令一九九九年第四二号[83]であった。後者は前者に代替する指令である。この指令は、別表A第一部によると、職業経験カテゴリーと結び付けられた活動[84]に関するものであり、また別表A第二部によると、第一部に規定されている活動とはまったく別の活動[85]に関するものであった。たとえば、左官および化粧漆喰専門職人についてみると、その後、ヨーロッパ共同体指令一九九九年第四二号が適用された。これは従前の指令一九六四年第四二七号に取って代わるものであった[86]。最初の世代を成す多数の指令がこの新しいひとつの指令にまとめられたことによって、整理統合という意味で、重要な進歩がみられた。資格に関する条件という点からみると、こうした活動は、職業上の能力証明書を承認するための一般ルールの基盤的ステップを表している。しかしながら、この指令が対象とする活動は、ヨーロッパ共同体指令一九八九年第四八号におけるそれとは別物であり、また少なくとも原則としてヨーロッパ経済共同体指令一九九二年第五一号におけるものとも別のものであって、活動条件の抽象的記述を通してではなく、個別連結を通じて表示されていた従前の指令への関連付けを通して、それゆえ最終的には、依然として列挙を通して定められていた。この点を考慮すると、たとえ事実的適用範囲という点ではそれが、一般ルールの体系として完全なものに仕上っているとしても、厳密に言えば、この指令では一般ルールについて何も述べられていないといわなければならない。内容という点からみると、このヨーロッパ経済共同体指令一九九九年第四二号は職業上の能力証明書の承認について定めるほか、規律対象とされた職業分野に関する職業経験の顧慮についても規定している。

4　いわゆるＳＬＩＭ指令

政治的・歴史的な環境のもとで徐々に成長してきたこの指令システムは、体系化に向けて努力が続けられた結果、一層の前進という成果を挙げてきている。しかしながら、それにも拘らず、すでに当初から、正当な指摘であるが、関係者にとって、この制度は分かりにくいものであると感じられてきた。なるほど、ヨーロッパ委員会は、法的な次元において、その指導原理とそれを具体化した多くの刊行物により、当初から、理解を一層容易にするように努めてきた。しかしながら、このような措置をもってしても、法的規律の簡素化に成功するに至っていない。整理統合を目指した最初の試みは、共同体域内市場のための簡素化立法（Simpler Legislation for the Internal Market）という意味の英語表記の最初のアルファベットを組み合わせた、いわゆるＳＬＩＭ指令(87)の創設であった。この指令によって、特に、

――個々の指令の中で行われているひとつひとつの適応作業のほかに――「規律対象としての教育（reglementierte Ausbildung）」という概念――この概念は第二の一般ルールであるヨーロッパ共同体指令一九九二年第五一号において導入されたものであった――がヨーロッパ共同体指令一九八九年第四八号という一般ルールにおいても拡張して用いられている。その際、ヴラソポゥロゥ事件におけるヨーロッパ裁判所の判例法理(88)が考慮されている。そうした考慮は、一般ルールに関するこれらの指令にあっては、能力証明書の提出に加えて、申請者の職業経験が当該専門分野の知識をカヴァーしているか否かを審査することが受入国たるヨーロッパ共同体加盟国に義務付けられているという説明を通して行われた。というのは、もし申請者の職業経験が当該専門分野の知識を十分カヴァーしていなかったとすれば、その溝を調整するための教育課程を履修したり適性試験に合格したりしていることが証明されなければならないと考えられたからである。調整手続や指令の内容を時代に合わせるための現代化手続は簡素化されている。特に医師指令として知られるヨーロッパ共同体指令一九九三年第一六号に基づいて改正された手続がその他の分野別指令に対しても拡張して適用されている。第三国が発する能力証明書は、加盟国がそれを承認すれば、共同体にとって重要な関わりを持つ要素に高められたし、また加盟国での職業経験はその後のタウィル・アルベルティーニ事件(89)およびハイーム事件(90)における判例の展開を通じて共同体にとって重要な要素へと高められた。このようにして、承認手続に関して法治国家が設ける諸条件が一層精密化されてきた。しかしながら、内容を異にする多くの法的基盤がごちゃごちゃと入り混じって並存するという状況はこのＳＬＩＭ指令によってもまだ取り除かれていない。

（33） この概念について参照されるのは、現在では、ヨーロッパ共同体指令二〇〇五年第三六号第三条第一ａ項である。そのもととなったのが、EuGH, Slg. 1996 I-135, Aranitis ; Slg. 1999, I-4773, Bobadilla であった。

(34) ABl. L255/22 v. 30. 9. 2005.

(35) ABl. 1962, 32; ABl. 1962, 36. これらについては、*Everling*, BB 1961, 1257; *Oppermann*, BB 1964, 563.

(36) ABl. 4. 4. 1964, 56/857.

(37) この指令は、ヨーロッパ経済共同体指令一九六四年第二二三号（ABl. 4. 4. 1964, 56/853）およびヨーロッパ経済共同体指令一九六四年第二二四号（ABl. 4. 4. 1964, 56/869）によって補充された。これに関する一組のまとまりをもったルールとしてここに追加されるのは、現在でも通用している、再保険および再保証の領域における居住移転の自由および自由な役務提供取引に対する制限を撤廃するための一九六四年二月二五日のヨーロッパ経済共同体理事会指令一九六四年第二二五号（ABl. 4. 4. 1964, 56/878）である。

(38) ABl. 1964, 1871. この指令は、ヨーロッパ経済共同体指令一九六四年第四二九号（ABl. 1964, 1880）および一九六四年七月七日の、石および土を含む鉱業の分野での自営活動のためのヨーロッパ経済共同体指令一九六四年第四二八号によって補充された。

(39) ABl. 1968, L 260/6. この指令と関連していたのは、ヨーロッパ経済共同体指令一九六八年第三六三号（ABl. 1968, L 260/1）およびヨーロッパ経済共同体指令一九六八年第三六五号（ABl. 1968, L 260/9）であった。

(40) ABl. 1968 L 260, 12.

(41) ABl. 1968 L 260, 19. これには、ヨーロッパ経済共同体指令一九六八年第三六七号（ABl. 1968, L 260, 16）も含まれている。最後に、映画配給業の自営活動についての居住移転の自由の実現に関するヨーロッパ経済共同体指令一九六八年第三六九号（ABl. 1968, L 260//22）もこれと同一の関連性のもとに下されたものである。

(42) ABl. L 267 v. 10. 12. 1970. これはヨーロッパ経済共同体指令一九七〇年第五二二号（ABl. L 267 v. 10. 12. 1970, 14）によって補充されている。

(43) ABl. L 307 v. 18. 11. 1974. これはヨーロッパ経済共同体指令一九七四年第五五七号（ABl. L 307 v. 18. 11. 1974, 5）によって補充されている。

(44) ABl. 1975, L 167/29. これに付随するのが、同様にまだ通用しているヨーロッパ経済共同体指令一九七五年第三六八号（ABl. 1975, L 167/22）である。

(45) ABl. L 26 v. 31. 1. 1977, S. 14.

(46) ABl. L 213/1 v. 21. 7. 1982.

(47) ABl. 1982, L 218/24. これについては、*Gormley*, ELR 1983, 355 をみよ。

(48) これについてはすぐ後に述べるところをみよ。

(49) しかもこれには、ヨーロッパ経済共同体指令一九七七年第九二号という例外がある。この指令は、ヨーロッパ共同体指令二〇〇二年第九二号（ABl. L 009 v. 15. 1. 2003, S. 3）によって初めて廃止された。これらの指令はすべてひっくるめて、ヨーロッパ共同体指令一九九九年第四二号（ABl. L 201 v. 31. 7. 1999, 77）によっている。

(50) ABl. 1975, L 167/1.

(51) ABl. 1975, L 167/21.

(52) ABl. 1986, L 267/26.

(53) ABl. 1975, L 167/14.

(54) 細目について参照されるのは、*Stumpf*, Freie Berufe und Handwerk, in : Dauses, Handbuch des EG-Wirtschaftsrechts である。

(55) ABl. L 165 v. 7. 7. 1993. この指令も再三にわたって変更されている。参照文献として、その証明を行っているのが、*Stumpf*, Freie Berufe und Handwerk, aaO（前注(54)）の場合である。

(56) 細目について参照されるのは、*Stumpf*, Freie Berufe und Handwerk, aaO（前注(54)）である。

(57) ABl. 1978, L 233/10.

(58) ABl. 1978, L 233/1.

(59) ABl. 1978, L 362/7.

(60) ABl. 1978, L 362/1.

(61) その後の変更について参照されるのは、*Stumpf*, Freie Berufe und Handwerk, aaO（前注(54)）である。

(62) ABl. 1985, L 253/34.

(63) ABl. 1985, L 253. これら二つの指令をめぐるその後の変更の細目については、*Stumpf*, Freie Berufe und Handwerk, aaO（前注(54)）。

(64) ギリシャを除く。

(65) EuGH, Slg. 1986, 2945.

(66) ABl. 1980, L 33/8.

(67) ABl. 1980, L 33/1. これら二つの指令のその後の変更に関する細目については、*Stumpf*, Freie Berufe und Handwerk, aaO（前注(54)）。

(68) 細かな証明を行っているのが、*Stumpf*, Freie Berufe und Handwerk, aaO（前注(54)）の場合である。

(69) ABl. 1977, L 176/1.

(70) ABl. 1977, L 176/8.

(71) ABl. 1985, L 223/15. その後の変更については、*Stumpf*, Freie Berufe und Handwerk, aaO（前注(54)）。

(72) 参照されるのは、*Mohn*, GewArch 1990, 204 である。

(73) バイエルン州とバーデン・ヴュルテンベルク州の単科大学教育――これらは、実務を集中して行う二ゼメスターを含めて、少なくとも四年間行われている――は、四年間の教育として承認された。EuGH, Slg. 1992, 177, Egle; Slg. 1992, 2797, Bauer. これに対して、ドイツの国立技師養成学校（Ingenieurschule）の「地上建築総合コース（Allgemeiner Hochbau）」の卒業は、たとえ技師養成学校が後になって単科大学（Fachhochschule）に含まれるようになっても、同指令の対象とされなかった。EuGH, Slg. 1994 I-4087, Dreessen.

(74) ABl. 1989, L 19/16. これを変更したものが「ＳＬＩＭ指令」として知られるヨーロッパ共同体指令二〇〇一年第一九号（ABl. L 206 v. 31. 7. 2001）である。

(75) 同指令の文化財修復技術者への適用可能性について参照されるのは、EuGH, Urt. V. 8. 7. 1999, Rs. C-234/97, Bobadilla, Slg. 1999 I-4773 である。

(76) ドイツにおけるのと異なり、ヨーロッパ共同体の他の加盟国では、税理士活動はそもそも行われていないし、そうでないとしても、フランスにおけるように、手掛かりとしてのみ法律で規定されているにすぎず、大学教育における学位取得と切り離されている。それゆえ、ドイツの税理士は、ヨーロッパ共同体の他の諸国における大学教育承認指令とはまったく関係なく、活動することができたのに対して、ヨーロッパ共同体の他の諸国に属する者で、その本国で税理士活動の資格を取得していた者がドイツで税理士として活動するには、実習を主要な活動として税務分野で三年間にわたって経験をつみ、税理士試験に合格することが必要とされていた。それゆえ、大学教育承認指令は、税理士としての活動に関わる分野では、まずもってヨーロッパ共同体の他の加盟国の国民で税理士活動を行う者にとって有利であった。参照されるのは、*Dann/Rohweder*, DSWR 1989, 5, 7 である。

(77) この指令について参照されるのは、*Harris*, NLJ 1989, 164; *Scherer*, WiVerw. 1987, 159, 174 ff.; *Tiemann*, DStZ 1989, 4, 5;

Wägenbaur, CMLR 1986, 91 ; *ders*., EuR 1987, 113 である。
(78) ここで考えられているのは、第二次学校教育を前提としたもので、しかも（同指令第一条第一項a号第二ダッシュ i）により）その課程の修了が大学（Hochschulstudium）入学のために必要とされているものである。
(79) ABl. 1992, L 209/25；その後の変更について参照されるのは、*Stumpf,* Freie Berufe und Handwerk, aaO（前注(54)）である。
(80) これについて参照されるのは、EuGH, Slg. 1990 I, 3537 ; EuGH, Slg. 2001, I-837, Mac Quen u.a. である。
(81) これら二つは、後に一九九四年七月二六日のヨーロッパ共同体指令一九九四年第三八号（ABl. L 217 v. 23. 8. 1994, 8）によって削除された。
(82) 参照されるのは、たとえば、EuGH, Slg. 1999 I-4773, Bobadilla である。
(83) ABl. L 201 v. 31. 7. 1999, 77.
(84) その出所は以下の各指令である。ヨーロッパ経済共同体指令一九六四年第四二七号、ヨーロッパ経済共同体指令一九六八年第三六六号、ヨーロッパ経済共同体指令一九七五年第三六八号、ヨーロッパ経済共同体指令一九七五年第三六九号、ヨーロッパ経済共同体指令一九八二年第四七〇号、ヨーロッパ経済共同体指令一九八二年第四八九号、ヨーロッパ経済共同体指令一九六四年第二二二号、ヨーロッパ経済共同体指令一九七〇年第五二三号、ヨーロッパ経済共同体指令一九六八年第三六四号、ヨーロッパ経済共同体指令一九六八年第三六八号。
(85) この点は、以下の各指令による。ヨーロッパ経済共同体指令一九六三年第二六一号、ヨーロッパ経済共同体指令一九六三年第二六二号、ヨーロッパ経済共同体指令一九六五年第一号、ヨーロッパ経済共同体指令一九六七年第五三〇号、ヨーロッパ経済共同体指令一九六七年第五三一号、ヨーロッパ経済共同体指令一九六七年第五三二号、ヨーロッパ経済共同体指令一九六八年第一九二号、ヨーロッパ経済共同体指令一九六八年第四一五号、ヨーロッパ経済共同体指令一九七一年第一八号、ヨーロッパ経済共同体指令一九六三年第六〇七号、ヨーロッパ経済共同体指令一九六四年第二二三号、ヨーロッパ経済共同体指令一九六四年第四二八号、ヨーロッパ経済共同体指令一九六五年第二六四号、ヨーロッパ経済共同体指令一九六六年第一六二号、ヨーロッパ経済共同体指令一九六七年第四三号、ヨーロッパ経済共同体指令一九六七年第六五四号、ヨーロッパ経済共同体指令一九六八年第三六九号、ヨーロッパ経済共同体指令一九七〇年第四五一号、ヨーロッパ経済共同体指令一九六九年第八二号、ヨーロッパ経済共同体指令一九七〇年第五二二条。
(86) 参照されるのは、EuGH, Urt. V. 11. 12. 2003 - Rs. C-215/01, Schnitzer である。この判決はまだ公式判例集に登載されていない。

(87) RL 2001/19/EG, ABl. L 206 v. 31. 7. 2001, S. 1.
(88) EuGH, Slg. 1991 I-2357.
(89) EuGH, Slg. 1994 I-451.
(90) EuGH, Slg. 1994 I-425.

C　職務資格の承認に関するヨーロッパ共同体指令二〇〇五年第三六号

そうした状況ではあったが、先ごろ、ようやく決定的な打開策が得られた。というのは、二〇〇五年九月七日に職業資格の承認に関するヨーロッパ共同体指令二〇〇五年第三六号[91]が発せられたからである。この指令は二〇〇五年一〇月二〇日に施行されている。この指令――それは官報に掲載された頁数で言えば、別表全体を含めても、「たかだか」一二一頁にしかならない――は、これまで多数あった立法例をこれからはたったひとつの法源へとまとめ直したものである。指令の成立プロセスが示すように、さまざまな次元で規範抵触が明らかになってきていただけに、立法におけるこのような成功はますます注目すべきものとなっている。むろん、こうした企てにも難点がないわけではない。というのは、一方ではヨーロッパ全域にわたる調整に関する法を形成しようとする、いわばピンと張り詰めた緊張感を抱きながらも、他方では個々の職業グループが有する特別の事情を適切に考慮しなければならないといったように、規範化にあたって同順位にある二つの関心事を同時に満たさなければならないというディレンマに陥ることになるからである。この点に加え、依然として、各国間に、職業イメージをめぐって今なお重要な相違がみられている。こうした状況をみると、この新しい指令も必然的にひとつの妥協でしかないことが分かる。それでも、つまるところ、この妥協は当時の調和状況のもとで正しく測定されて行われたものであった。先にみた個々の指令から明らかになるように、成功への鍵は、それまでに慣れ親しんだ体系性を、一方では慎重にさらに発展させながら、他方では新しい指令の場合にも根底に据えるという方法にあった。それゆえ、旧規定について下された判例を含め、従来の法についての知識は、引き続き、新しい規定の理解にとっても有益なものとなっている。

たとえば、第三条第三項に掲げられた諸要件のもとで加盟国が承認する際に第三国の教育証明書と共同体証明書とを同列に置くといった概念規定の中にすでに、ＳＬＩＭ指令への依拠という手法を見出すことができる。この新しい指令がわれわれに提供している実用的手掛かりは複数の一般規定の中にすでに示されている。たとえば、「この指令の目的に照らして」という第四条第二項の文言の解釈にあたり、実施される職業活動を相互に対比し、申請者が受入国での就業を望む職業が当該職業を行うべくその者が出身国でそのための資格を取得している際に行える職業と同列に位置付けられているといった場合がそうである。

前述したこれら三つの一般指令は、今後は、主としてヨーロッパ共同体指令二〇〇五年第三六号第一〇条以下に再現されることとなった。その第一四条によると、教育内容の点で重大な相違があるときは、適応させるために別の教育課程を定めるかまたは申請者の選択によるが、適性試験の合格を求めることが特に加盟諸国の法のもとで行われることになる。法律相談を業務とする職業について選択可能性を認めないという立場も維持されている。もちろん、ヨーロッパ裁判所の判例によれば、第一四条第五項により比例性の原則があるために、教育内容上重要な相違があっても、当該職業における実務を介在させて調整することができるようになっている。

職業経験を考慮して（いくつもの段階に分けて）承認することも、第一六条以下に定められた列挙的手掛かりと同様、本質的に維持されている。広い場所を占めているのは、第二一条以下に定められた、従来は分野別に対を成していた指令の承継規定である。体系的にみると、ここでは医師についての規定（第二四条以下）、看護師についての規定（第三一条以下）、歯科医についての規定（第三四条以下）、獣医についての規定（第三八条以下）、助産婦についての規定（第四〇条以下）、薬剤師についての規定（第四四条以下）、そして建築士についての規定（第四六条以下）というように、職業を専門分野ごとに分けた規定が置かれている。これらの規定が慎重に継続的発展を意図して主に従来の調整指令を続行しているのに対して、第二一条における能力証明書の承認は括弧に入れないで、むしろ括弧の前に置かれている。ここで取り上げられたどの指令についてもその制定にあたって慎重な姿勢がみられる。そのことは、たとえば建築士の例で具体的に説明することができる。そこでは、何よりもまず、第四六条により資格を承認するために、これまでどおり、全日制四年間の学修という要件が維持されている。しかし、それだけではなく、六年間の学修というもうひとつの可能性も追加されている。この表現には、少なくとも大学における全日制三年間の学修やこれと比較することのできる教育制度が含まれている。また、「旧法下での事例」については、一九八五年八月五日という期日を基準とした、ドイツの専門単科大学での教育に関する特別規定が付加されている――この教育は、第四六条が掲げる諸要件に対応するものであるが、こうした要件が追加されることによって、内国でも四年間にわたる職業経験を得ることができるようになっている。

以上のように、資格に関する現行法たるヨーロッパ共同体指令二〇〇五年第三六号をもって、今後、国境を越える職業へのアクセスがかなり包括的に規定されることとなった(92)。国内ではそもそも規律されていない職業(93)、たとえばスペインにおけるレストラン(94)、多くの加盟国における税理士、ドイツにおける地質学者(95)、これらは依然として第二次法によっては把握されていない。このような場合、原則として、加盟諸国は、申請者という地位へのアクセスを、内国の能力証明書を有することという留保条件にかからしめてもよいし、また内国の所管官庁と同種の外国機関が発した能力証明書を有することという留保条件にかからしめてもよい[96]。けれども、この場合、同種の手続に当たるか否かという点は、ヨーロッパ裁判所がヴラソポゥロゥ事件[97]において定立していた原則[98]に従って、ふたたび共同体法により評価されなければならない。

(91) ABl. L 2005/255/22.
(92) このほか、通信販売で提供されるような情報処理会社の役務提供について適用されるものとして、さらにヨーロッパ共同体指令二〇〇〇年第三一号（ABl. L 178 v. 17. 7. 2000, S. 1）がある。
(93) ここで規律されている「職業」という概念について参照されるのは、ヨーロッパ共同体指令二〇〇五年第三六号第三条第一a項である。
(94) 参照されるのは、EuGH, Slg. 1999 I-4773, Bobadilla である。
(95) 参照されるのは、EuGH, Slg. 1996 I-2357 である。
(96) EuGH, Slg. 1992 I-3003, Aguirre Borrell u.a.; Slg. 1999 I-4773, Bobadilla; Slg. 1996 I-135, Aranitis.
(97) EuGH, Slg. 1991 I-2357.
(98) EuGH, Slg. 1992 I-3003, Aguirre Borrell u.a.; Slg. 1999 I-4773, Bobadilla; Slg. 1996 I-135, Aranitis.

D　職務遂行に関する許諾の承認

これに対して、これまでのところ、国境を越える職業活動の実施については包括的な規定が欠けている。現に存在しているのは、弁護士や公認会計士――それらが法定の会計監査人として活動するときに限って――についての部分的な承認指令のみである。

Ⅰ 弁護士

ヨーロッパ共同体弁護士――ヨーロッパ共同体指令二〇〇五年第三六号第一四条第三項のアクセス規定に従って適性試験に合格していた者をいう――は、ドイツ連邦共和国において、「Rechtsanwalt（弁護士）」という表示を用いて弁護士活動を行うことができる。それゆえ、ヨーロッパ共同体弁護士は、役務提供のみを行う外国の弁護士のように、その出身国の職業表示――他方で、ヨーロッパ共同体弁護士は同指令第七条第三項により追加的に出身国の職業表示を用いてもよい――による限定を受けずにドイツで活動することができる。

固有の職業活動を行うために、弁護士役務提供指令であるヨーロッパ経済共同体指令一九七七年第二四九号[99]は、受入国に営業拠点を持っておらず、また本人が受入国において求められている職務能力を取得する必要があったとかその試験が同列に位置付けられていたとかという判断を経ないまま、それゆえ、特に適性試験に合格していなくても、他の加盟国出身[100]の弁護士に対して、他の加盟国でも容易に役務を提供できるよう、門戸を開いている。この指令によれば、加盟国の弁護士は、自国の職業表示のもとで、ヨーロッパ共同体のどの加盟国でも弁護士として活動することが許されており、司法や行政の分野で依頼人の代理業務や防禦措置を行うことも認められている。むろんその場合でも、加盟国の弁護士は、受入国の法的基準を遵守しなければならない。もちろん、加盟国の弁護士は、当該国内に住所を置くとか当該国の職業組織に属していることとかといった要件を免除されている。弁護士事務所を設けるとか特定の裁判所のもとでの活動を許容するとかといった要件が免除されている点も重要である[101]。第四条により、本国で現に行われている義務のほかに、受入国の監督や懲戒裁判に関する規則を含む、当該職業に就いている者の身分に関する規則も遵守されなければならない。

他の加盟国で弁護士職務を恒常的に行うことも、ヨーロッパ共同体指令一九九八年第五号(102)により、容易に認められている。この指令は、受入国において独立して弁護士活動を行ったり他の弁護士に雇われて弁護士として働いたりする者についても同じように適用される。どの弁護士も、みずからが弁護士資格を取得した国と異なる加盟国で職務活動を行おうとすれば、受入国の所管官庁に登録しなければならない。受入国の職業状況にまだ完全になじんでいない弁護士は、受入国では、当初の職業表示のままで実務を行うことができる。共同体法を含めて、受入国の法のもとで少なくとも三年間、実効的な活動を行った後であれば、弁護士は受入国の職業状況に完全になじみ、それゆえ、適性試験受験を免除されたものと考えることができよう。これに対して、その活動が受入国法によっても共同体法によっても把握されていない場合、その者は、受入国の弁護士適性試験に合格しなければならない。第五条により設けられた連合王国とアイルランドに関する例外を除いて、当初の職業表示のもとで実務を行っている弁護士は、受入国に営業拠点を有する弁護士と同じように職業活動を行い、特にその出身国法のもとで、共同体法のもとで、国際法のもとで、また受入国法のもとで、法律相談業務を行うことができる。受入国において、当初の職業表示のもとで活動している弁護士が、同時に、出身国における同一グループのメンバーでもある場合、この者は、その職務活動を、受入国における当該グループの支所または代理店として行うことができる。むろん、当初の職業表示のもとで活動しているどの弁護士も、受入国の服務規程に服さなければならないことは言うまでもない。

Ⅱ　公認会計士

公認会計士のための職業教育は、各加盟国で大いに異なっている。たとえば、公認会計士という職業がそもそも規制されていない国もあれば、会計業務についての規制しか存在しない国もある。また、この職業資格がきわめて高く評価され、規制対象たる「会計監査」という活動のほかに、他の規制された活動――たとえばドイツでは、公認会計士が税務相談も、また限定された範囲であるが法律相談を行ってもよいとされている――を行えるような国もある。さらに付け加えられるのが、ドイツの宣誓を行った公認会計士である。この者は中規模有限責任会社――この種の会社は他の規定によれば会計監査を受ける義務を免除されている――について会計監査権限を有するほか、コンサルタント、鑑定意見執筆者、専門家鑑定人としてその他の職務を行っている。この職業へのアクセスについてまず適用されるのはここでも新しいヨーロッパ共同体指令二〇〇五年第三六号である。他の加盟国出身の申請者は、適性検査に合格した後、受入国の職業表示をそのまま称する権限を有し、それゆえ、しかるべき職業組織のメンバーとなることを強制されているので、この者は、職業規定の遵守に関する当該国のこれに対応した監督にも服することとなる。この結果、他のヨーロッパ共同体加盟国にいるドイツの公認会計士は、ドイツ連邦共和国にいるヨーロッパ共同体公認会計士と同様、二つの国の当該職業に関する法と当該職業身分に関する法に服する可能性がある。公認会計士という職業に関する諸条件をある程度調和させるということを目的としていたのが第八次会社法指令、すなわち、ヨーロッパ経済共同体指令一九八四年第二五三号(103)である。この第八次指令は、共同体法が適切に承認された者の作成にかかる簿記資料を含む年度末決算書の提出を求めている場合、つねに強制的に適用される。[104] しかしながら、許された活動範囲に関しても、また当該職業に関する法に関しても、加盟諸国間には今なお著しい相違がある。[105] それゆえ、ヨーロッパ委員会は、年度末決算書および調整済み決算書の監査に関するヨーロッパ理事会のヨーロッパ共同体指令一九七八年第六六〇号および一九八三年第三四九号を変更しようとして、ヨーロッパ議会およびヨーロッパ理事会が発した指令提案[106]を提出した。この提案は、年度末決算を包括的に新しく規律するものであった。

Ⅲ　その他の諸規定

国境を越えた職業活動の実施に関する、前述のような特別の指令によって、実際にも、弁護士や公認会計士のための市場が徹底して開放されることとなり、また世界的規模で活動する団体がヨーロッパ的規模で形成されることとなった。国境を越えた職業へのアクセスに関する規律の経験と成果が積み重ねられた結果、広範囲にわたる、一般役務提供指令草案が生み出された。この草案は、職務活動の実施を目指してパラレルな規定として成立したヨーロッパ共同体指令二〇〇五年第三六号という資格指令を補充するものであった。このヨーロッパ委員会提案は、一般的に役務提供の実施の際に、これまでと同様に当該行為が行われる国の諸規定にではなく、むしろ、出身国の諸規定のもとに役務提供者を置こうとするものであった。その目的は、国境を越える役務提供者のために手続上の無駄を省き、最終的に活動しようとする国の個別の法的事情にいっそう順応できるようにするという点にある。[107] これに対して、国内で法的に高い保護水準を有する加盟国（そうした国々は趨勢として言えば、将来役務提供を目的として移民する人々が向かう目的地と思われている）――そこにはドイツも属する――は、自国の役務提供者が競争上不利な地位に立たされることを恐れ、また、ヨーロッパ全体からみた外国が有する圧倒的な市場支配力を通じて、自国の保護水準が失われることを恐れている。それゆえ、この草案の採否は激しく争われている。同草案は、当時、ヨーロッパ議会の域内市場委員会で審議されていたが、同委員会は二〇〇五年一〇月四日に激しい討論の後に投票することを無期延期するに至った。ごく最近発せられた資格指令であるヨーロッパ共同体指令二〇〇五年第三六号第五条第三項によると、国境を越える役務提供者は――その他の点では、同じように職務実施に関する弁護士指令および公認会計士指令によるが――（資格に関する限り）、今では、受入国の懲戒規定を含めて、当該職業に就く者の身分に関する規則、制定法上の規則、管理手続に関する規則、これらすべてに服する。たとえば、この指令には、そこで、職業をどのように定義するかとか肩書きをどのように称するかとかという点についての規定だけでなく、消費者を保護したりその安全を保証したりすることと直接かつ特別に関連する、職務上の重大な過誤についての諸規定も含まれている。資格指令である、ヨーロッパ共同体指令二〇〇五年第三六号は、双子の規定として設けられたものであるが、このように、職務活動の実施に関しては、当該職務行為が行われる国の原則が適用されるという立場に固執している。これら二つの互いに緊密な関係にある指令を体系的に調和させるという観点に立てば、少なくともその当時、当該行為が行われる国の原則をも役務提供指令の出発点とする立場が自明であったということが明らかになろう。しかし、その後の改革の歩みをみると、永久にではないが、このような道を辿ることが不可能となってしまっている。役務提供に関する第二次法の発展をみると、まさしくここに述べられた経験が示しているように、たとえある種の自然な適応プロセスの余地があるとしても、むしろ長い時間を掛けることが作業を前進させる上で最上の方法だということが明らかになろう。

(99) ABl. 1978, L 17. その前史については、*Holch*, NJW 1969, 1505 ; *Schneider*, Die Anerkennung von Diplomen in der Europäischen Gemeinschaft, 1995, S.13 ff. 同指令については、*Boie*, NJW 1977, 1567 ; *Brangsch*, NJW 1981, 1177 ; *Bronkhorst*, ELR 1977, 224 ; *Haack*, AnwBl. 1985, 554. 同指令の国内法への置き換えについては、*Scherer*, WiVerw 1987, 159, 170.

(100) または二重国籍者。しかしながら、この指令を援用することは、品位、実直、誠実といった理由から、二重国籍者がいずれか他の国で弁護士職へアクセスすることを禁じられている場合には、排除されている。EuGH, Slg. 1988, 111, Gullung.

(101) EuGH, Slg. 1988, 1123. これについては、*Commichau*, IPRax 1989, 12 ; *Stefener*, AnwBl. 1988, 367.

(102) ABl. L 77 v. 14. 3. 1998, 36.

(103) ABl. 1984, L 126/20 ; これについて参照されるのは、EuGH, Slg. 1992 I-599, Kommission/Niederlande である。

(104) これについて参照される、詳しいものとしては、*Stumpf*, Freie Berufe und Handwerk, aaO（前注(54)）がある。

(105) 株式会社の構造に関する第五指令の、一九七二年に公表され、一九八三年に変更された草案は、会計監査人の独立性とその責任を規定するものであったが、この草案は同意を得られなかったことが実証されている。

(106) V. 17. 3. 2004, KOM/2004/177 endg., COD 2004/0065.

(107) Vorschlag v. 13. 1. 2004, KOM (2004) 2, 2004/0001 (COD).

E 展望

以上の諸点をまとめると、ヨーロッパ共同体指令二〇〇五年第三六号を通して、職業資格が国境を越えて自由化され、それとともに、国境を越えた職業へのアクセスが広範囲にわたって実現されていることが分かる。

教育課程および学修過程へのアクセスだけは、引き続き、加盟諸国の国内法が定めるアクセス要件に服している。これまでの歩みをみると、国境を越えた職業活動の実施も、第二次法ではごく部分的にしか把握されていない。加盟諸国が自国の当該職業に関する法および当該職業に就いている者の身分に関する法を適用することが共同体法上許されるのは、それらが共同体の重要な利害関係を保護し、比例性原則を遵守していたときに限られている。けれども、これまでの経験が示してきたように、ヨーロッパ共同体からみた外国人に対して共同体法上与えられなければならないさまざまな自由が内国民に対して与えられていないというような場合には、基本的自由が認められているところから、加盟諸国の身分に関する法が間接的に切り崩される可能性がある。こうした発展が、多くの加盟国において――むろんドイツでも――、国内で批判的検討を行うプロセスを、そして当該職業に関する伝統的な法の改正を始動させてきたし、そうした動きはこんにちでも続いている。当該職業に就いている者が属する加盟諸国の組織は、これまでの数年間に、ヨーロッパ全体を屋根で覆うような全体的な団体を設けてきた。そうした団体の庇護を受けて、今や、個々の職業グループのためにそれぞれの職業に関する法の調和を求める作業がしだいに始まっている段階にある。[108]

(108) 弁護士という職業にある者の身分に関するヨーロッパ法について参照されるのは、*Everling*, DJT-Gutachten, C 30; *Hüchting*, AnwBl. 1978, 121; *Kespohl-Willemer*, EuZW 1990, 88; *Weil*, AnwBl. 1988, 632 である。公証人という職業にある者の身分に関する法について参照されるのは、*Schippel*, Der Europäische Kodex des notariellen Standesrechts, DNotZ 1995, 334 である。医師会間での国際会議が採択した医師倫理の諸原則(ヨーロッパ職業規則)について参照されるのは、http://www.bundesaerztekammer.de/30/berufsordnung である。ヨーロッパ建築士会議(Architects' Council of Europe)の新しい定款は二〇〇六年一月一日に発効している。これについては、http://www.ace-cae.org をみよ。

私法よ、汝はどこへ行くのか

——民事法におけるパラダイムの転換、あるいは、
こんにち民事法はどのような意味で民事的といえるか——

Privatrecht Quo vadis ? :
Paradigmenwechsel im Zivilrecht, oder ;
Wie büürgerlich ist heute das Bürgerliche Recht ?

山内惟介訳

目次

A　はじめに

「私法（Privatrecht）よ、汝はどこへ行くのか?」こうした問題提起がわれわれに奇異の念を抱かせるのは、何といっても、普通の考えでは——少なくともこの著者にはそのように思われるが——、私法がまったく異論を唱える余地のないほどわれわれの法的生活における中心的地位を占めていると考えられているからである。私法の根底には、民事法（Zivilrecht）の中核部分を成すドイツ民法典（Bürgerliches Gesetzbuch）がある。民事法は、基本的に、一九〇〇年一月一日のドイツ民法典施行後しばしばその存在を確証するものとして長期間にわたり発展してきた学理の中で、また弁護士や公証人により形成されてきた実務において、確固とした信頼ある姿を獲得してきたさまざまな規範を内容とするものとなっている。

しかしながら、私法もまた、他の法分野と同様、社会に生きている法であることに変わりはない。私法は社会から影響を受けて変化するだけでなく、逆にまた、社会に対して私法が働きかけることによって社会的関係を形成してきたという面もある。法と社会との間にはこうした双方向的な影響関係がみられるのであって、私法も社会的枠組の変化に応じてそのつど調整されてきた。こうした事情を考慮すれば、今こそ、さまざまな社会的変化を見直した上で改めて今後の私法のあり方を厳密に再検討する契機が与えられているものと考えることができよう。以下では、このような問題意識に基づき、私法の分野にみられたさまざまな変化、そして私法が社会に対して影響を及ぼしたさまざまな態様を取り上げることを通して、この数年間にみられた動きを種々の視点から考察することとしたい(1)。

ごく最近の動きを含め、この間の発展の大筋を整理すると、以下のようにまとめることができる。

（1） 本稿は以下の各研究に対して論評を行ったものである。*Wieacker*, Das Sozialmodell der klassischen Privatrechtsbücher und die Entwicklung der modernen Gesellschaft, 1953；*Rother*, Elemente und Grenzen des zivilrechtlichen Denkens, 1975；*Raiser*, Die Aufgabe des Privatrechts, 1977；*Rebe*, Privatrecht und Wirtschaftsordnung, 1978；*Hagen*, Festschrift Odersky, 1996, 547；*Höland*, KritVJ 1996, 28；*Kern*, JuS 1996, 1；*Sandrock*, JZ 1996, 1；*Stürner*, JZ 1996, 741；*Kieninger*, Jb. Junger Zivilrechtswissenschaftler 1996, 245；*Deutsch*, VersR 1996, 1309；*Wagenitz/Barth*, FamRZ 1996, 577 等。

B　変化の方向の転換——私法における人格主義と機能主義

私法はみずからを取り巻く環境、つまり社会に対してどのような関係に立っているのだろうか。その答えは、私法と社会との間の相互影響関係をどのように捉えるかという点についての理解の仕方いかんにかかっている。そうした変化は、私法と社会との間で双方向のものとしてみることができる。ドイツ民法典が施行された初期の頃をみると、とりわけ社会状況による制約が私法の内容に対して目に見える形で影響を及ぼしていた。しかし、その後の発展をみると、逆に、私法が社会に対して及ぼす影響の方がずっと強くなっているように見受けられる。

I　伝統的な変化の方向——社会的制約が私法に及ぼした影響

伝統的にみると、どの法秩序もそれぞれの社会の実態を示すひとつの鏡像でしかない。このことはドイツの民事法にもそのままあてはまる。ドイツ民法典の精神と内容は、最初、一九世紀から二〇世紀にかけて、転換期にあったドイツ帝国のさまざまな状況に応じて形成されたものであった。当時のドイツ民事法に対して特に大きな影響を与えたのは、一方では市民階級の存在——そこにみられる最も重要な要素は所有と占有であった——であり、他方では家族的な結び付きであった。つまるところ、安定的な人格陶冶教育を通じて習得された専門知識が最大の要素だったのである。というのは、ドイツでは、長い間、「人格陶冶教育を受けた市民階級」が社会の中心を占めていたからである。数値でみると、手工業や農業を営む小規模事業が経済活動の中心となっていたことが分かる。そうした社会では、人々はすべて自分のことは自分で処理していた。国家の援助を期待せず、万一のときに必要となる資金もおのれの才覚で積み立てていたのである。このような状況をみれば、ドイツ民法典（das BGB）[2]は当時の社会的伝統を反映した、文字通りひとつの市民法典（ein Bürgerliches Gesetzbuch）であったということができよう。民法典に収録された債務法（債権法）と物権法は、私的自治および契約自由——これらは自立し、自意識を持ち、そして啓蒙された、それゆえ行動能力を有する権利主体を形成するための手段である——を保障することを通じて、市民生活の実質的基盤を形成する「取得」と「保持」という活動を保障していた。家族法と相続法は家族という社会組織上の単位を強化するものであった。このような動きに対して、人格陶冶教育それ自体はドイツ民法典の中に定められていない。というのも、その当時、人格陶冶教育を行うことが市民階級の家族では当然のこととされていただけでなく、市民階級に属さないその他の家族にあっては人格陶冶教育を行うことが国家の義務と考えられていたからであった。貴族階級は、ドイツ民法典施行法に示されたドイツ帝国法上の留保制度に依拠して、自己の特権を保持していた。また、労働者階級は、政治的にみて、みずからの利益を実現する上で十分な力をまだ持っていなかった。当時の私法は、原則として同じ力を有する権利主体の間で互いに対立する利益を適切に調整すること、それゆえ、利益社会で設定された社会的平和を市民階級内部で確保することを役割としていたのであった。

周知のように、ドイツ民法典の基礎に置かれた人間像も、このような状況によって形成されたものである。ドイツ民法典第一編で「人（Personen）」が取り上げられているのも、決して偶然のことではない。ドイツ民法典はなぜ人間（Menschen）を「出生した人（die geborene Person）」と定義したのだろうか。この点は、そこから生じるすべての結果を含め、人という倫理的な概念を前提とすることによって初めて十分に理解することができるものである。立法者の念頭にあったのは、人間という存在が、その固有の性質と本来の使命からみて、そのつどみずからに与えられたさまざまな可能性の中で、自己の存在と環境を自由にかつ責任をもって作り上げ、さまざまな目標を設定し、そして、自分自身でみずからの行動に制約を課すことを目標とするものであるといったイメージである。このような考え方の根底には、一方で、キリスト教の信仰があり、また他方では、一八世紀の自然法哲学とそれがドイツ民法典に先立つ大規模な法典編纂運動に、特にプロイセン一般ラント法とオーストリア一般民法典に対して及ぼした大きな影響があった。(3) ドイツ民法典には、このほか特に哲学者イマヌエル・カントが抱いていた倫理的人格主義が、そしてカントと結び付けられたドイツ観念論哲学および初期ロマン主義が同様に具体化されていた。これらは殊にサヴィニーを介して一九世紀のドイツ普通法学へと伝えられた。(4)「分別を欠いた存在は相対的な価値しか持たず、手段と呼ばれ、それゆえ、物といわれるのに対して、理性ある存在は人と呼ばれる。というのは、人は本質的にその存在を目的としたものであり、たんなる手段として用いられてはならないからである」[5]という有名な言葉がある。このことから次のような基本原則を引き出すことができよう。すなわち、「汝、人間らしく、みずからに対しても他の権利主体に対してもまったく同様に、その存在を決してたんなる手段に終わらせず、むしろ自己の存在が人生の達成目標となるよう、心して行動せよ」という原則がそうである。この場合、「理性」という言葉は、財産、すなわち、知覚可能な世界に現れる対象、そうした世界の合法性を認識させるものに限らず、人間が所有する財産や道徳的戒律を認識させ、それに従って行われる行動をも意味していた。カントによれば、人間の無条件の価値、すなわち、その「尊厳」は人間に固有の能力に立脚する。「価値を有するものは、それぞれの場で、それらに対応するものとは異なる存在として現れることができる。これに対して、あらゆる価値を超越した存在、それゆえ互いに対応するものを持たない存在は、それ自体が尊厳を有する」[6]。人、そしてその尊厳を認める倫理的人格主義は、こんにちまで、ボン基本法第一条により、ドイツでは最高位の原則として、すべての法秩序を支配している。この原則から引き出された、相互に尊重し合う関係は当初から法的な基本的関係を示すものとなっている[7]。

ドイツ私法の哲学的基本姿勢を示すこの倫理的人格主義から、われわれは多くの重要な帰結を導き出すことができる。たとえば、人格権の保護、権利主体としての人の承認、人の行動の自由の保障、私的自治、連帯精神に基づく相互顧慮の原則、責任の原則、そして最後に、信頼に対する保護、これらがそうである[8]。

以上を整理すると、ドイツ民法典は、初期には、一九世紀における法と社会と時代精神、これら三つの発展をひとまとめにしたものであり、その完成体を意味していたことになる。ドイツ民法典は、目の前に実在していた当時の社会の存在形式に対応したものであった。それでいて、ドイツ民法典は、初期の頃からすでに認識されていたはずの社会的・経済的利害対立を解決しようとする意欲を持っていなかった。

（2） ドイツ民法典と同様の試みとしては、すでにこれに先行するフランス民法典（Code Civil）がある。フランス民法典の登場は、一七八九年の（貴族階級に対する）市民革命がなければとうてい考えられないものであった。

（3） *Larenz/Wolf*, Allgemeiner Teil des Bürgerlichen Rechts, § 2 I.

（4） 細目について参照されるのは、*Wieacker*, Privatrechtsgeschichte der Neuzeit, 2. Aufl. S. 375；*Rückert*, Idealismus, Jurisprudenz und Politik bei F. C. v. Savigny, 1983；*E. Wolf*, Große Rechtsdenker, 4. Aufl. 603；*Dreier*, Rechtsbegriff und Rechtsidee, 1986 である。

（5） *Kant*, Grundlegung der Metaphysik der Sitten, 2. Abschnitt による。この引用は *Larenz/Wolf*, Allgemeiner Teil des Bürgerlichen Rechts, § 2 I に依拠している。

（6） *Kant*, Metaphysik der Sitten, 2. Teil, § 37 この部分を要約したものとして、*Larenz/Wolf*, Allgemeiner Teil des Bürgerlichen Rechts, § 2 I がある。

（7） それゆえ、すべての人に対して各自が人であること、そして他の者を人として尊重すること、これらは法によって要請されたものであった。*Hegel*, Grundlinien der Philosophie des Rechts, § 36.

（8） *Larenz/Wolf*, Allgemeiner Teil des Bürgerlichen Rechts, § 2 I.

Ⅱ 現代の変化の方向――私法が社会的関係に対して及ぼす影響

右に述べたような利害の対立は、二〇世紀に社会が成長する過程で、次第に大きくなってきた。各主体相互の間に現れる利害関係を調整することにより、私法は、社会的プロセスの中で次第に積極的な役割を担うようになってきた。

1　ワイマール共和国における私法の形成的役割

第一次世界大戦後のドイツでは、経済的・社会的困窮が大きかった。これに対応するため、法もまた応分の役割を果たさなければならなかった。ワイマール時代に私法もこうした挑戦に立ち向かう装置として積極的に組み込まれた背景には、このような事情があった(9)。賃貸借法および不動産法の分野で、立法者は住宅不足の緩和を意図して法改正を行った(10)。地上権法(11)は、地上権の利用を促進するにより、ドイツ民法典が定める諸規定の不完全性をカヴァーするものであった。労働法は、一九二〇年代における失業の増加を受けて、立法および判例の助けを借りながらも、独自性を得るものとなり(12)、ドイツ民法典という市民法の枠外に位置するひとつの特別私法となった。労働法の目的は、独自性のある、往々にしてドイツ民法典とは真っ向から対立する法的評価(13)を強制することを通して労働者を法的に守ることにあった。後見法も改正を経験した(14)。私法はインフレーションに対しても積極的に社会を形成する方向で対抗措置をとった。当初、ドイツ民法典は通貨価値の下落に対抗する手段(15)をまったく提供していないようにみえた。しかし、ライヒ裁判所は、一般条項であるドイツ民法典第二四二条を用いて、もともとはヴィントシャイトにより基礎付けられた「行為基礎の脱落」という理論を強化してきた。その目的は、いわゆる平価切上げに関する判例により、経済取引の信頼性を法的に保障することにあった(16)。

2　いわゆる「第三帝国」における私法

ワイマール時代に社会を形成する上で私法が果たした役割は、緊急に対処することが必要な状況を公平に評価するという局面のみにまだ限定されていた。これに対し、その後の時代になると、国家社会主義の支配のもとに、私法は、それまでとは比較にならないほど頻繁に、社会的改造のために利用されるようになった[17]。共同体の維持、人種の保護、総統の独裁という国家社会主義のイデオロギーを担ったさまざまな要素に適合するよう、国家と法の急激な改造が試みられた。市民の自由と平等からスタートしたドイツ民法典はこのような国家社会主義イデオロギーにとっては障害物とみなされ、民族法典により代替されるべきだという主張がみられるようになった。しかし、民族法典を作成しようとする試みは、その後、第二次世界大戦の勃発により機能停止に追い込まれた。それでも、一部の、少なくとも婚姻法[18]、遺言法[19]、そしてライヒ世襲農地法といった分野では、立法という手段をもって人種差別がいっそう進められ、家族は民族共同体のための道具として利用された。財産法の分野では立法者の介入は行われなかったが、それでも、法の解釈と適用という方法により[20]、ドイツ民法典第一三八条や第二四二条といった一般条項を用いて、そして、「善良の風俗」、「信義誠実の原則」、「重要な事由」といった不特定概念に恣意的に新たな内容を盛り込む解釈操作を通して、法律学と判例が実質的に支配的見解に従属する事態がみられ、その結果、経済的・社会的諸関係も改変されることとなった[21]。その当時主張された事実的契約関係論は、契約関係に瑕疵がある場合に限定されていた。しかしながら、私的自治による意思形成に対する社会的責任が強調されていたところから、この理論はこんにちでも命脈を保っている[22]。

3　旧ドイツ連邦共和国における私法

第二次世界大戦後、占領軍は、さまざまな管理法規を通じて、国家社会主義的内容を明確に示していた法典類を廃止した[23]。その結果、ふたたび自由かつ平等な市民を単位とする共同体という考え方を基礎に、今度は西側占領軍（アメリカ合衆国、フランスおよび連合王国）の政治的な伝統に沿う形で、ドイツ国家の指導理念がふたたび形成された。私法を利用した政策形成は、戦後期すぐの頃はほとんど行われず、またそれが行われるような希望もほとんどなかった。その後、ドイツ私法が占領法体系から解放されるに伴い、ドイツ私法は次第に独自の発展を遂げるようになった。時流の変化を受けて、家族法の分野ではいくつもの変更が行われた。そうした変更は、日々新たに、こんにちでも続けられている[24]。

4　ドイツ民主共和国における私法

これに対して、第二次世界大戦後のドイツ民主共和国では、社会主義的な世界観が国家を担うイデオロギーとして採用された。国家社会主義の場合と同様、共産主義的社会主義においても、ドイツ民法典が、個人の自由を保障するという基本的な考え方のもとで、今やふたたび中核を担うこととなった。しかし、「個人を公共の福祉の中に取り込む」という共産主義的社会主義の考えにとってドイツ民法典は次第に邪魔な存在となった。それゆえ、もはや「私的な」という形容語句からはとうてい考えられないほど、次第に社会主義的民事法によって取って代わられるようになった。特に顕著だったのが、一九六六年に制定された家族法典と労働法典、一九七六年の民事法典、それに一九八二年の契約法典、これらである。契約は、物とサーヴィスを計画通りに住民に配給する手段と化した。また、経済の遂行にあたって国有化が広く行われた結果、私的自治は強く制限されるようになり、計画経済の操作手段に変質してしまった。(25)

5　再統一以降のドイツ私法

その後、一九九〇年七月一日にドイツ民主共和国がドイツ連邦共和国に編入された。これにより、ドイツ民主共和国で行われてきた民事法の展開も終わりを告げた。(26) 再統一を経て、ドイツ私法はドイツ基本法上の価値秩序に合わせてふたたび調整されてきている。ドイツ基本法は、施行当時、基本的に民事法上の伝来の秩序を正当なものとして確認し、契約の自由（基本法第二条第一項）や所有の自由、遺言の自由（基本法第一二条）といったさまざまな原則に対して憲法上優位を与えていた。しかし、詳しくみてみると、これらの原則は決して伝統にしがみついて認められるような性質のものではない。私法の法政策的禁欲性がこれからもずっと続くという保障もない。こんにちでは、さまざまな創造的努力の跡を私法の分野でも明確に認識できるようになっている。そうした努力は、主として次の節（1）〜（3）で取り上げる、三つの主要な原因に基づいている。これらの原因は、遡ると、二〇世紀後半の新しい指導哲学としての機能主義に起因するものと考えることができる。

(1) 法の経済分析

二〇世紀に入り、一九六〇年代以降、アメリカ合衆国で「法の経済分析(Economic Analysis of Law)[27]」という考え方が生まれた。その影響を受けて、ドイツでも、法の経済分析が行われた。その結果、国家権力を利用し強制的に利益を実現するという露骨な方法を採らずに関係者の間で公正な利益調整を行うという当初の機能に着目して法規範を考察するというこれまで採用されていたやり方に代えて、経営学的・国民経済学的な諸理論を基礎に(特に経済的機能主義[28]に基づいて——この考え方の思想的淵源は、結局のところ、ジェレミー・ベンサムの功利主義[29]の中に見出される——)、各規範がどのような経済的効果を及ぼすかという観点から法規範を考察し、そこでの評価に対応する形で規範を設けるという考え方が新たに登場した。その狙いは、公共の福祉を促進するべく、各法主体の行動を可能な限り実効的に操作することにあり、したがって、経済的収益を最大限に上げることのできる者に対してそれに見合った財産と行動可能性を与えるということにある。

法の適用が問題となるどの領域においても、確かに、法秩序の側からみて立法目的を最も効率よく達成できるようなやり方で、所有権やその他の権利が取引の対象となることを認める必要があるし、またそうした権利の自由な交換を可能とする市場を設置することも必要である。しかしながら、当然のこととして、法の経済分析は一面的なものでしかない。というのは、法の経済分析という手法はその関心を経済に関する局面にのみ向けているにすぎず、社会的適合性や良俗に基づく基本的価値といったその他の法的価値には固有の意義を認めていないからである。こうした見方にあっては、あらゆる価値を含む社会システムの機能が経済システムという一局面に切り詰められるだけでなく、特にその根底に置かれた経済分析を行う際に法律関係の当事者のうちで経済力が強い者を優遇しがちであるところから、その他の諸原則による操作の可能性を含む相互依存システム全体が無視されることになる[30]。それでも、私法では、私的自治に基づいて、法律関係の形成がまずもって当事者自身に委ねられている。自由主義を基調とする法秩序の場合、公共の利益に必要な上限を設けること、それができない場合には、できる限り摩擦を生まず当事者が適切に契約の自由を利用できるような条件を、いいかえれば力の強い交渉当事者に一方的に濫用されないような条件を明示すること、これらに立法者の役割は限定されている[31]。本質的な考慮を加えた上で私法秩序全体を眺めてみると、法の経済分析は、説明モデルとして適切ではない[32]。それでも、次に述べるような個別の私法分野では、法の経済分析が全面的な効果を発揮してきた。

a　損害賠償法

このような考察方法は、損害賠償法の分野で法政策的な視点から議論が行われる場合に、重視されてきた[33]。近年では、紛争の防止という視点を経済的に考慮して、加害者側に生じた利得を剝奪する制度を採用することが法政策的に支持されているほか、これまで圧倒的に拒否されていた刑事的色彩を帯びた懲罰賠償制度の導入が少なくとも話題としては取り上げられるようになってきている[34]。

b　排出権取引証明書の取引

実務をみても、環境政策の分野では法の経済分析が有効な手法となっている。環境政策では、明らかにアメリカの経済学者、コースの理論[35]に依拠して、私法上の排出権取引が有害物質の削減のために用いられている。京都議定書に定められた環境保護義務を果たすべく、ヨーロッパ連合は、いわゆるEU排出権取引スキーム[36]を設けた。このスキームのもとで、ドイツは、俗にいう「責任分担」分として、ヨーロッパの削減目標のうちの約七五パーセントを引き受けている。ドイツでも、二酸化炭素による汚染の権利を認める排出権取引証明書が国家から事業会社や供給者に対して発行されている。この排出権取引は取引所において私法上の法律行為として行われている。

c　企業結合規制

このほか、たとえばカルテル法においても、改正されたヨーロッパ共同体企業結合規則の中に、シカゴ学派の影響を容易に見て取ることができる。

ヨーロッパ共同体条約それ自体には（従前のヨーロッパ石炭鉄鋼共同体条約第六六条に相当する）予防的な企業結合事前規制規定は含まれていない[37]。こんにちの表現形式でいえばヨーロッパ共同体条約第八三条に基づく一九八九年の企業結合規則[38]をもって初めて、共同体規模での予防的企業結合規制が導入された[39]。その可決までには、長い交渉の歩みがあった。そこでの最大の論点は、企業結合規制を行う趣旨をめぐって、大切なのは果たして競争を促進することか、それとも産業を保護することかという点であった[40]。最終的に見出された解決策は第一次的に競争促進を目指すものであった。このことは、同規則第二条第二項および第三項から取り出すことができる通りである。ヨーロッパの企業結合規制は当初から原則として加盟諸国の国内的企業結合規制に優先するものであった[41]。しかし、ヨーロッパ委員会は、逆に加盟国の国内法から提供される、より高い介入基準を受け入れなければならなかった[42]。

このことは、共同体法上の競争法規定の一部を構成する企業結合規制の役割に対応したものであるばかりでなく、共同体法というシステム全体の中の競争法規定の機能に対応したものでもある。ヨーロッパ共同体条約の構想では、競争法分野は、他の多くの政策的課題と並存関係に立つ一分野という位置付けではなく、確固たる中核部分、つまり統合を目指すヨーロッパ共同体法にとって不可欠の部分として位置付けられている。というのは、域内でのさまざまな制約を撤廃しようとする努力が加盟諸国で私人により市場隔壁の設定を通じて妨害されるならば、ヨーロッパ共同体が掲げる基本的自由と法の調整は不完全なものとなってしまうからである。私人による市場隔壁の設定を最も上手に阻止するには、秩序維持という政策を志向する競争法を通じて行うことが必要であると考えられていた。

ヨーロッパ委員会による企業結合規制の実務は当初このような状況を考慮して厳格に行われた。こうした実務は、最初のうちは、判例により追認されていた。むろん、二〇〇二年に下された一連のセンセーショナルな裁判において、ヨーロッパ第一審裁判所は（エアツァーズ事件、シュナイダー事件およびテトラ・ラヴァル事件の各裁判で）[43] ヨーロッパ企業結合規制史上初めて、ヨーロッパ委員会が下した禁止処分を取り消した。特にその最初の判決で、裁判所は、経済的理由付けが欠けている点をきわめて明確に非難した。[44] この裁判は、当時、並行して進められていた[45]ヨーロッパ企業結合規制規則の改正作業に対しても大きな影響を及ぼした。第一次草案[46]――そこでは、実効性という利点が考慮され、産業政策的な考慮への賛成が示されている。それゆえ企業結合規制という点ではいかなる変更も行われておらず[47]、法律要件の次元では従来と同様に市場支配比率という基準が採用され、支配的地位のみが第二条の新しい第二項で具体化されていた（その目的は、共謀によらない寡占の場合の企業合同を特にうまく把握できるという点にあった）――とは反対に、最終的に発効した新しいヨーロッパ共同体企業結合規則[48]は方向を転換し、競争が決定的に減少したかどうかという基準を採用している。[49] 従来の市場支配率基準が維持されているのは、その原則的役割が評価されたためでしかない。もちろん、不特定概念の場合、最終的に問題となるのはどのみちその具体的解釈のみでしかない。それでも、従来の実務にみられた、市場支配率という基準や著しい競争阻害の有無という基準（いわゆるＳＩＥＣ（significant impediment to effective competition）テスト）によってもたらされた結果は広範にわたって一致している。[50] 企業結合規制法に対する経済的評価は、法概念の内容を満たすためにさまざまな経済理論を援用するという点にみることができる。[51] しかしながら、それでも、経済と法との原理的な違いは無視されるべきではない。

(2) ヨーロッパの統合

ドイツの私法は、カルテル法のほかにも、ヨーロッパ法上の基準を反映させた再編成を経験している。個々の分野名を挙げると、たとえば、訪問販売[52]、通信販売[53]、消費財販売[54]、電子商取引[55]、タイムシェアリング[56]、消費者信用[57]、それに、広範な分野を含む包括的なドイツ債務法改正――ドイツ民法典の新たな公布は二〇〇二年一月一日に行われた――、これらがある。どの分野でも、共同体法上の指令を加盟国の国内法に置き換えることが加盟国に対して義務付けられている。共同体法上の指令は、ヨーロッパ共同体条約第一四条の意味における域内市場を創設することに向けられたものである。同条の根底には、機能主義に基づいて統合を構想する（新しい）見解[58]がある。この見解によれば、加盟国の国民経済を構成する個々の経済分野ごとに相互の密接な関連性を考慮しつつ共同体法上の指令を通じて統合を進めることにより、いずれは「後戻りできない地点」に到達し、「波及」効果として、経済的統合がヨーロッパ民族の政治的統合に転換するものと考えられている。こうした見方自体、ひとつの政策科学的な見解であるが、この見解がいわゆる「ジャン・モネの手法」というやり方でこんにちまで共同体の実務を形成してきていることも事実である。この見解は、特に、ヨーロッパ共同体条約の権限配分システムの中に具体化されている。従来の法によれば、ヨーロッパ共同体条約は私法についての一般的な立法権限を用意していなかった。[59] 機能を重視した授権規範は、今では、統合に必要な最終的基準、たとえば、共同体市場や域内市場の機能、基本的自由の実効化、そしてまた競争制限行為に対する保護システムの確立といった諸点と共同体の立法権限とを結び付けている[60]。それゆえ、利益調整を行うという私法の役割は、ヨーロッパ共同体法に起源を有する私法規範の中で、政策を形成し最終的統合を目指す追加的機能へと向けていっそう拡張されている。この機能によって、ヨーロッパ共同体が発する指令や規則を正当化する固有のプロセスが用意されているのである。現行法上、日常の私的な法律行為について最終的に判断する基準は、契約当事者間で私的自治に基づいて行われる交渉の過程ではなく、国際的次元を念頭に置いた上でのヨーロッパの政治的統合を目指すさまざまな努力の総体である。付言すれば、私法分野におけるヨーロッパの立法権限にはなお欠けている部分があるので、共同体法に由来する私法規範には、私法解釈学の立場からなされかつ私法の全体系を念頭に置いてイメージされるべき包括的構想がなお広範にわたって欠けていることになる[61]。

(3) 社会改革を反映した法形式

結論からいえば、社会政策的視点から改革に向けて行われたさまざまな努力の跡を私法の中にも見出すことができる。そうした努力は、歴史的にみると、まず古い身分制度に対して向けられたものであり、制度から機能へというパラダイムの転換として特徴付けられるものであった。婚姻から家族へ、人的会社から営利企業へ、といった転換がそれに当たる。人の結合に関する法に限れば、一九九八年に私法分野で行われた大規模な法改正、すなわち親子法改正と商法改正がこうした見方を証明する材料を提供している。これら二つの分野では、これまで基準とされていた諸制度の法的輪郭が、一方ではますますあいまいなものとなり、他方では逆にますます明確なものとなってきた。その結果、どちらの場合も規律の態様はこれまでよりずっと機能に向けられるようになってきている。親子法改正は婚姻から家族へという方向で行われた。それは確かにパラダイムの転換といえるほど完全なものではないけれども、家族法におけるパラダイムの転換をきわめて広範囲にわたって基礎付けるものとなっている。個人商人や組合から企業へという商法上のパラダイムの転換は学界で長い間にわたって要請され、その是非をめぐって論議されてきたものであったが、商法改正において立法者はこの点を明示的に行っていない。それでも、現在のところ、明らかに機能を重視した規律が商法でも行われている点に間違いはない。人の結合に関するこれら二つの法分野にみられる発展の跡は相互に対比することができるものである。比較できないものは何か、そして純粋に偶然の事情から並行した状態にあるものは何か、これらを明らかにするほか、体系的視点を備えた共通点を確認する作業も行われなければならない。制度が解体し機能が相対化してくると、規律を行う際には、規律対象となる人にとってどのような意味があるかを基準として決定しなければならない。以上を前提とすると、民事法において承認されてきた私的自治という（古い）原則に対しても、こんにちでは、まったく新しい意味内容を付与し直すことが考えられなければならない。

a　婚姻から家族へ――家族法におけるパラダイムの転換

婚姻から家族へと家族法上の重心を移すことは、法の長い発展からみると、ひとつの暫定的な到達点でしかない(62)。こうした移行の結果、ドイツ民法典の初期にはまだ全面的に中心に置かれていた「婚姻」という制度が有する法的効力はその後次第に弱められてきた。このような緩和は段階的に行われてきた。たとえば、離婚法では有責主義から破綻主義への移行(63)――移行の結果、婚姻を一方的に解消することができるようになった――が実現され、また非嫡出子の地位や離婚の際の子の地位が嫡出子の地位や婚姻継続中の子の地位に次第に近づけられてきた。圧巻は特に一九九七年に行われた親子法の改正[64]である。その後も、夫婦間扶養や子に対する扶養に関する変更が継続して行われる中[65]で、最終的にはパートナー関係法典[66]が可決された。その際に推進力となったのは、連邦憲法裁判所により要請された、基本法上の平等原則であった。というのは、平等こそが人間の尊厳の最終的な発露と考えられたからである。

婚姻は、かなり長い間、原則として家族のために何かを作り出すものであるとみなされてきた。たとえば、一九七六年[67]にはまだ父母による監護を離婚当事者間で配分する規定が置かれていた。離婚した父母が共同して子を監護することは当時不可能だとされていたためである。父母の婚姻が破綻した時点で、父母と子の結び付きである家族も自動的に分割された。これは子に対する世話を継承し、夫婦財産の剰余分を分割するという考えにほかならない。婚姻と父母の共同監護とを実体法上相互に関係付けて捉える立場は、一九七九年の監護法によってもまだ受け継がれていた。一九八二年[68]になって初めて、連邦憲法裁判所は、旧形式のドイツ民法典第一六七一条第四項第一文――同文では、父母の別居および離婚の場合、父母の監護はいずれか一方にのみ委ねられなければならないと規定されていた――が違憲であると判断した。この裁判を受けて、複数の裁判所が離婚後の父母による監護をますます父母双方に委ねるケースが増えてきた[69]。その結果、最終的に父母の婚姻が解消されていても、家族の結び付き自体はそのまま維持されるようになった。婚姻により夫婦は共通の氏を称するという考え方が放棄されてくると、その後、婚姻の法的意義はますます薄まってきた。たとえば、氏名法に関していえば、氏は夫婦の人格権として捉えられるにとどまり、婚姻という法的状態にとってもはや絶対に必要な識別基準ではなくなっている。その後の親子法改正[70]によってようやく、家族法におけるパラダイムの本質的な転換がもたらされた。現在、父母による監護は、これを離婚と絶対的に組み合わせるという考え方から離れ、独立した中立手続の対象とされている[71]。それ以降、婚姻の破綻は、原則として、もはや自動的に婚姻に伴う家族関係を終わらせるものではなくなっている。その後、婚姻と家族との結び付きという伝統的表現は、監護法では、従来認められていた法律効果を否定的に言い表す表現――もともと婚姻していない父母は非嫡出子に対して共同監護を行うことはできない――となっている。連邦憲法裁判所は一九九一年にこのような法律状態は違憲であると述べた[72]。一九九八年になると、親子法改正の流れの中で、非婚の父母の共同監護が制定法上定められた。婚姻と家族との解体は特に氏名法において顕著である。子についてみると、氏名法は今では本質的に父母の婚姻関係から切り離され、もっぱら父母による監護と結び付けられている。ドイツ民法典第一六一六条に基づいて父母の婚姻による氏が旧来の法と同様にそのまま子の出生による氏となるときでも、新しい法によって基準とされているのは、父母の間での称氏の共通性であって、婚姻の存在ではない。というのは、離婚後も夫婦間の婚姻の氏を存続させることができるようになっているからである。父母の称氏が異なる場合であっても、父母が婚姻しているのに婚姻による共通の氏を選択していなかったか、それとも、婚姻していないのにドイツ民法典第一六二六a条による監護宣言に基づいて父母による監護権を共同して行使しているのかといった点は、子の氏に関してはそもそも問題となっていない。法律効果という点からみると、非嫡出子は広範囲にわたって嫡出子と同じ地位を有している。現在ではもはや嫡出子と非嫡出子という区別はなくなっている。むしろ、新しい形式のドイツ民法典第一六八四条によれば、面接交渉権の場合にも、もはや父母が婚姻しているか否かによる区別も行われておらず、家族は法的にみると婚姻から独立した存在となっている[73]。このようにして、家族は広範囲にわたって婚姻から切り離され、「家族」について独自の定義が行われている。制定法の基礎にある考え方によれば、婚姻に関する諸規定は、家族を構成する機能を喪失し、原則として、夫婦間の内部関係に対して適用されるにすぎない。それゆえ、父母の間の紛争と夫婦間の紛争とは今や法的に区別されなければならない。婚姻と家族との間の結び付きに関する従来の見方は原則として消滅している。伝統的な理解と異なるこのようなまさしくラディカルな考え方の根底にあったのは、親子法改正という現実の大きなできごとであった。[74] このことが婚姻概念のさまざまな変更をもたらしてきた。婚姻がもはや家族と関連するものとは考えられないとすれば、婚姻に関する規定――これらの規定はその本来的な正当性の根拠を家族の中において初めて見出すこととなろう（それらの規定には、個別具体的事案において婚姻自体が家族へと拡大されない場合にも、従来の法に基づいて婚姻と家族とに概念的結び付きがあるときには、正当性があるとされてきている）――のいずれもが今日的視点から再検討されなければならないこととなろう。

家族という概念自体も、婚姻概念と切り離された後、根本的な変化を体験してきた。家族概念が婚姻概念から切り離されて、思考上、婚姻に由来する核家族との間での主題の重なりがなくなると、家族概念をふたたび大家族へと拡大する可能性が生まれた。こうした結果は、改正親子法では、むろん現代の大家族の姿が一九世紀や二〇世紀の大家族のそれとは異なっていることを前提として、少なくとも厳密に示され、萌芽としてしか現れていない。このようにして、改正親子法では、家族概念がふたたび婚姻概念の枠を超越したものとして示されている。たとえば、離婚してもはや婚姻関係にはない父母が共通の子につき監護することができるとする内容がその一例である。子との面接交渉権は、ドイツ民法典の新しい第一六八五条第一項では、父母に対してだけでなく、祖父母や兄弟姉妹にも与えられ、さらに第一六八五条第二項では、父母の一方を異にする関係にある義理の父母、対外的に父母として養育している場合の父母、そして里子として引き取って今でも保護を与えている父母、これらに対しても拡張されている。嫡出血統に基づく親子関係法では、嫡出子と非嫡出子との区別が概念としても否定されたことによって、非嫡出子は、新しい理解を基礎にして、婚姻とは別に独立して存在する家族という概念の中に取り入れられている。[75]

むろん、こうした考え方は、必ずしも首尾一貫した形で行われているわけではない。その後も、ドイツ民法典第一五九二条では、父性が第一次的に母との婚姻と結び付けられている。それゆえ、婚姻継続中に生まれた子の法的な血統関係は、これまでどおり、母の夫に属するものとされている。これと同じことは、婚姻締結前に懐胎され、婚姻継続中に生まれた子についてもあてはまる。婚姻外の生活共同体自体は父性を基礎付けるものではないという趣旨がここでも受け継がれている[76]。その後、婚姻解消後に生まれた子の父性と婚姻との関係が限定的に認められた結果、ふたたび、家族概念における人的範囲の拡大が示されている。このような事情から、今では多くの事案で格別の問題もなく、婚姻解消後に生まれた子を母の新しいパートナーに関係付けることができるようになっている[77]。

父母の婚姻から家族を法的に切り離すことによって、親子法は、総じて、新しい状況に立ち至っている。こうした動きには前例がある。たとえば、国家社会主義の支配者が民族性の強い法典において実現しようと努力してきたこと、ドイツ民主共和国の家族法典がすでに達成してきたことなどがそれに当たる。こうした動きは、一方では、イデオロギー的理由に基づき、国家に対する関係で私的自治の領域を浸食するために行われたし、他方では、国民経済的な理由から、女性の就業を促進すると同時に子孫を労働力や軍人として確保するために行われたものであった[78]。ドイツ連邦共和国でも一見すると同じ展開がみられたが、それは自由主義的な見方を背景に、経済成長期に女性の就業が求められたという意味で経済的需要に応じてためらいがちに行われたものであった。この展開は、憲法における法理の発展を通じて準備されたほか、一九七五年の非嫡出子の法的地位に関するヨーロッパ条約、一九八四年の父母の監護権に関するヨーロッパ理事会勧告、そして一九八九年の国際連合の子の権利条約、これらを通じて準備されたものでもあった。これと同じようなやり方で、北欧のいくつかの国でもこうした展開がしばらく前から実現されている[79]。家族法におけるパラダイムの転換はこのようにして国際的な現象となっている。

b　組合から事業を営む企業へ——会社法におけるパラダイムの転換

商人や組合から企業へという展開も、右の説明と同様に、この数十年来論議されてきたテーマである。そこでの論議は、一部では、家族法の場合と同様に、政治問題化し、その結果、両極端に分かれたものとなっている。このことが特にあてはまるのはコンツェルン法である。そこには共同決定の是非をめぐる問題も含まれている。純然たる商法上の解釈問題に限っても、こうした見解の対立は従来から存在していた。「商人のための特別私法から、企業の対外的関係を規律するための私法へ」と進んできたその後の展開は、ライシュが、その後は特にカールステン・シュミットが長期間にわたって彼らの商法に関する著述の中ですでに求めてきたものであった(80)。彼らの思索の中核には、ドイツ商法典は物品の取引——旧形式のドイツ商法典第二条では同商法典の適用範囲は本質的に物品取引に限定されていた——についてのみならず、企業活動を行うその他の人および人的結合についても適切な規定を用意しているのだという考えがある。企業主体に着目することに代えて、企業それ自体に着目し、人的グループに対しても商法の適用範囲を拡大することができるようにするために、解釈学上調和の取れた考えが用意された。その結果、権利外観理論(81)や個々の点での類推（たとえば、ドイツ民法典上の会社の当事者能力の承認(82)、小規模商人が管轄を合意する場合の許可(83)）という操作は補助的に用いられるにとどまったり不要なものとなったりしている。

こうした動きに対しては、支配的見解の側から、直接的な応答という形式で明確な意思表示が行われてきた。たとえば、フランツ・ビドリンスキー(84)、カナーリス(85)、ヒュッファー(86)、ノイナー(87)、ウルマー(88)、ヴォルター(89)、ツェルナー(90)がそうであり、その他の学者(91)もこれに同調している。これ以前にも、正当なことに、そうした考え方は、確かに理論上は可能であっても、現行法に適合しないという異議が申し立てられていた。

もちろん、支配的見解によって認められているように、商法規範に現れた最も重要な特徴は、実際のところ物品取引を行う商人に限らず、広くあらゆる種類の企業にもあてはまるものである。たとえば、第一に、私的自治が及ぶ範囲の拡大、第二に、取引保護や信頼保護に関する規定の強化、そして第三に、取引の実効性を高めるべく、取引行為の経験から典型的に期待できることのすべてを考量して行われる、特別の注意義務を求める要請、これら三つがそうである。それゆえ、従来行われていたような列挙主義というやり方は必然的に矛盾した評価をもたらし、平等原則に違反することとなろう(92)。改正法案の起草者は、企業という概念を判断基準とせず、つじつまの合わない部分を除去しようと試みた。特に起草者が古い分野別カタログを廃止した結果、新しい形式のドイツ商法典第一条第二項では、あらゆる種類の事業が今後は原則として「商業（Handelsgewerbe）」として捉えられることとなった。これにより、どのような企業活動（unternehmerische Tätigkeit）も、それゆえ自由業もドイツ商法典第一条第一項にいう商人概念に含まれなくなったが、それでいて、すべての営業活動（gewerbliche Tätigkeit）の主体が商人概念に含まれる結果、商法規範の適用範囲は却って広がることとなった(93)。それゆえ、行為の主体に着目するドイツ商法典のシステムはここでも維持されており、商人が依然として中心的な登場人物となっている。この点は結合の形態が組合である場合にも変わらない。このようにみると、改正法には、商法を真の企業法へと転換させる上で必要な変更がすべて一貫して含まれているわけではないことが分かる。たとえば、現行法では、商人がみずから営む企業を売却する場合、買主による保証請求権は原則として商人に向けられ、企業には向けられていない。ドイツ商法典第二五条の文言と適用範囲はこのようにまったく変更されていない(94)。組織法上の区別は、依然として、契約に基礎を置く組合（Gesellschaften）と制定法を基礎とする団体（Gemeinschaften）との間で行われているのであって、企業を担う主体としての団体とその他の団体との間で行われているわけではない。その結果、制定法上統一的に把握される相続団体という法形相は、今後は、合名会社に類似した企業主体には含まれず、たんなる民事的な団体に含まれるという分裂した状態が生まれた(95)。政府草案の理由書[96]でも、商人法から企業法へというように商法典の性格を変えることは明確に拒否されている。商人や組合という人への着目から企業へという商法上のパラダイムの転換は、このように一見して明らかであるが、この点は決して改正法の起草者が望んだものではなかった。

それにも拘わらず、――企業概念[97]とは無関係に――ここでも、明確に機能に着目した規律の手掛かりが用意されている。この点は決して看過されてはならない。このことが特にあてはまるのはドイツ商法典第一条である。今や決定的なのは、機能であって、外部的な法形式ではない。それゆえ、従来行われていた、登録義務ある商人（営業法による登録を必要とする商人）と登録が推奨されるにとどまる類型の商人（営業法上の登録義務を負わない商人）との区別は、今では時代遅れのものとなっている。代理商に関する規定（ドイツ商法典第四八条以下）と商行為の代理に関する規定（ドイツ商法典第五四条）は、営業を行うすべての企業主体に対して適用される。商行為に関するすべての規定、たとえばドイツ商法典第三四三条以下は、営業を行うすべての企業主体に対して適用される。たとえば、ドイツ商法典第三五〇条による保証の方式の自由、同第三五三条による満期利息、同第三五五条による交互計算、同第三六二条による権利設定を可能とする沈黙による同意、同第三六六条による善意取得の拡大、同第三六九条による商人間の留置権、商事売買、たとえば同第三七七条による責問権、これらがそうである。ドイツ商法典第一条の適用範囲を広げようとして規律対象をすべての営業活動へと拡大したことにより、かなりの程度、これと直接関連する同第一〇五条以下や第一六一条以下の諸規定、合名会社および合資会社に関する法の適用範囲も拡大された。その結果、企業活動を行うドイツ民法典上の組合――現在では、ドイツ商法典第一条第二項により、当該企業がその種類および範囲の点で商人が行うやり方で設けられた事業を必要としておらず、同商法典第一〇五条第二項による任意の登録が利用されていないという場合に限って、このような組合が見出されるにすぎない――の数は減少した。それゆえ、商人概念が拡大されるとともに、高度に組織された商事会社の法を、企業として事業を営む組合へも適用することが可能となった。これらの組合は商法典第一二四条により権利能力を有するだけでなく、商法典第一九条以下に基づいて商号を使用し、商業登記簿に登記されることができるし、定期的に取引活動へ関与することで、社員に対してのみならず、諸機関相互間での明確な権限配分を伴う常設機関に対しても、関与から生じる結果に対する責任を負う。最後に、内部関係に関する諸問題、たとえば利益配分と借入決定、業務執行事項における共同決定と管理権といった問題は、今のところ、商事会社の法に関する限り、強制を伴うことなく解決されており、外部的法形式を異にする組織相互間での限界画定、類推、類型間での変形といった労力が費やされることはなくなっている。このように、特に人的会社法では、もはや外部的な法形式に着目されず、企業主体に着目されるようになっている。このことが決定的に新しい観点である。[98]

現在、これよりもさらに広い範囲にわたってドイツ商法典の適用範囲内に取り込まれているのは財産管理会社である。それだけでなく、営業活動という、新たに導入された判断基準がまたもや機能に着目してさらに細分化されるようになっている。

以上のように、確かに企業は権利主体として法的に高位にランクされた存在ではない。しかし、それでも、企業の主体をなすものが権利主体として定義付けられたことによって、企業の法主体性を反映させた帰結が広い範囲にわたって実現されている。[99]

c　カルテル法におけるパラダイムの転換

家族法における展開と人的会社法におけるそれとの共通点はいったい何だろうか。いうまでもなく、親子法と商事会社法・人的会社法はそれぞれ対象とする生活領域をまったく異にする法分野である。家族法が規律しているのは文字通り私的な領域であり、商法が規律しているのは純粋に事業に関する領域である[100]。従来、これら二つの分野ではさまざまな基準が広範囲にわたって制度化され、定着していた。婚姻制度——それはもともと教会法（カノン法）から受け継がれたものである——についてみると、このことは明らかであるし、商人概念もまた、伝統的に商人階層への帰属を証明する意味を持っていた。さまざまな制度（神聖なる婚姻生活、商人階層）の内容を狭く限定して定義することは、何よりもまず、封建制以後にみられた身分階級制の残滓からのいっそうの決別を意味するものと考えられよう。これらの制度は排他的効果を持ち、それゆえ潜在的には局外者を差別する結果をもたらしている。非嫡出子やその母であることは、長い間、望ましからざる状況とみなされていた。事業活動を行うドイツ民法典上の組合も、留保条項を適用した実務と数十年に及ぶ判例の展開を通じて、商事会社との間で調整が図られるような地位を獲得できるよう、努力しなければならなかった。これら二つの法改正は、平等な取扱いの実現という点で、必要なものとみなされた。非嫡出子および離婚後の子がそれぞれ嫡出子や婚姻中の子に対する関係で同じ地位を得られるようにするための親子法改正がそうであり、物品取引ではなくサーヴィス分野に従事する企業、そして従来は商人でないとされたその他の企業が商法上の主体として同じ地位に立つようにするための商法改正もそうであった。これら二つの改正において制度を狭く限定するような狭義の定義が採用されたことにより、所与の事実を顧慮する範囲がいっそう拡大された。たとえば、一方では、同時代に現れる、外部的形式の上では何でもありの家族をすべて含めることができるような弾力性が認められ、また外部的形式において何でもありの企業活動をすべて含めることができるような弾力性が認められている。こうして、法律行為に代わり、事実的行動が登場している。婚姻という法律行為は、子に関していえば、法的意義を失ってしまっている——すべてを決定するのは子の福祉の実現という基準であり、法律行為よりも事実的行動が、監護権や面接交渉権のような法律効果に対して影響を及ぼすようになった。これと同様に、商法・会社法でも、独自の概念を前提とした企業法への転換は法律行為から事実的行動への移行を示すものである。たとえば責任を負う主体は企業を担う主体に代えて企業それ自体へと移されている。こうした動きの中でなお主体に着眼したシステムを維持しようとすることは、却って商法改正における右のような効果を妨げるものといえよう。

家族についても事業を営む企業についてもこのように新しい着眼を有する表現形式はきわめて広い解釈の余地を提供する。こうした形式が採用されたのは、婚姻や商人のように、従来どちらかといえば明確な限界を有していた制度に代えて、輪郭がはっきりしない制度が必要であると考えられたからであった(101)。家族も企業も、一見すると、簡単に識別できる法律概念であるようにみえるけれども、実情をみると、むしろ事実的行動を記述できるようにするための暗号でしかない。最終的決定基準として用いられる、包摂のための着眼点、つまり、子の福祉とか営業とかという概念も、概して、古典的な包摂というやり方で行われる具体的法律事件を解決しようとすれば、もはや助けにはならない。たとえば家族法では「法律概念としての子の福祉」を具体化する際にどこまで広げるべきかという限界画定問題が長らく示されているし、研究チームの分類の仕方をめぐって会社法でも営業概念に何を含めるべきかという新しい限界画定問題がすでに提起されている(102)。それゆえ、それぞれに特色を有する規範複合体をどのように適用できるかという問題に答えようとすれば、裁判官が訴訟事件で行ってきた伝統的な包摂というやり方に代えて、これと異なる新しい法技術、すなわち評価を伴う法を発見するというやり方が採用されなければならない。

周知のように、どのような評価も理想の姿を求めて行われなければならない。理想の姿にはいつも、家族や企業主体に対して何を期待できるか、最終的に関係者に対して過大な要求になっていないかといった点をつねに具体的に考えなければならないという課題が付随する。もちろん、市場メカニズムが機能している場合には、経済的にみても、制定法上理想とされた姿と現実との誤差はきわめて小さいものと考えられよう。その場合、新たな手掛かりである

「機能」をどのようにして見出すことができるだろうか。機能は、概念的にもその実体からしても、もともと制定法上の法律効果をもたらす前提としての法律要件中で明確に用意されているものではなく、むしろ各法規の法律要件概念を意識的に広く捉えることによって、個別具体的事案において解釈者が適切と考える解決を導き出す余地を広く確保する活動の中で見出されるものである。こうした活動の発展の跡を辿ってみると、「公平」という視点から裁判官により形成された法に帰着する。たとえば、従来の法的伝統のもとでは法律行為とドイツ民法典第二四二条との関係で、またアングロサクソン地域ではコモンローとエクイティとの間でみられるものであって、原則と例外との関係でいえば、原則ではなく例外を形成するような法である。

これら二つの法改正に共通する、制度から機能への転換という動きは、その他の私法領域でも見て取ることができる。

たとえば、ドイツのカルテル法では、当初から法形式に着目する度合いが殊のほか強く、交換契約とその他の契約とが明確に区別されていた。こうした動きは、ドイツ競争制限禁止法第一条における「共同目的」の解釈や後に追加された同調的行動態様の考慮といった文言の解釈を挟んで、次第にどちらかといえば機能的な方向へと修正されてきている。こうした方向性はヨーロッパ共同体カルテル法がかなり前から追求してきたものであった。一九九九年一月一日に発効した新しいドイツ競争制限禁止法も、このように、機能に着目して利益調整を行おうとする性質を受け継いでいる。二〇〇五年の第七次競争制限禁止法改正は、結局、ドイツの概念法学的態度を広い範囲にわたって修正し、機能を表現しているヨーロッパ共同体条約第八一条以下に沿うように改定されている。このようなカルテルという制度への着眼に代えて企業行動という事実への着眼という変化は、右に述べた流れに十分対応するものと思われる。(103)

d　企業税法の改正

現在行われている租税法改正をめぐる論議でもこれらと同じような動きがみられる。かつては人的会社および法人の所得に対する課税にあたって法形式がどうなっているかが重視されていた。しかし、その後の統一企業税法を経て、今では、形式的規律方法に代わって、機能的規律方法が登場するようになっている[104]。

e　差別的取扱いの禁止

これに似た動きは、民法の中核部分にもみることができる。たとえば保証法に関して、また商事代理人に対する現金支払がない場合の補償に関して、それぞれ下された最近の憲法判例はいずれも私法を形成する効果を持っている。同様に、これらの判例でも法制度は、特に法律行為がもたらす拘束力は、機能的方法を介して弱められている。こうしたやり方で、契約に関する規律のバランスが保たれ、契約当事者間での交渉力の相違が調整されており、それに伴って、それらの根底にある私的自治に基づく意思表示は基準としての地位を失っている。

こうした展開の中で注目を浴びたのが差別的取扱い禁止法[105]の施行であった。というのは、差別的取扱い禁止法が保護法として私法上の取引に介入し、私的自治を著しく制限しているからである。

（9）　参照されるのは、*Nörr*, Zwischen den Mühlsteinen, 1988 ; *Weber*, JuS 1992, 631 ; *Ostermann*, ZMR 1992, 370 ; *Schlosser*, Grundzüge der Neueren Privatrechtsgeschichte, 1996, 167 ; *Eisenhardt*, Deutsche Rechtsgeschichte, 1995, Rn. 605 ; *Ebel*, Rechtsgeschichte II, Neuzeit, 1993, Rn. 826 である。

（10）　参照されるのは、たとえば、*Berger-Thimme*, Wohnungsfrage und Sozialstaat, 1976 である。

（11）　一九一九年一月一五日の法律（RGBl. I, 72）。

(12) 参照されるのは、たとえば、*Bohle*, Einheitliches Arbeitsrecht in der Weimarer Republik, 1990である。

(13) この点についての例としては、無制限の契約自由に対抗するために解約告知保護法によって労働者を保護することや集団的労働関係法を通して個別的労働契約法を補充することなどがある。

(14) この改正は、一九二二年七月九日のライヒ青少年福祉法（RGBl. I, 633）によって行われた。

(15) 古典的理解によれば、民事法では「ドイツの通貨であるマルクは同じ金額のマルクと等しい（Mark ist gleich Mark）」という原則が妥当していた。そのため、債権者は、それまでの間に無価値となってしまった紙幣をもって、当該紙幣の額面金額に相当する現金を手に入れるという結果が生じた。

(16) 参照されるのは、*Klemmer*, Gesetzesbindung und Richterfreiheit. Die Entscheidungen des Reichsgerichts in Zivilsachen während der Weimarer Republik und im späten Kaiserreich, 1996 ; *Nörr*, Der Richter zwischen Gesetz und Wirklichkeit, 1996である。

(17) 参照されるのは、*Säcker*, Recht und Rechtslehre im Nationalsozialismus ; *Hattenhauer*, FS Gmür, 1983, 255 ; *Otte*, NJW 1988, 2836 ; *Salje*, Recht und Unrecht im Nationalsozialismus, 1985 ; *Rabe*, ZIP 1996, 1652 ; *Brüggemeier*, JZ 1990, 24 ; *Stolleis*, Recht im Unrecht, 1994である。

(18) 一九三八年六月六日の法律（RGBl. I, 807）、これについては、*Wolf*, FamRZ 1988, 1217 ; *Gerhard*, Frauen in der Geschichte des Rechts, 1997 ; *Ramm*, Familienrecht. Verfassung, Geschichte, Reform, 1996.

(19) 一九三八年七月三一日の法律（RGBl. I, 973）。

(20) 参照されるのは、*Rüthers*, Die unbegrenzte Auslegung, 6. Aufl. 2005である。

(21) 参照されるのは、たとえば、*Börner*, Die Bedeutung der Generalklauseln für die Umgestaltung der Rechtsordnung in der nationalsozialistischen Zeit, 1989である。

(22) 参照されるものとしては、また、*Haferkamp*, Die heutige Rechtsmissbrauchslehre – Ergebnis nationalsozialistischen Rechtsdenkens? 1995 ; *Köbler*, Die „clausula rebus sic stantibus“ als allgemeiner Rechtsgrundsatz, 1991, S. 89, 119がある。

(23) 一九四六年二月二〇日の連合国共同管理委員会法律（Kontrollratsgesetz）第一六号による婚姻法、RGBl. I, 77.

(24) 詳しくは後述するところをみよ。

(25) これについて参照されるのは、*Deyerling*, Vertragslehre im Dritten Reich und in der DDR während der Geltung des Bürgerlichen Gesetzbuchs, 1996である。

（26）私法の役割が二〇世紀における政治的な体制転換のもとでどのように変わってきたかという点は、たとえば *Rüthers* (Rechtstheorie, S. 34 ff.; *ders.*, Die unbegrenzte Auslegung) により細かく分析されている。これと同様のものとしてはこのほかにもたとえば、*Zöllner*, Die politische Rolle des Privatrechts, JuS 1988, 329 がある。

（27）この点について参照されるものとしては、*Posner*, Economic Analysis of Law, 2. Aufl. 1977 および *Coase*, The Problem of Social Cost, Jornal of Law and Economics 3 (1960), 1 がある。この理論のドイツにおける継受を決定的にしたものは *Assmann/Kirchner/Schanze*, Ökonomische Analyse des Rechts, 1978 であった。

（28）このことはたとえば競争理論（Wettbewerbstheorie）の中できわめて明白に示されている。スコラ哲学のような、完全競争というモデルを有するイギリスの古典的国民経済（リカード、スミス）から機能的競争という動態的競争概念への移行（シュンペーター、クラーク）へと至る発展を概観しているものとして、*Stumpf*, Aufgabe und Befugnis, 1999, S. 136 ff. がある。実用可能なこれらの考え方すべてに共通するが、一定の状況を肯定的にみるか否定的にみるか、それゆえ、競争政策を手段としてそうした状況を獲得すべきか否かについての判断に合わせて、どの考え方にもそれぞれが理想とする固有の競争像に関する定義が行われている（特にいわゆるハーヴァード学派がそうである）。これと対立する立場では、市場の構造、市場における行動、市場で生じる結果、これら三者の間に相関関係があることを前提として、知識の偏重に対する原理的批判が行われている。この立場はアメリカ合衆国ではシカゴ学派に由来する（ボーク、チャンドラー、ポズナー、シュティグラー）。シカゴ学派は、主権の行使による競争政策の実施を、市場参加に関して人為的に設けられた制約を取り除くことに限定している。しかし、その場合、基本理念としてみれば、カルドア‐ヒックス原則（Kaldor-Hicks-Doktrin）（これについては *Möschel*, JITE 147 (1991), 16）の意味でも、個人の自由（Individualfreiheit）が公共の福祉（kollektive Wohlfahrt）に優先するという保障はない。これに対して、ドイツでは、まったく同じ批判的意見を前提としながらも競争の自由という考え方（Konzept der Wettbewerbsfreiheit）が発展してきた（フォン・ハイエク、フォン・ミーゼス、シュミットヒェン）。

（29）*Jeremy Bentham*, An introduction to the principles of morals and legislation, 1789.

（30）このことをきわめて明確に述べているのが、たとえば、*Larenz/Wolf*, Allgemeiner Teil des Bürgerlichen Rechts, § 4 I 4b である。

（31）参照されるのは、BVerfG NJW 1994, 36 である。

（32）これに類似したものとしてはまた、*Gotthold*, ZHR 144 (1980), 545; *Fezer*, JZ 1986, 817; *Ott/Schäfer*, JZ 1988, 213; *Kirchgässner*, JZ 1991, 104 がある。

(33) この点について参照されるのは、すでに古いものであるが、*Huber*, Schadensbemessung und ökonomische Analyse des Rechts, in：Baum/Engel/Remien/Wenckstern (Hrsg.), Jahrbuch Junger Zivilrechtswissenschaftler 1990, 133である。

(34) 参照されるのは、二〇〇六年九月に開催された第六六回ドイツ法曹会議での決議である。

(35) *Coase*, The Problem of Social Cost, Journal of Law and Economics 3 (1960), 1. その前提には、市場参加者が資源の配分に関して自由に交渉しかつ特別の取引費用をかけずに資源を手に入れることができるとすれば、市場参加者は対外的影響を通じてそこに発生する諸問題をみずから解決することができるという考え方がある。

(36) このことは、ヨーロッパ連合の排出権取引指令（2003/87/EG）という方法で行われている。

(37) それゆえ、ヨーロッパ委員会は、当初から、現在付されている番号でいえばヨーロッパ共同体条約第八一条および第八二条に基づき、企業結合を規制する制度をも設けようとしてきた。参照されるのは、ヨーロッパ裁判所の先例（EuGH Rs. 6/72, Continental Can, Slg. 1973, 215 Rn. 26；EuGH, Rs. 142 und 156/84, BAT/Reynolds, Slg. 1987, 4566）である。しかしながら、幾度も機会があったのに、その成果はまったく上がっていない。

(38) 規則一九八九年第四〇六四号（ABl. 1989 L 395/1）、これは一九九七年第一三一〇号の形式（ABl. 1997 L 180/1）によるものである。

(39) ヨーロッパの企業結合規制手続は、この間に廃止された従前のカルテル規則一九六二年第一七号を模倣したものであった。そこでは、ヨーロッパ共同体全域に及ぶ重大な企業結合は一週間以内にヨーロッパ委員会に届け出るものとされていた。こうして、第一〇条第一項に定められているような短期間での事前審査手続が設けられた。届出の大部分は、目論見どおりこの事前審査手続の段階で処理された。それは、企業結合規則が適用されなかったり、企業結合それ自体に対して何の問題もなかったりしたからである。こうした早期の処理をさらに簡素化するために、ヨーロッパ委員会には、一九九七年変更規則を通じて、追加的に、事前審査手続段階で参加事業者の応諾を考慮した上で当該企業結合を場合により変更できるとする権限が、しかもその判断をしかるべき条件や附款と結び付ける権限が付与された（第六条第一項および第一a項）。企業結合が共同体市場と合致するか否かにつき重大な疑念があるときは、本案手続が開始されている（第六条第一項）。その結果、第一〇条第三項によって、禁止であれ許可であれ、また条件や附款が付されるか否かに関わりなく、四ヶ月以内に裁判を終結させるよう制度が変更された（第八条）。このように期間が短く設定された背景には、企業結合計画がどれだけ有効であるかの判断にあたり、事業の確実性が損なわれ経済的に有害な事態が生じることをできる限り少なくしようとする政策的な配慮があった。というのは、ヨーロッパ委員会が承諾するまでは、企業結合の実施が禁止されるため、結果としていえば、企業結合を拒否することと変わりがないからである。他方、企業結合それ自体にも、高度に複雑な経済問題がある。たとえば、重要な市場をどのように限定するかといった問題がそうである。それゆえ、多くの重要な問題点を解明しようとすれば、届出に先立って非公式の事前審査手続を頻繁に開くことが必要となりかねない。これについて参照されるのは、*Weitbrecht*, EuZW 1993, 687, 689 である。

（40）参照されるのは、*Immenga*, Die europäische Fusionskontrolle im wettbewerbspolitischen Kräftefeld, 1993; *Mestmäcker*, EuR 1988, 349 である。第二の争点は、ヨーロッパの企業結合規制と各国の企業結合規制との関係をどのように捉えるかという点にあった。ヨーロッパが介入する基準をどのように設定するかという第三の争点もこのことと関連している。参照されるのは、*Emmerich*, Kartellrecht, S. 458 である。

（41）従前の規則第二一条。

（42）従前の規則第一条第二項および第三項。これら介入基準は理事会の特別多数をもって引き下げられる可能性があった、同規則第一条第五項。しかし、委員会が時として圧力を掛けているにも拘らず、基準の引下げは行われていない。この企業結合規則は、いくつかの手続問題を規律する同委員会実施規則一九九八年第四四号（ABl. 1998 L 61/1）および、事業者を同規則に包摂しやすくするための以下の通知、すなわち、完全な活動能力を有する共同体事業者（Vollfunktionsgemeinschaftsunternehmen）の概念に関する委員会通知（ABl. 1998 C 66/1）、結合概念に関する委員会通知（ABl. 1998 C 66/5）、被参加事業者の概念に関する委員会通知（ABl. 1998 C 66/14）、売上げの算定に関する委員会通知（ABl. 1998 C 66/25）、ヨーロッパ石炭鉄鋼共同体条約およびヨーロッパ共同体条約により結合計画が行われている場合の処理手続の調整に関する委員会通知（ABl. 1998 C 66/36）、ヨーロッパ共同体の競争規則に基づく、完全な活動可能性を有する共同体事業者の判定に関する委員会通知（ABl. 1998 C 66/38）、ヨーロッパ経済地域の範囲内で大きな影響を及ぼさない、一定の結合についての簡易手続に関する告示（ABl. 2000 C 217/32）、これらにより補充されている。

（43）二〇〇二年六月六日判決（Rs. T-342/99, Airtours（Airtours——同社はその後一時的に「My Travel」と社名を変更した——は、同委員会の判断の結果、合併計画を断念した）、二〇〇二年一〇月二二日判決（Rs. 310/01, Schneider Electric（これについてさらに参照される訴訟は二〇〇三年二月一〇日の裁判（Schneider Electric S. A. gegen die Kommission, Rs. T-48/03）と二〇〇二年一〇月二五日のそれ（Rs. T-5/02, Tetra Laval）である。これに対して、同委員会は二〇〇三年一月一三日にヨーロッパ共同体裁判所への上訴を申し立てた（Rs. C-12/03 P）（Tetra Lavalは、第一審裁判所判決の後、新たにSidelと結合することを予告していた）。

（44）これについて参照されるのは、たとえば、*Schohe*, WuW 2002, 841; 18; *Stumpf*, Unternehmen im Spannungsfeld zwischen

Marktfreiheit und staatlicher Inpflichtnahme – Die europarechtliche Perspektive, in : *Blaurock/Schwarze* (Herausgeber) : Unternehmen im Spannungsfeld zwischen Marktfreiheit und staatlicher Inpflichtnahme, Europarecht, Beiheft 2/2004, S. 7–28である。

(45) その基礎にあるのが、二〇〇一年一二月に提出された、二〇〇一年一二月一一日のヨーロッパ理事会による（ヨーロッパ経済共同体）規則一九八九年第四〇六四号の修正に関する白書（KOM (2001) 745/6（これは最終改正である））である。

(46) 二〇〇三年一月二八日の企業結合規制に関する理事会規則提案（いわゆるヨーロッパ共同体結合規制規則）(ABl. C 20/4)。この提案における最も重要な変更のひとつは管轄権規則に関するものであった。従前の規則では、あらゆる商品を一箇所で購入できるようにするという原則（One-Stop-Shop-Prinzip）が採用されていたにも拘らず、これまでのところでは、再三にわたって届出が繰り返し行われる結果、費用も時間も掛かっていたので、同委員会は、（白書で提案されていた「三＋α」制度 (3＋-System) がまたも退けられた後）、今後は、これを発展させた指定手続（Verweisungsverfahren）に立脚することとした。従来の指定手続は指定基準の改良を通じて強化されるべきものとされていた。そうした基準を特に列挙すると、第九条による委員会への指定の際に、市場支配的地位の有無に関する加盟国の事前審査が脱落していること、本来の届出前にすでに参加事業者の申立に基づいて第九条および第二二条を適用し、もって複数の加盟国による共同指定の際の手続をきちんと整えること、第二二条による場合において関係国中の少なくとも三カ国が指定に同意しているときは委員会が専属管轄権を有すること、そして、参照の仕組みを発動するために、委員会が文字通り発議権を行使すること、これらが挙げられる。

(47) その理由付けとして挙げられたのは、同規則、特に第二条第一項b号（そこでは、委員会はその審理に際して特に「技術的および経済的な進歩の進み具合が消費者にとって有益でありかつそれが競争を阻害しないときは、その進み具合」を顧慮する旨が述べられている）が、変更が行われていなくても、しかるべき法的根拠を示しているという点であった。

(48) 企業結合規制に関する二〇〇四年一月二〇日の理事会規則二〇〇四年第一三九号、これについては、二〇〇四年四月七日付けの委員会実施規則二〇〇四年第八〇二号ならびに水平的結合に対する評価のための指針。

(49) これについて参照されるのは、たとえば、*Böge*, WuW 2004, 138 ; *Dittert*, WuW 2004, 148. があり、経済の分野での批判については、たとえば Diaz, World Competition 2004, 177 ; *Lyons*, Review of International Economics 2004, 246 がある。

(50) もちろん最近の裁判実務では、法的な論証と並んで、経済的な研究への依拠もますます盛んになっている。そうした経済的研究は、一方では委員会により作成され、また一部は当該事業者により提出されている。参照される事件は General Electric/Instrumenarium（COMP/M. 3083）である。この点に関する問題性についての研究としてはこのほかにもたとえば

Hofer/Williams/Wu, Empirische Methoden in der Europäischen Fusionskontrolle, WuW 2005, 155 がある。

(51) たとえば被参加事業者の市場支配力判定のための指針では、市場参加持分のほか、今後は、いわゆるヘァフィンダール・ヒルシュマン指数（Herfindahl-Hirschman-Index）——当該市場に属する全企業の持分の二乗の合計——も考慮されることになる。当該企業結合が競争を阻害する効果を持つか否かは、これまでのように、ごくまれにしか起こらない、集団的な市場支配に基づいて決定されるのではなく、——現代の産業経済をよりどころとして——一方的で平準化された効果——この効果は判断に関してより大きな裁量の余地をもたらす——があるかどうかに基づいて決定される（これについて参照されるのは、たとえば *Bishop/Ridyard*, ECLR 2003, 358 である）。しかしながら、特に、競争を阻害する効果を調整するための方法として、効果があるかどうかという長所を顧慮することはすでに行われている（これに類似したものとしてはすでに *Williamson*, Economies as an antitrust defense, The welfare trade offs, American Economic Review 1968, 18 がある）。

(52) ドイツ民法典第三一二条、第三一二a条。その根底にあるのはヨーロッパ経済共同体指令一九八五年第五七七号（ABl. 1985 L 372/31）である。

(53) ドイツ民法典第三一二b条以下。これらの規定はヨーロッパ共同体指令一九九七年第七号（ABl. 1997 L 144/19）を国内法化したものである。

(54) 債務法改正という方法で、消費財売買指令一九九九年第四四号（ABl. 1999 L 171/12）が国内法化された結果、ドイツ民法典中の多くの規定が変更され、売買法に関する第四三三条、第四三四条、第四三八条、第四四三条のほか、債務法総則に関する諸規定、たとえば第二七五条、第三二三条、第三二六条、第二八一条、第二八三条、第三一一a条も変更された。

(55) ドイツ民法典第三一二e条および民法典情報義務規則（BGB-InfoV）第三条、これはヨーロッパ共同体の電子商取引指令二〇〇〇年第三一号（ABl. 2000 L 178, 1）を国内法化したものである。キャッシュレスによる支払取引は、第六七六a条から第六七六g条までの規定がドイツ民法典の業務執行上の配慮に関する法（Geschäftsbesorgungsrecht）に挿入されたことによって、これまでよりもずっと細かく規定されることとなった。これと一緒に、ヨーロッパ共同体の振込指令一九九七年第五号（ABl. 1997 L 43/25）およびヨーロッパ共同体指令一九九八年第二六号（ABl. 1998 L 166/45）も国内法化された。

(56) ドイツ民法典第四八一条から第四八七条まで、これについてはヨーロッパ共同体のタイムシェアリング指令一九九四年第四七号（ABl. 1994 L 280/83）。

(57) ドイツ民法典第四九一条から第四九四条まで、第四九六条、第四九九f条、第五〇二条から第五〇五条まで、これについてはヨーロッパ経済共同体の消費者信用指令一九八七年第一〇二号（ABl. 1987 L 42/48）。

(58) この点に関する基本的な文献として *Mitrany*, A Working Peace System, 1943 が、これに続くものとして *Ernest B. Haas* がある。

(59) これについては、たとえば、*Rittner*, DB 1996, 25 がある。

(60) 相続法については、たとえば、*Stumpf*, EuR 2007 が、債務法については、*Rittner*, JZ 1995, 849 がある。一般的には、MünchenerKommentar/*Säcker*, Einl. Vor § 1, Rn. 235（これにはその余の証明が付されている）がある。

(61) MünchenerKommentar/*Säcker*, Einl. Vor § 1, Rn. 235.

(62) これについて参照されるのは *Deinert*, DAVorm 1998, S. 198 ff.; S. 258 ff.; S. 338 ff. である。その出発点を成すのは、ドイツ民法典が制定された初期に、婚姻という制度に合わせて強度に細分化された家族法である。家族法において伝統的に考慮されてきたのはまさに「家族の形成」という婚姻の本来的目的であった。しかし、家族の機能という点からみると、婚姻の実態は、それとは逆に、経済的・社会的な保障に限定されていたようにみえる。婚姻と家族とを概念の次元で結び付けることが実体法でも手続法でも長い間維持されてきた。いったん締結された婚姻をそのまま安定させることが規律上本来的な目的であるとみなされてきた。たとえば離婚法における有責主義もそうした安定化のための手段とされてきた。また、血統に基づく親子法において嫡出子と非嫡出子とを区別することも、婚姻によって形成された家族に対して平安を妨げないような機能を保障するものであった。その後になって、たとえば非嫡出子に対し相続代替請求権を認めたことも、婚姻によって形成された家族を婚姻外で生まれた子と対決させないようにという目的で取り入れられたものであった。家族が称する氏を統一することも日常生活における家族の社会的な一体性を示すものとされ、ここでも父母の婚姻と結び付けられていた。個々の点では異なるにせよ、そうした規定の総体はまったく同じ価値、すなわち、「婚姻という制度の保護」という見出し語のもとで——家族の利益という点でも——ひとまとめにすることのできる価値を目指すものであった。一九三八年の婚姻法（オーストリア地域およびその他の法域における婚姻法および離婚法を統一するための法律（RGBl. 1938 I, S. 807）を通して、イデオロギーに基づいて「婚姻」という法制度を優遇する段階を経た後、ドイツ連邦共和国が建国された初期には、改革を目指すさまざまな努力が始まった。特に立法者の活動として挙げられるのが、一九五七年の同権法（民事法の領域における男女の同権に関する法律（BGBl. 1957 I, 609）。この法律によって特に親権の分野で広範囲にわたり変更がもたらされた。それまでは父が家長権限の所有者として支配的地位を占めていた。父の権利と並存する母の権利は事実上の監護に限定されていた。母が家長権限を行使できるのは、父の親権が停止しているときか父がその行使を事実上妨げられているときに限られていた。それゆえ、この同権法は母の法的地位を父のそれに合わせて調整するよう配慮するものであった。けれども、この法律は、まだ旧形式におけるドイツ民法典第一六二八条第一項によりいわゆる決選投票による決定と旧形式におけるドイツ民法典第一六二九条第一項による父の単独代表権を採用していたにすぎなかった。一九五九年七月二九日の連邦憲法裁判所判決（BVerfGE 10, 59）を通して、これらの規定の違憲性が示された）であり、一九六九年の非嫡出子法（非嫡出子の法的地位に関する法律（BGBl. 1969 I, S. 1243）、一九七六年の第一次婚姻法（婚姻法および家族法を改正するための第一次法（BGBl. 1976 I, 1421）、一九七九年の身上監護法（身上監護法を新たに規律するための法律（1979 I, S. 1061）、そして一九九三年の家族氏名権法（氏名権を新たに秩序付ける法律（BGBl. 1993 I, S. 2054）（もし仮に当初から、家族の氏は家族の一体性を表現していなければならないという一致した見解があったとしたならば、そうした一致は、最初は出生により取得する氏を婚姻により称した氏に従わせるという意味で一面的な可能性を通して、その後の段階では出生により取得する氏を最初に設定するという意味での双面的な可能性を通して、次第に崩壊していったことになる。こうした一致がみられることは正当であるが、実務は、その後も一九九一年の連邦憲法裁判所の裁判（BVerfGE 84, 9 = NJW 1991, 1602）を通して揺さぶられてきた。その後、暫定的な規定である旧形式のドイツ民法典第一三五五条第二項第二文に基づいていたが、後になると、夫婦が明示的決定を行っていない場合に法律によって夫の氏を婚姻により称する氏とすることは同権原則と合致しないものとされた。家族の氏名権を新たに秩序付けるための法律はこの点を考慮したものであった。この旧氏名法は家族の一体性を義務付けており、それゆえ、家族という制度を保護するものでもあった。こうした制度の保護が父の称する氏の継続的使用という教義と結び付けられている限り、この法を実施する上で、一方的な優遇措置が不可欠であった。それゆえ、その限りでいえば、同権原則は、その後の法の発展において、制度の保護を抑え込んできたこととなる。）であった。

(63)　参照されるのは特に、一九七六年六月一四日の婚姻法および家族法を改正するための第一次法（BGBl. I, 1421）における有責主義から破綻主義への転換である。この転換は、一方では従来の訴訟にみられた往々にして耐え難い状況を終わらせるとともに、それでいて他方ではその結果として離婚件数の著しい増加を示すものとなった。

(64)　一九九七年一二月一六日の親子法改正法（BGBl. I, 2942）。この法律をもって、血統に基づく親子法において出生における嫡出と非嫡出との区別が完全に放棄された。その結果、家族の概念はまったく新しく方向付けられることとなった。すなわち、家族の概念はこれからはもはや「子供を有する夫婦」として捉えられるのではなく、子供をめぐるどの私法上の法律関係においても同じ意味で捉えられることとなった。その政策的先駆は一九七九年七月一八日の身上監護法を新たに規律するための法律（BGBl. I, 1061）であった。それ以外の場合にも子供を父母から切り離すことを意図していたものとして、二〇〇二年四月九日の子の権利を改善するための法律（BGBl. I, 1239）および二〇〇四年四月二三日の父性の否認および子との身分的関係に基づき、子の思想および行動に影響を及ぼす者（Bezugspersonen）の面接交渉権に関する諸規定を変更するための、ならびに、配慮措置を登記するための法律（BGBl. I, 598）がある。

(65) 一九八六年二月二〇日の扶養法変更法（BGBl. I, 301）、一九九八年四月六日の子の扶養に関する法律（BGBl. I, 666）。現に進行中の法改正計画について詳しくは後述するところをみよ。

(66) 二〇〇一年二月一六日の同性による生活パートナーに対する差別を終了させるための法律（BGBl. I, 266）、このほかにも参照されるものとして、二〇〇五年二月六日の婚姻および生活パートナーが称する氏に関する法を変更するための法律（BGBl. I, 203）がある。

(67) 離婚法改正は一九七六年六月一四日の婚姻法に関する法律を通しても行われている。

(68) 一九八二年一一月三日の判決（BVerfGE 61, 358）。

(69) *Limbach*, Die gemeinsame Sorge geschiedener Eltern in der Rechtspraxis, Freie Rechtstatsachenforschung des BMJ, 1989：一ないし二パーセント。司法統計の枠内における特別の増加の後、一九九四年七月から一九九五年六月までの増加期間についてみると、連邦全域にわたり、共同の身上監護につき一七・〇七パーセントという数値が示されている（BT-Ds. 13/4899, S. 37）、この点は *Von Luxburg*, Das neue Kindschaftsrecht, 1998, Rn. 7 による。

(70) この親子法改正は次の三つの法律から成る。すなわち、親子法改正法（親子法の改正に関する法律（BGBl. 1997 I, 2942）、職務上の保護制度を創設し補佐人の法を新たに秩序付けるための法律（補佐人法）（BGBl. 1997 I, 2846）、そして非嫡出子の相続法上の地位を同一にするための法律（相続人たる地位の同一性に関する法律）（BGBl. 1997 I, 2968）、これらである。親子法改正法と補佐人法とは一九九八年七月一日に施行され、相続人たる地位の同一性に関する法律は一九九八年四月一日に施行された。同様に一九九八年七月一日に施行された、未成年子の扶養の権利を統一するための法律（未成年子扶養法）もここに加えられる。

(71) *Von Luxburg*, Das neue Kindschaftsrecht, 1998, Rn. 8.

(72) BVerfGE 84, 168.

(73) これと同じことは、世話扶養が、固定時間による限定を伴うことなく、嫡出子の母および非嫡出子の母に対して要求される場合（ドイツ民法典第一六一五l条第二項）にも、また現在では、非嫡出子の父および嫡出子の父がドイツ民法典第一六一五l条第五項により、場合によって扶養義務者とされ得る場合にもあてはまる。

(74) 婚姻と家族との間の結び付きを原則として解消することによって、法的な効力の面でも新たな結果が生まれている。そのことがあてはまるのはたとえば氏名権についてである。家族の一体性は氏名に関しても明示されていなければならないという立論は、このような新しく広い、原則として婚姻とは切り離された家族概念のもとでは、最初から意味を持たない。まったく同様に、税務上も、あらゆる財産をまとめて課税対象額を査定することも子供のいない夫婦について分割することもなお正当とすることはできない。共同生活を営んでいるという理由であらゆる財産をまとめて課税対象額を査定することの正当性は、婚姻関係にない生活共同体についても同じようにあてはまる。家族の負担を調整するための方法として別々に課税するやり方の長所は、婚姻と家族とが法的に区別されている場合、子供のいない婚姻共同体については考慮されないこととなる。

（75） その限りで、すでに非嫡出子法の根底に置かれていたように、とりわけこの点は引き続き関心を集めている。非嫡出子の法的地位を嫡出子のそれと同じにすることを示唆して立法者に対し基本法第六条第五項を参照させることに立法者は従ってきた。そのことは、連邦憲法裁判所により期間が設定された（BVerfGE 25, 167, 185 = NJW 1969, 597）後、広範囲にわたって、一九六九年八月一九日の非嫡出子の法的地位に関する法律（BGBl. 1969 I, 1243）を通して行われてきた。しかしながら、連邦憲法裁判所はその後も再三にわたって、基本法第六条第五項について裁判する契機を見出していた（参照されるのは MünchenerKommentar/*Rebmann*, Einleitung vor § 1297 Rn. 53 のもとで行われている証明である）。身上監護法と相続法においてはなお区別が残されている。一九七九年七月二四日の身上監護法も嫡出子に対する身上監護と非嫡出子に対するそれとを区別していた。しかし、一九九八年の親子法改正法――この法律ではそもそも嫡出子と非嫡出子とはもはや区別されていない――によって初めて、婚姻している父母から生まれた子の法的地位と婚姻していない父母から生まれた子のそれとを完全に同じとすることが達成された。

（76） *Von Luxburg*, Das neue Kindschaftsrecht, 1998, Rn. 128 f. 思考におけるこうした矛盾が正当とされるのはそのことが法的安定性にかなうからである。母が婚姻しているかどうかは文書によって簡単に証明できるのに対して、二人の者のたんなる共同生活は、想定されるその生活形式が多様であることもあって、しばしば十分に明確な連結点を示してはいない。血統の有無を明らかにする上でこのことは立法者にとって依然として必要なことであるように思われる（BT-Ds. 13/4899, S. 52）。

（77） 費用のかかる嫡出否認や血統確認の手続を回避しようとして、原則的にこのことがすでに行われている。*Von Luxburg*, Das neue Kindschaftsrecht, 1998, Rn. 132 f. ――家族概念を人的に拡大することは母性の場合にも行われており、その結果、母性は遺伝的血統により設けられた範囲を超えて拡大されている。新しいドイツ民法典第一五九一条では「子の母は、その子を産んだ女性とする」と規定されている。というのは、一見してきわめて当然と思われる内容を改めて確認することによって、同時に、卵子や胎児がどの女性から由来しているかは母性の決定にとってまったく問題ではないということが述べられている。それゆえ、「代理母」が母であるかどうかという点には疑問がある。みずからの母方の遺伝上の血統を知るという子の権利は、卵子や胎児が無償で提供されている場合には、ドイツ民事訴訟法第二五六条による確認の訴えという可能性を用いることによって、守られている（BT-Ds. 13/4899, S. 83）。

(78) 以上のほか、最後に挙げた理由から、すでにプロイセン一般ラント法が非嫡出子に対してドイツ民法典よりもずっと鷹揚な態度を示していた。

(79) これについて参照されるのは *Baer*, in: Brauns-Hermann (Herausgeber), Ein Kind hat das Recht auf beide Eltern, 1997 である。

(80) 4. Aufl. 1994, S. 6, 48 ff.; *ders.*, JBL 1995, 342. 企業への連結はヴィーラントにより一九二一年においてすでに求められていたものである。

(81) そのようなものとして、たとえば、*Canaris*, Handelsrecht, 22. Aufl. (1995), S. 10 がある。

(82) 連邦通常裁判所 NJW 1980, 74 = JuS 1980, 453.

(83) フランクフルト上級地方裁判所 BB 1974, 1366.

(84) Handels- und Unternehmensrecht, S. 26 f.

(85) Handelsrecht, 22. Aufl. (1995), S. 9.

(86) AcP 184 (1984), 584; WM 1988, 1214. 随所でこの点に触れているものとして、ZGR 1986, S. 603 (619 f.) もある。

(87) ZHR 157 (1993), S. 269.

(88) ZGR 1984, 313.

(89) Jura 1988, 178.

(90) ZGR 1983, S. 82 ff.

(91) たとえば *Hopt*, AcP 183 (1983), S. 608 (674) でもこのことが随所に指摘されている。

(92) *Canaris*, Handelsrecht, S. 11.

(93) たとえばドイツ商法典第一七条では引き続いて商人たる会社（Firma des Kaufmanns）について述べられている。ドイツ商法典第二二条から第二七条までならびに第四八条および第五三条も商行為（Handelsgeschäft）に連結している。このことはもちろん、ドイツ商法典第三四三条における法的定義（Legaldefinition）と一致していない。商法典第五九条では、事業（Unternehmen）は「商業（Handelsgewerbe）」と表示され、商法典第一〇五条でも依然として「商業という経営形式

(Betrieb eines Handelsgewerbes)」という概念に依拠されている。とりわけ、組合（Gesellschaft）という概念は、専門用語としてみると、事業という概念によって代替されるものではない。

(94) そのようなものとしてすでに *K. Schmidt*, aaO がある。これと対立するのが *Zöllner*, ZGR 1983, 81 (88) である。

(95) *K. Schmidt*, Gutachten、この引用は *Hüffer*, ZGR 1986, 603 (619) による。

(96) BT-Ds. 13/8444, S. 22 f.

(97) もちろんこれまでの商法典においても企業という概念（Unternehmensbegriff）がやはり再三にわたって散発的に現れていた。たとえば、すでに一九五三年以降、商法典第八四条において商事代理人（Handelsvertreter）が「企業家（Unternehmer）」とみなされている（その他の場合には、これとは「『別の』企業家（"andere" Unternehmer）」と呼ばれている）。商法典第一三条および第一三ｃ条の見出しは一九九三年以降「企業」とされている。商法典第二条（これについて言及しているのは *Canaris*, Handelsrecht, S. 10 である）はやはりこれまでのところ企業に連結している。

(98) *Ulmer*, ZGR 1984, 313, 321.

(99) 立法者は、このことをもって、任意に商法に服する可能性をいわゆる営利会社のために設けるという、第一委員会が当初示していた考慮に依拠している。第二次委員会によりなお維持されていたこの提案は、その後の法律審議の過程で初めて、商法典第二条において商人概念が拡張されたことを考慮して、放棄された。*Ulmer*, ZGR 1984, 313, 320.

(100) このことが、ホプトをして、商法改正に先立ち、やはり本来的に職業人の法としての考え方を用いることで商法典の適用範囲の拡大を基礎付けることに踏み切らせた。*Hopt*, AcP 183 (1983), 608 ff.

(101) この点は企業法という捉え方に対する主要な異議のひとつである。このことを述べているのが、たとえば *Zöllner*, ZGR 1983, 81 (84) の場合である。

(102) 営業概念が有する古くからの問題点、たとえば、労働者および民営間貸し人を除外すること（これらについて参照されるのは *Zöllner*, ZGR 1983, 81 (84) である）も、こうして、商法の範疇に取り込まれている。

(103) これと同様の指摘をすでに早期に行っていたものとして *Ulmer*, ZGR 1984, 313, 323 がある。

(104) 参照されるのは、二〇〇八年の企業税改正法草案、Monatsbericht des Bundesministeriums der Finanzen, März 2007, S. 87 ff. である。

(105) 二〇〇六年八月一四日の同一取扱い通則法（Allgemeines Gleichbehandlungsgesetz）（BGBl. I, 1897）。

C　制約条件の変化――個人を中心とした市民社会から産業化された大衆社会へ

機能主義的な法の見方の起源はどこに求められるのだろうか。そうした起源は、経済的機能主義や政治的機能主義と同様、機械論的態度、すなわち二〇世紀の一般的な哲学に求めることができる。建築でも意匠[106]（「形式は機能に従属する」[107]）でも、造形芸術においても、機能主義は、二〇世紀に入ってから数十年にわたって様式のあり方を決定してきた。一九世紀、そして二〇世紀にみられたような、たとえようもない技術の進歩――蒸気機関と鉄道の、その後における自動車や航空機の、ラジオとテレビの、各種の家庭電気製品、たとえば冷蔵庫、電子レンジ、パン焼き釜、調理用電気器具、電気掃除機、電気照明器具、現代の携帯用電子機器、そしてコンピュータとインターネットへのアクセス、これらの発明と大規模な利用――により、経験や個々の職人芸が持つ価値は矮小化されてしまった。そうした進歩により、ドイツも含め、地球上の多くの国々で、数百年前もそうであったし半世紀前にもまだそうであったが、最大の比率を占める層の国民に対する福祉の提供が保障されるようになった。食糧危機への対策が講じられ、何ものにもこだわらない新しい生活感情（「何をしてもかまわない（やりたい放題）」[108]）が醸成された。さらに、新しい技術や思想を用いて自然の猛威が制御されたり（たとえばオランダの干拓計画における土地の獲得、灌漑装置によるイスラエルのネゲブ砂漠の肥沃化、カナリア諸島における海水の真水化による飲料水の獲得）、また利用されたり（たとえば、予想外の規模に達した水力発電所、原子力や太陽光利用装置によるエネルギーの獲得）するだけでなく、新たな紛争が勃発する（原子爆弾、伝統的兵器）可能性もみられた。そのようにして得られた成果の多くを特徴付けているのは工業化による大量生産である。大量生産の場合、個人は、耕作する農民や仕事場で働く手工業職人と異なり、もはやみずからは生産プロセスを操作せず、高度に複雑化しかつ匿名の生産過程に組み込まれた小さな歯車として、個人の能力と創造性を発揮するというよりも、むしろできる限り目立たずかつ単調な機能を発揮することで、成果を挙げるために使われる部品のひとつにすぎない。こうした経験は、人間像や社会的考え方にも影響を及ぼしている。かつて古代ヨーロッパでは奴隷として、中世の封建制社会では世襲農奴として、産業化の初期には都市のプロレタリアートとして、法的・経済的な生活環境から大なり小なり排除されていた一部の住民は、安定した生活が得られた結果として、民主化された生活に組み込まれ、社会での発言権も得られるようになり、法的生活に参加することが可能となった。私法もこのような状況に対応したものとなっている。たとえば、自由で、自立した個人として行為能力を有し、機会を平等に与えられた市民という内容の、法が描いた理想のイメージは後退し、新しいイメージとして「消費者」が登場している——消費者は、確かに現代民主主義社会に参画する基本権および共同体参加者に与えられた権利のすべてを有してはいるが、通例、市場を挟んで対峙している者ほどは十分な情報を持たず、市場では日常の需要を満たすことで満足している。しかも、そうした取引が大量に行われている。

私法でも現代の大量取引でもそれぞれ機能が重視されるようになると、その影響は、私法の理論的基礎に対してだけでなく、私法の限界付けや内容に対しても及んできた。私法の機能を重視する傾向がますます強まるにつれて、私法と公法との限界付けに関する古典的な見方は、総じてますます不明確になってきた。

ドイツ法は、ヨーロッパ大陸における他の法秩序と同様、伝統的に、私法と公法とに分類されている。この分類はすでにローマ法において行われていたものである。著名なローマの法律家、ウルピアーヌス——彼は、われわれの年代区分でいえば西暦一七〇年から二二八年まで生きた――が設けた古典的定義によれば、公法は国家の状態に目を向け、私法は個人にとっての有益性に目を向けているとされていた。[109] この区別にはこんにちでもなお意義がある。特にこの分類は、連邦とラントとの関係における立法権限の配分に関して、[110] また加盟諸国に対するヨーロッパ共同体の立法権限に関して、[111] 決定的意義を有する。このほか、私法上の紛争と公法上の紛争は原則として異なる裁判所で審理されるものとされている。[112] 最後に、基本権は公法では直接適用されるのに対して、私法では一般条項を介して間接的な第三者効力が承認されるにとどまる。その場合にはさらに、各主体の間で誰の基本権が優先するかにつき相互に調整が行われなければならない。

私法と公法との区別に関しては、いろいろな学説がある。特に挙げられなければならないのは、ウルピアーヌスに由来する利益説――この説はいかなる利益が追求されているかという点に依拠している――、従属説――この説は私法では当事者の順序を同一とするのに対して公法では主権の行使を優先する――、主体説――この説で問われるのは法律関係に関与しているのが主権者であるか否かである――、こんにち有力に主張されている特別法説――この説では主権者が定めた特別法を公法とし、すべての者にとって均一に適用される一般法を私法とする――、これらである。[113]

しかしながら、私法と公法という二つの法領域はさほど厳密に区分されているわけではない。多くの分野では私法上の規範と公法上の規範とが補充的な関係に立っている。

最近の法の発展をみると、当初は多少とも明確であった、私法と公法がそれぞれに責任を担う範囲の区分がますますあいまいになってきている。両者の限界付けに関する右のどの学説をみても、抽象度の高い標語的な表現で基準が述べられるにとどまっているところから、この点が裏付けられよう。

(106) ドイツにおいてそうした時代様式を典型的かつ特別に作り出した（stilprägend）のは、たとえばドイツ工業同盟（der Deutsche Werkbund）であり、その後のデサウアー・バウハウス（das Dessauer Bauhaus）であった。参照されるのは *Sebastian Müller*, Kunst und Industrie. Ideologie und Organisation des Funktionalismus in der Architektur, 1974; *Posener*, Die Anfänge des Funktionalismus, 1964である。

(107) *Louis Sullivan*, The Tall Office Building Artistically Considered, Lippincott's Magazine, 1896.

(108) Musical mit Musik von Cole Porter von 1934. 学理的にみると、「何をしてもかまわない（やりたい放題）」というのが相対主義のスローガンとなった。これについて参照されるのは *Paul Feyerabend*, Wider den Methodenzwang, 7. Aufl. 1999である。

(109) これをラテン語で逐語的にいえば次のようになる。"publicum ius quod at statum rei Romanae spectat, privatum quod ad singularum utilitatem."（Ulp. Dig. 1, 1, 1, 2）

(110) 基本法第七四条。

(111) ヨーロッパ共同体条約第六五条との結び付きにおける第六一条。

(112) ドイツ裁判所構成法第一三条によれば、民事の争訟は通常裁判所で解決されるのに対し、公法上の紛争については行政裁判所法第四〇条により行政裁判所が管轄権を有する。この基本原則に対しては、もとより、いくつもの例外がある。

(113) 叙述にあたって個別的な証明が行われているのが、たとえば *Larenz/Wolf*, Allgemeiner Teil des Bürgerlichen Rechts, §1の場合である。

I　私的利益と公共利益

私法と公法とを分ける最も重要なメルクマールは、実現の対象とされた利益の違いである。私法では、法律関係の当事者に、自己の個別的利益の実現が委ねられている。私法で重要なのは、主として、競合し矛盾対立する関係にある諸利益を調整した上でそれらの利益を実現することである。これに対して、公法的法律関係においては、その典型をみると、少なくとも主権者が関与し、一定の結果を実現するための決め手として公共の利益を持ち出す可能性が主権者に用意されている。公共の利益は個人の利益や主権者が実現すべきその他の一般的利益よりも優先するよう調整され、実現される利益である。(114) 伝統的に私的な諸利益を平和裏にかつ機会の同等性を確保しつつ調整する私法においても、今では、公共の福祉という利益がますます重要になっている。その際、一方で、公共の福祉は普遍的な私人の権利の投影物となっている。たとえば、法律関係の安定性に関する公共の利益は私法上の方式規定を基礎付けるものである。(115) また、他方で、公共の福祉という利益は私法の内容と重なり合っている。とりわけ賃貸借法や労働法では、社会的保護という視点が、同時に、住居がないとか仕事がないとかという状況を阻止したり食い止めたりするという意味で、公共の利益を表している。公共の利益は、私法の場合、個人的利益の実現という第一の目的と並んで、付随的効果として現れている。

これら公共の利益は、時として絶対無効や相対無効をもたらす規定という形式をとって、(116) しばしば私的自治に限界があることを示している。そこでは、公共の利益の実現が法や責務の内容として用意されており、私人の自由な活動に委ねられていない。こうしたやり方は公法において主権者に対する職務の分配として判断権が与えられているのと同様である。(117) 個人の自由意思により形成され、基本法第二条第一項により保護される私的自治にも、むろん限界がある。私的自治に対する限界を示しているのは、特に共同体内での共同生活に関わる秩序をめぐる公共の利益である。しかしながら、私的自治に基づく自由に対して勝手に制限を加えることができるわけではなく、やはり憲法によるといったような理由付けが必要であり、そうした制限を正当化する特別の根拠がそのつど求められている。(118) このような正当化の根拠が欠けていたり、十分に証明されていなかったりしたときは、私的自治に基づく自由が優先する。これがいわゆる「in dubio pro libertate」の原則であり、疑わしいときは自由が尊重されている。この原則の対極にあるのは、公権力の行使をみずからに委ねられた権限や相当性原則と結び付けるというやり方である[119]。相当性原則とは、次の三条件を満たす場合に、人の自由に対する、それゆえ私的自治に対する介入を許す立場をいう。第一の条件は、介入が価値的に上位の利益を実現するために必要であること、第二の条件は、介入が意図された目標の達成にとって適切でなければならないこと、第三の条件は、目標達成のために最も温当な方法を採用すること、これらである[120]。

最近では、私人相互間で契約上生じるリスクを制定法に基づいて配分し直すという方法で、公共の利益が私法にも持ち込まれている。たとえば、現在計画されている扶養法の改正[121]——家族法上の扶養義務者（たいていは男性）が複数の法律関係を有する場合を例に取ると、最初の配偶者（現実の生活では、最初の妻）および最初の婚姻から生まれた子はこれまで第一順位の扶養料請求権を有している。しかし、改正後は、その後の関係から生じた子およびパートナーと並置され、従来よりも取り分がずっと減ることになる——では、（同じ男性から生まれた）子は全員が同権であるという意味で子の福祉が明らかに重視されている。しかしながら、実際にひとりの男性が経済的な支払可能性を上回るほど多数の法律関係を有する場合を考えると、この改正案では、男性、つまり本来の原因惹起者——これまでの扶養法を前提とすると、制定法上この者に帰属する財産の配分先を変更するような改正は行われるべきではない——の倒産リスクが女性側に、特に、第二および第三のパートナー（これらの者は、二番目以降の婚姻等と結び付けられたリスクを認識することができ、それゆえ、しかるべき注意をもってリスクを支配することができる）に対して移転されるだけでなく、第一の妻——この者は往々にして伝統的に、婚姻と家族に関して、婚姻による扶養を信頼して、（本来的に共同の）秩序立った家政の遂行と子の教育を実現するため、数十年にわたって、みずからの就業活動と財産形成を犠牲にしており、しかも夫による事後の一方的なパートナー変更に対して影響を及ぼすことができない——に対しても移転されることとなる。改正案に取り入れられた、このようなやり方での倒産リスクの再配分はむろん特殊な政治的理由に基づくものであった。その前提には、人口統計学上、現在のドイツ社会にみられる少子化と高齢化の高まりをもたらしたひとつの理由として、子を産み育てるべき適齢期のドイツ人男性の側に十分な準備態勢が整っていないという研究があった。また公的な健康保険や年金保険による資金の提供を今までの給付水準を保ったままで今後も続けようとすれば、これまで以上に多くの出資者を早期にかつ大量に確保する必要がある。しかし、国民は、負担金の比率を十分な水準まで引き上げたり、年金支給年齢や職業訓練教育における短期の教育時間を目に見える形で引き上げたりすることに対して、政治的な理由から尻込みをしている。ドイツ（特に西ドイツ）の国民各層のうち、女性には、たいていの場合、いったん家庭を持ってしまえばまったく仕事に就かないとか子供の教育に専念するとかといった理由でせいぜいパートタイムの仕事をするくらいの選択肢しかなくなり、その結果、女性はひとまとめにして労働市場に放り込まれてしまっている。公的機関で子の世話が行われる機会を拡大したり、母は教育を担うものだという理由から扶養法上必要な資金が給付されないままに母が放置されるといった暗い状況を改善したりするために、必要な対策が採られなければならない。そして最後に、教育政策上の理由も挙げられなければならない。たとえば、経済協力開発機構が行った教育政策に関する研究が何度も明らかにしてきたように、ドイツでは子供が教育を受ける機会も学校教育の成果も明らかに子供の社会的・家庭的環境と相関関係にある。公的な機関で子に対して行われるケアの質的水準を高めたり、移民や社会的に貧しい状況にある子供たちの数を減らしたりするためには、自宅で家族のケアを受けていた子供たちを公的な制度のもとに受け入れる度合いをいっそう高める必要がある。現在計画中の子に対する教育制度は、全般的にみると、旧ドイツ民主共和国が採っていた社会主義的教育システム——このシステムにとって重要なのは、周知のように、市民社会の組織単位である家庭を崩壊させることにあった——と驚くほど似たものになっている。この点に関していえば、個々の生活事実にそのつど直接関与する者がそれぞれ有する複数の私的利益を適切に調整する作用の対極に位置するものとして、少なくとも、公的な利益はきわめて重要な地位を占めている。むろん、右に述べたような民事法の現状はその外部的な形式に着目して行われたものにすぎない。

(114) *Maurer*, Allgemeines Verwaltungsrecht, § 3.
(115) MünchenerKommentar/*Förschel*, § 125 Rn. 3.
(116) たとえば、§§ 125, 134, 138, 536 Abs. 3, 551 Abs. 4, 555 BGB.
(117) *Larenz/Wolf*, Allgemeiner Teil des Bürgerlichen Rechts, § 1 I 1c.
(118) 証明が行われているのは、たとえば *Canaris*, Festschrift f. Lerche, 1993, S. 885 の場合である。
(119) *Larenz/Wolf*, Allgemeiner Teil des Bürgerlichen Rechts, § 1 I 1a.
(120) 連邦憲法裁判所の確定の判例理論である。初期のものから挙げると、BVerfGE 7, 198, 406; 15, 234; 16, 202; 17, 242, 276, 313; 26, 239. これらのほかにも多数ある。
(121) 二〇〇六年四月五日の扶養法に関する政府草案、立法手続について参照されるのは BR-Ds. 253/06 v. 7. 4. 2006; BT-Ds. 16/1830 v. 15. 6. 2006 である。ここでは連邦憲法裁判所に係属した事案（1 BvL 9/04 vom 28. 2. 2007）も顧慮されなければならない。

Ⅱ　同列と優先

国家、そして主権に基づき職務を委ねられた各機関、これらとその構成員や利用者との間に成立する公法的関係は、原則として、同列の関係[122]ではなく、典型的に法治国家における厳密な規律に服する優先劣後の関係[123]である。公法的関係には一方的な決定権が付随している。[124]当事者の地位の同列性を基礎として法律関係を形成する普通の方法は契約である。契約には双方の同意が必要となる。すなわち、契約においては当事者の一方が他方に対して一方的に義務を課したり、その権利を制限したりすることはできない。それを可能とするのは優先劣後の関係のみである[125]。とはいえ、一方的決定権を持つ関係は私法にも見出される。家族法においては、かつてドイツ民法典の初期に強い力を有していた家長の判断、それゆえ夫の一方的な決定権により家族秩序が構成されていた[126]。家族法の分野では、これまでに夫婦の同権が実現した。それ以降、たとえば一九九一年に連邦憲法裁判所は氏名法に関してそうした内容を持つ判決を下した[127]。妻の夫への従属という好ましからざる事態は長い時間を掛けて克服されてきたが、それにも拘らず、おそらく誤解に起因すると思われる最近のこうした扶養法改正によってまた事態は後戻りするのではないかという点が改めて危惧されている。

優先劣後関係はこのほか社団法にも見出される。たとえば社員出資分の引き上げなど、たとえみずからは決議に同意していなかったとしても、私的社団の構成員は定款上の決議に拘束される[128]。社員は社団から脱退する以外にその拘束力を免れることはできない（この点において、私的社団法は、通例、国家の拘束に服する公法とは区別されている）[129]。このように私法上の優先劣後関係により形成される度合いが特に強い分野もある。たとえば、スポーツ団体の多くはきわめて厳格に組織され、団体内部では独自の紛争解決機構を持ち、私的制裁権能をみずから行使している[130]。

同じようにこうした方向に向かっているのが、マンション区分所有権を有する団体内での拘束力[131]である。多数決で議決されるこの拘束力を阻止することはできない。この決議は区分所有権の譲渡制限と結び付けられている。また使用規則にも拘束力があり、違反に対しては区分所有権剝奪を含む一連の制裁が課されている。都市の人口密集地域およびその周辺部で住宅が建設され人口密度が高まってくると、区分所有権は、区分所有権および定期居住権に関する法律のもとでは、実務上特に頻繁に利用される方式、つまり物権法上の居住権として機能することとなろう[132]。

最後の例として、普通取引約款も事実上優先劣後関係に近い関係を作り出すことがある。たとえば銀行取引の場合がそうである。こうした事態に対して、立法者は、普通取引約款法典(133)——種々の変更を経た後に債務法改正によりドイツ民法典第三〇五条以下に併合されている——の公布によって対抗している。

(122) GemS OBG BGHZ 97, 312.
(123) 連邦通常裁判所の確定の判例である。初期のものから挙げるとBGHZ 14, 222, 225；35, 175, 177；67, 81, 86などがある。
(124) 基本的な文献としてはたとえば *Bullinger*, Öffentliches Recht und Privatrecht, 1968；*ders.*, Öffentliches Recht und Privatrecht in Geschichte und Gegenwart, Festschrift Rittner, 1991, 69；*Zuleeg*, Die Anwendungsbereiche des öffentlichen Rechts und des Privatrechts, VerwArch 73 (1982), 384 ff. がある。
(125) *Larenz/Wolf*, Allgemeiner Teil des Bürgerlichen Rechts, § 1 I 3a.
(126) たとえば、その後廃止されたドイツ民法典第一三五四条がそうである。この規定によれば、婚姻に基づく共同生活に関わるあらゆる事項についての決定権が夫に帰属するとされていた。その結果、夫は子に対する親権をも有していた。
(127) ドイツ民法典第一三五五条。
(128) ドイツ民法典第三二条。
(129) ドイツ民法典第三九条。
(130) 参照されるのは、たとえば、連邦通常裁判所（LM 6/1995 § 25 BGB Nr. 34（これにはヴォルフの評釈がある））である。
(131) 区分所有権および定期居住権に関する法律第一〇条以下。
(132) 区分所有権および定期居住権に関する法律（BGBl. 1951, 175）は一九五一年に定められた。この法律により、区分所有権と定期居住権という形式で、所有権という点では等しく物権的効力を有する二つの新しい権利が導入された。一九七六年の住宅建設および家族用住宅に関する第二次法（BGBl. 1976 I, 2673）ではこれらの物権を補充するにあたり、住宅占有制度が設けられるとともに、限定的目的を有する財産——この財産は住居占有証書によって確認されるだけでなく、一定期限内に当該住居の所有権を取得することが義務付けられている——に対する持分と結び付けられた、住居をみずから使用するための債務法上の定期居住権が設けられた。

(133)　一九七六年一二月九日普通取引約款法を規律するための法律（BGBl. 1976 I 3317）。

Ⅲ　強行法と任意法

以上のほか、民法は本質的に私的自治の原則によって特徴付けられている。私的自治の原則のもとでは、強行法規に対して任意法が原則として優先する旨が定められている。これに対して、公法の特徴は法規の適用を排除する当事者の合意よりも強行法の適用を原則的に優先することにある。「任意法（ius dispositivum）」と「強行法（ius cogens）」のうちどちらを原則としどちらを例外とするかという点で、私法と公法とはまったく逆の立場に立つ。

しかしながら、私法と公法の限界付けに関するこのような基準には、当初からすでに例外が含まれていた。そうした例外は次第に増え続けてきた。債務法分野の規定の圧倒的多数は任意規定である。というのは、債務法では、通例、関係者が自己の利益についてみずから決定することが原則とされているからである。特に私的自治の要件、意思表示を有効とするための条件、――物権法におけるように類型強制がみられる場合の――取引を適法とする類型、これらは強行法とされている(134)。さらに、第三者の信頼保護を目的として法的安定性を保障する規定、極端な不公平を防止する規定、それに、社会的要請を満たすために私的自治を制限する規定、これらも強行規定である(135)。近年こうした規定があらゆる分野で急激に増えているが、われわれはそうした事態を容易に確認することができよう。また、任意規定と強行規定との対立という捉え方も、いわゆる半強行的性質を有する規定（halbzwingende Normen）の登場によりかなり相対化されてきている。半強行的性質を有する規定は、主体に着目した（subjektiv）半強行的性質を有する規定と客体や時間に着目した（objektiv sowie zeitlich）半強行的性質を有する規定とに分けることができる。(136) このうち、主体に着目した半強行的性質を有する規定は、契約当事者が弱い地位にある場合にこれを保護するために必要なものであり、保護を要しない契約当事者に対して負担を強いるように変更されている。最近の典型例としては、賃貸借保護に関する規定(137)、ヨーロッパ共同体法に由来する規定、消費者信用取引の際の消費貸借(138)、生産物責任(139)、消費財売買(140)、一時利用居住権(141)などに関する規定などがある。客体に着目した半強行的性質を有する規定は、規定内容のすべてではなく、中核部分についてのみ不可欠とされる規定である。代表例はドイツ民法典第三〇七条第二項第一号である――同号によれば、普通取引約款中の規定が「回避対象とされた制定法規の重要な基本思想と相容れない」場合、その規定は取引の相手方を不適切に冷遇する疑いがあるものとみなされる（したがって、当該規定は無効となる）。ドイツ民法典第四四四条もその例である。というのは、この規定によれば、売主が意思表示の瑕疵を知りながら悪意で沈黙していたり物の性状についての保証を引き受けていたりしたときは（しかもそのときに限って）、売主は、意思表示の瑕疵を理由に買主の権利を否定したり制限したりする旨の合意を援用することができないとされているからである。

(134) 物権法上の多くの規定は類型強制に服する。というのは、それらの規定が絶対的効力を有するからである。絶対的効力を有することにより、ほとんどすべての場合に、第三者の利益をも顧慮することができよう。
(135) *Larenz/Wolf*, Allgemeiner Teil des Bürgerlichen Rechts, § 3 VI 2.
(136) *Larenz/Wolf*, Allgemeiner Teil des Bürgerlichen Rechts, § 3 VI 3.
(137) たとえば、ドイツ民法典第五三六条第四項、第五四七条第二項、第五五一条第四項、第五五三条第三項、第五五四条第五項、第五五四a条第三項、第五五五条、第五五六条第四項、第五五六a条第三項、第五五六b条第二項第二文、第五五七条第四項、第五五七a条第四項、第五五七b条第四項、第五五八条第六項、第五五八a条第五項、第五五八b条第四項、第五五九条第三項、第五五九a条第五項、第五五九b条第三項、第五六〇条第六項、第五六一条第二項、第五六三条第五項、第五六三a条第三項、第五六五条第三項、第五六九条第五項、第五七一条第三項、第五七三条第四項、第五七三a条第四項、第五七三b条第五項、第五七三c条第四項、第五七三d条第三項、第五七四条第四項、第五七四a条第三項、第五七四b条第三項、第五七四c条第三項、第五七五条第四項、第五七五a条第四項、第五七六条第二項、第五七六a条第三項、第五七六b条第二項、第五七七条第五項、第五七七a条第三項。

(138) ドイツ民法典第五〇六条。

(139) ドイツ製造物責任法第一四条。

(140) ドイツ民法典第四七五条第一項。

(141) ドイツ民法典第四八七条。

Ⅳ 人的基準への着目と法の対世的効力

私法が対象とする個人は、基本的に、制定法上同列に置かれた存在であり、原則として自己責任を負いつつ各自の個別的利益を実現するものとされている。これに対して、公法の場合、特定の主権者へ権限を配分することは原則としてそのつど特別の正当化根拠を必要とする。私法が原則として等しく権利を有する者が主張する自由をどこまで認めるかを規律する法であるのに対し、公法は、権力の限界を考慮した上で権限を限定的に配分する法である(142)。消費者概念――この概念は、今日では必然的な事象であるが、多くの制定法において特別の脚光を浴びるようになっている(143)――の浸透・拡大とともに、私法と公法とを区別しようとする考え方は次第に意義を失ってきている。ドイツ民法典の冒頭の数か条――これらの規定の起源はやはりローマ法にある――にみられる「人（Person）」という概念は民法典では中核を成しかつ初期には民法典を統一するものであった(144)が、ヨーロッパ共同体法上の指令をドイツで国内法化するにあたって、新しい法的定義がドイツ民法典第一三条では消費者について、同第一四条では企業家についてそれぞれ追加されている。

もちろん、私法という大きな広がりの中では、当初から、ドイツ民法典上の民事法のほかにも、多くの特別私法が存在していた。私法の法典編纂は、商人のための特別私法として起草された旧ドイツ商法典とともに始まったといってよい(145)。労働法もまた、人に着目して職業活動という基準と結び付けられている(146)。労働法の分野では、二〇世紀の最初の三分の一を過ぎた頃から、経済生活の実情が考慮されるようになってきた。社会学的にみると、働く人々の私的な側面は消費者法という形式を採って私法に取り入れられたことになろう――興味深いことに、消費者法が私法という一般法に対する特別法のひとつとなっている(147)のか、それとも一般私法の一部とみなされるべきであるか(148)という点はこんにちなお争われている。

(142) *Larenz/Wolf*, Allgemeiner Teil des Bürgerlichen Rechts, § 1 I 1d.
(143) これについては、以下に本文で詳述する。
(144) 自然人と法人との区別を除く。法人は主として内部組織に関わるが、対外的な関係では原則として同じ法に服する。
(145) 参照されるのは、*Zöllner*, ZGR 1983, 82；*Bydlinski*, Handels- und Unternehmerrecht als Sonderprivatrecht, 1990；*Singer*, ZIP 1992, 1058；*Kort*, AcP 193 (1993), 453 である。
(146) これについて参照されるのは、たとえば、*Zöllner/Loritz*, Arbeitsrecht；*Hanau/Adomeit*, Arbeitsrecht ほかである。
(147) そのようなものとして、たとえば、*Gärtner*, BB 1995, 1754 がある。
(148) そのようなものとして、たとえば、*Bydlinski*, System und Prinzipien des Privatrechts, 1996, S. 708 ff. がある。

D　結　び

　ここに述べた著者の主張をテーゼとしてまとめると、結局のところ、次のようになる。まず、旧来の制度はもはや支持できないということが明らかになったのに、現象形態をみると、機能を一般化できるような段階にはまだ達していないことが分かる。このような状況では、規律に際して、個人が自己の責任において自由を行使できるか否かが決め手とされなければならない。私法は、すでに長い間にわたって、自由を保障するための手段として私的自治を認めてきた。それゆえ、私的自治に対しては、改めて、それが決定的な座標軸となるよう、新しい価値を付与する必要がある。そのためには、もちろん、私的自治の再定義にあたってこれまでとはまったく異なるコンセプトが必要となろう。

　私的自治――みずからの法的関係を自己の基準に基づいて形成する自由――は、一見すると、家族法、労働法、消費者法などの領域ではさほど絶対的な基準となっていないようにみえるが、（まだ）みずから決定できない者や行動能力が限定されている者、特に禁治産者や未成年者――これらの者は、私的自治に適合できるようになった段階でそうした行動を認められるようになる――に対する関係を考えると、私的自治が果たす役割はますます大きくなってきている。夫婦間の関係についてみると、「婚姻」という生活形態のもとで互いの影響力の強さと長さに応じて、相互関係にも目配りしつつ、ささまざまな考慮を払う必要がある。このような考慮は、たいていの場合、私的自治に対する制限とみなされている。このことは、労働法についても賃貸借法についてもあてはまる。これらの分野ではどこでも、経済的従属関係によって、当事者の法的な行動能力が一方的に制限されているからである。このことは、しばしば情報格差が付加的に強調される消費者法においても、そのままあてはまることであろう。

これとは逆の様相を呈しているのが経済私法、たとえば、商法、カルテル法、企業結合規制法の場合である。というのは、これらの分野では、私的自治の法的な保障がどちらかといえば活動を妨げることとなり、むしろ不必要になっているからである。

今日の私法にあっても中心概念となっている私的自治を正確に理解しようとすれば、次のような三層構造を成すものとみることが便宜であろう。

第一段階において、私的自治が考えているのは、法的なことがらに関する自己決定である。但し、この同じ第一段階において、自己責任が私的自治に対応するものとして存在している。自己責任とは、みずからの行動が傲慢不遜なものに堕落しないよう、またうわべだけの自由に陥らないようにするために、自己決定からの派生物として、みずからに固有のことがらを処理する際に現れる責任をいう。

第二段階で、私的自治は、他者が行う決定や他者が負うべき責任を制約する可能性を含んでいる。私的自治の結果として個々に主張される利益はもともと価値的に同列に位置するものであるが、それでいて複数の当事者が法的行動を通して互いに他者の利益と直接関わり合うときは、つねに他者の決定や他者の責任を制限する余地がある。その場合、当事者が負う責任は互いに相互作用を有するものとなろう。

第三段階において、具体的事案をめぐり法律関係が第三者と、たとえば、当事者の法的行動の結果として、自己の私的自治に基づき形成の自由を行使することが直接にではなく間接に影響を受ける者との間で生じたとき、私的自治はそのような第三者に対しても、自己決定と対外的責任を生ぜしめる。

　このように三層構造を有する概念として私的自治を捉えることがこんにち必要となっているように思われる。各法主体と公共の利益との関係をどのようにすべきかが重要な問題とされ、しかも公共の福祉を尊重して個人的法律関係のあり方を決定する責任があるときは、もちろん、私法はその姿を全面的に消すこととなろう。その地点から、私法と交代する形で姿を現すのが公法だからである。

日本比較法研究所翻訳叢書

38	オトー・ザンドロック	丸山秀平 編訳	国際契約法の諸問題	A5判 一四七〇円
39	E・シャーマン	大村雅彦 編訳	ADRと民事訴訟	A5判 一三六五円
40	ルイ・ファボルー他	植野妙実子 編訳	フランス公法講演集	A5判 三一五〇円
41	S・ウォーカー	藤本哲也 編訳	民衆司法——アメリカ刑事司法の歴史	A5判 四二〇〇円
42	ウルリッヒ・フーバー他	吉田豊・勢子 編訳	ドイツ不法行為法論文集	A5判 七六六五円
43	スティーヴン・L・ペパー	住吉博 編訳	道徳を超えたところにある法律家の役割	A5判 四二〇〇円
44	W・マイケル・リースマン他	宮野洋一他 訳	国家の非公然活動と国際法	A5判 三七八〇円
45	ハインツ・D・アスマン	丸山秀平 編訳	ドイツ資本市場法の諸問題	A5判 一九九五円
46	デイヴィド・ルーバン	住吉博 編訳	法律家倫理と良き判断力	A5判 六三〇〇円
47	D・H・ショイイング	石川敏行 監訳	ヨーロッパ法への道	A5判 三一五〇円
48	ヴェルナー・F・エプケ	山内惟介 編訳	経済統合・国際企業法・法の調整	A5判 二八三五円
49	トビアス・ヘルムス	野沢・遠藤 訳	生物学的出自と親子法	A5判 三八八五円
50	ハインリッヒ・デルナー	野沢・山内 編訳	ドイツ民法・国際私法論集	A5判 二四一五円
51	フリッツ・シュルツ	眞田芳憲・森光 訳	ローマ法の原理	A5判 (品切)
52	シュテファン・カーデルバッハ	山内惟介 編訳	国際法・ヨーロッパ公法の現状と課題	A5判 一九九五円
53	ペーター・ギレス	小島武司 編	民事司法システムの将来	A5判 二七三〇円
54	インゴ・ゼンガー	古積・山内 編訳	ドイツ・ヨーロッパ民事法の今日的諸問題	A5判 二五二〇円
55	ディルク・エーラース	山内・石川・工藤 編訳	ヨーロッパ・ドイツ行政法の諸問題	A5判 二六二五円

＊価格は消費税５％を含みます。

日本比較法研究所翻訳叢書

19	ドゥローブニク他編 真田芳憲他訳	法社会学と比較法	A5判 三一五〇円
20	カペレッティ編 小島・谷口編訳	正義へのアクセスと福祉国家	A5判 四七二五円
21	P・アーレンス編 小島武司編訳	西独民事訴訟法の現在	A5判 三〇四五円
22	D・ヘーンリッヒ編 桑田三郎編訳	西ドイツ比較法学の諸問題	A5判 五〇四〇円
23	P・ギレス編 小島武司編訳	西独訴訟制度の課題	A5判 四四一〇円
24	M・アサド 真田芳憲訳	イスラームの国家と統治の原則	A5判 二〇四〇円
25	A・M・プラット 藤本・河合訳	児童救済運動	A5判 二五四九円
26	M・ローゼンバーグ 小島・大村編訳	民事司法の展望	A5判 二三四五円
27	B・グロスフェルト 山内惟介訳	国際企業法の諸相	A5判 四二〇〇円
28	H・U・エーリヒゼン 中西又三編訳	西ドイツにおける自治団体	A5判 一六八〇円
29	P・シュロッサー 小島武司編訳	国際民事訴訟の法理	A5判（品切）
30	P・シュロッサー他 小島武司編訳	各国仲裁の法とプラクティス	A5判 一五七五円
31	P・シュロッサー 小島武司編訳	国際仲裁の法理	A5判 一四七〇円
32	張晋藩 真田芳憲監修	中国法制史㊤	A5判（品切）
33	W・M・フライエンフェルス 田村五郎編訳	ドイツ現代家族法	A5判（品切）
34	K・F・クロイツァー 山内惟介監修	国際私法・比較法論集	A5判 三六七五円
35	張晋藩 真田芳憲監訳	中国法制史㊦	A5判 四〇九五円
36	G・レジエ他 山野目章夫他訳	フランス私法講演集	A5判 一五七五円
37	G・C・ハザード他 小島武司編訳	民事司法の国際動向	A5判 一八九〇円

日本比較法研究所翻訳叢書

0	杉山直治郎訳	仏蘭西法諺	B6判（品切）
1	F・H・ローソン 小堀憲助他訳	イギリス法の合理性	A5判 一二六〇円
2	B・N・カドーゾ 守屋善輝訳	法の成長	B6判（品切）
3	B・N・カドーゾ 守屋善輝訳	司法過程の性質	B6判（品切）
4	B・N・カドーゾ 守屋善輝訳	法律学上の矛盾対立	B6判 七三五円
5	ヴィノグラドフ 矢田一男他訳	中世ヨーロッパにおけるローマ法	A5判（品切）
6	R・E・メガリ 金子文六他訳	イギリスの弁護士・裁判官	A5判 一二六〇円
7	K・ラーレンツ 神田博司他訳	行為基礎と契約の履行	A5判（品切）
8	F・H・ローソン 小堀憲助他訳	英米法とヨーロッパ大陸法	A5判（品切）
9	I・ジュニングス 柳沢義男他訳	イギリス地方行政法原理	A5判（品切）
10	守屋善輝編	英米法諺	B6判 三一五〇円
11	G・ボーリー他 新井政男他訳	〔新版〕消費者保護	A5判 二九四〇円
12	A・Z・ヤマニー 真田芳憲訳	イスラーム法と現代の諸問題	B6判 九四五円
13	ワインスタイン 小島武司編訳	裁判所規則制定過程の改革	A5判 一五七五円
14	カペレッティ編 小島武司編訳	裁判・紛争処理の比較研究(上)	A5判 二三一〇円
15	カペレッティ 小島武司他訳	手続保障の比較法的研究	A5判 一六八〇円
16	J・M・ホールデン 高窪利一監訳	英国流通証券法史論	A5判 四七二五円
17	ゴールドシュティン 渥美東洋監訳	控えめな裁判所	A5判 一二六〇円
18	カペレッティ編 小島武司編訳	裁判・紛争処理の比較研究(下)	A5判 二七三〇円

編訳者紹介

楢崎《ならざき》みどり（Midori Matsuka-Narazaki）

中央大学法学部准教授（国際経済法専攻）。1969年生。千葉大学法経学部卒業，中央大学大学院法学研究科博士課程後期課程退学。小樽商科大学助教授，中央大学助教授を経て，2007年より現職。主著：Zur grenzüberschreitenden Wirksamkeit von fremden rechtsgeschäftlichen Mobiliarsicherheiten im japanischen Sachenrecht, in : Festschrift für Helmut Kollhosser, Band II, Zivilrecht, 2004 ; Zum anwendbaren Recht auf den gutgläubigen Erwerb eines gestohlenen Kraftfahrzeuges, in : Japanischer Brückenbauer zum deutschen Rechtskreis, Festschrift für Koresuke Yamauchi, 2006 など。

山《やま》内《うち》惟《これ》介《すけ》（Koresuke Yamauchi）

中央大学法学部教授（国際私法・比較法専攻）。1946年生。中央大学大学院法学研究科修士課程修了。『国際公序法の研究』（中央大学出版部，2001年）により法学博士号取得。東京大学法学部助手，中央大学法学部専任講師および助教授を経て，1984年より現職。2007年３月23日，Alexander von Humboldt Stiftung の Forschungspreis (Reimer Lüst-Preis für internationale Wissenschafts- und Kulturvermittlung) 受賞。主著：『海事国際私法の研究』（中央大学出版部，1988年），『国際会社法研究　第一巻』（中央大学出版部，2003年），『国際金融証券市場と法』（中央大学出版部，2007年），（雁金利男氏と共編），訳書：グロスフェルト著『国際企業法』（中央大学出版部，1989年），グロスフェルト著『比較法文化論』（浅利朋香氏と共訳）（中央大学出版部，2004年），など。

シュトゥンプ教授講演集
変革期ドイツ私法の基盤的枠組み
日本比較法研究所翻訳叢書（56）

2008年11月25日　初版第１刷発行

編訳者　楢崎みどり
　　　　山内惟介

発行者　玉造竹彦

発行所　中央大学出版部
〒192-0393
東京都八王子市東中野742-1
電話042(674)2351・FAX042(674)2354
http://www2.chuo-u.ac.jp/up/

ISBN978-4-8057-0357-1
大森印刷

索　　引

ア行

カ行

サ行

タ行

ナ行

ハ行

マ行

ヤ行

ラ行

ワ行

コルデュラ・シュトゥンプ教授業績

（2007年12月31日現在）

A 学術研究集会開催

1. Aktuelle Entwicklungen des Bilanzrechts und der steuerlichen Gewinnermittlung（共同開催者：Ralf Michael Ebeling/Gerhard Kraft）
Interdisziplinäres 1. Hallesches Handels- und Steuersymposion
Universität Halle, 12. November 1999
2. Gemeinschaftsrecht als Gestaltungsaufgabe – Entwicklungen, Bedingungen, Perspektiven（共同開催者：Friedemann Kainer）
Kolloquium zum 60. Geburtstag von Peter-Christian Müller-Graff
Universität Heidelberg, 15. Oktober 2005
3. *Roland Klages*: Gemeinschaftsrecht als Gestaltungsaufgabe: zum 60. Geburtstag von Peter-Christian Müller-Graff（研究集会報告書）
in: integration 2/2006, S. 180-182

B 著作目録

I 単　著

1. Erläuternde und ergänzende Auslegung letztwilliger Verfügungen im System privatautonomer Rechtsgestaltung – Zugleich ein Beitrag zur Abgrenzung von Anfechtung, Umdeutung und Wegfall der Geschäftsgrundlage, Berlin 1991
2. Aufgabe und Befugnis – Das wirtschaftsverfassungsrechtliche System der europäischen Gemeinschaftsziele, dargestellt in seinen Auswirkungen auf die Freistellung vom Kartellverbot, Frankfurt 1999

II 注 釈 書

1. Art. 1 bis 7 EUV (Gemeinsame Bestimmungen),
in: Jürgen Schwarze (Herausgeber): EU-Kommentar, Baden-Baden 2000, S. 39-93
2. Art. 309 EGV
in: Jürgen Schwarze (Herausgeber): EU-Kommentar, Baden-Baden 2000, S. 2409-2411
3. Art. 90 bis 93 EGV (Steuerliche Vorschriften),
in: Jürgen Schwarze (Herausgeber): EU-Kommentar, Baden-Baden 2000, S. 1133-1171
4. Art. 1 bis 3 EU(Gemeinsame Bestimmungen),
in: Jürgen Schwarze/Ulrich Becker/Armin Hatje/Johann Schoo (Heraus-

geber) : EU-Kommentar, Baden-Baden 2. Auflage 2007 (in Vorbereitung ; Neuauflage von B II. 1.)

5. Art. 4 bis 7 EU (Gemeinsame Bestimmungen),
in : Jürgen Schwarze/Ulrich Becker/Armin Hatje/Johann Schoo (Herausgeber) : EU-Kommentar, Baden-Baden 2. Auflage 2007 (im Druck ; Neuauflage von B II. 1.)
6. Art. 309 EG
in : Jürgen Schwarze/Ulrich Becker/Armin Hatje/Johann Schoo (Herausgeber) : EU-Kommentar, Baden-Baden 2. Auflage 2007 (im Druck ; Neuauflage von B II. 2.)
7. Art. 90 bis 93 EG (Steuerliche Vorschriften),
in : Jürgen Schwarze/Ulrich Becker/Armin Hatje/Johann Schoo (Herausgeber) : EU-Kommentar, Baden-Baden 2. Auflage 2007 (in Vorbereitung ; Neuauflage von B II. 3.)
8. Handelsgesetzbuch
Springer's Praxiskommentare, Springer-Verlag, Heidelberg, ca. 1000 Seiten (in Vorbereitung)

III 共（編）著

1. The Relationship Between The 1951 Convention and The 1967 Protocol Relating to The Status of Refugees（共著者：Gümter Will）
in : Institute of Public International Law and International Relations of Thessaloniki (Herausgeber) : The Refugee Problem on Universal, Regional and National Level, Thesaurus Acroasium, Thessaloniki, Vol. XIII, 1987, S. 939-953
2. EG-Insiderrecht : Die Insider-Richtlinie als Bestandteil eines europäischen Kapitalmarktrechts und ihre Folgen für das deutsche Recht
in : Harald Baum/Christoph Engel/Oliver Remien/Manfred Wenckstern (Herausgeber) : Kapitalmarktrecht – Schadensrecht – Privatrecht und deutsche Einheit, Jahrbuch Junger Zivilrechtswissenschaftler 1990, Stuttgart, München, Hannover, Berlin 1991, S. 31-54
3. Umberto Eco, Der Name der Rose und Das Foucaultsche Pendel, oder : Von der Freiheit des Geistes und der Verantwortung – Eine kleine Ecologie
in : Cordula Stumpf/Volker Kunkel (Herausgeber) : Gedenkschrift für Hubert Schmidt, Trier 1990, S. 29-32
4. Freie Berufe und Handwerk
in : Manfred Dauses (Herausgeber) : Handbuch des EG-Wirtschafts-

rechts, München 1993 (Loseblattausgabe), 23 Seiten

5. Abgestimmtes Verhalten
in : Rolf Birk/Hermann-Josef Bunte/Walter Gerhardt/Franz Klein/Horst Konzen/Peter Krause/Werner Krawietz/Gerhard Lüke/Bernd von Maydell/ Hanns Prütting/Thilo Ramm/Klaus Röhl/Robert Scheyhing, Matthias Wilhelm/Georg Schmidt-von Rhein/Meinhard Schröder/Ignaz Seidl-Hohenveldern/Rolf Stober/Fritz Sturm/Gerhard Ulsamer (Herausgeber) : Ergänzbares Lexikon des Rechts, Neuwied 1994 (Loseblattausgabe), 9 Seiten

6. Bürgschaften von Familienangehörigen
in : Gisela Schneider (Herausgeberin) : FrauenForum, Trierer Beiträge Sonderheft 8, 1994, S. 18-26

7. Vertikale Bindungen
in : Rolf Birk/Hermann-Josef Bunte/Walter Gerhardt/Franz Klein/Horst Konzen/Peter Krause/Werner Krawietz/Gerhard Lüke/Bernd von Maydell/ Hanns Prütting/Thilo Ramm/Klaus Röhl/Robert Scheyhing, Matthias Wilhelm/Georg Schmidt-von Rhein/Meinhard Schröder/Ignaz Seidl-Hohenveldern/Rolf Stober/Fritz Sturm/Gerhard Ulsamer (Herausgeber) : Ergänzbares Lexikon des Rechts, Neuwied 1995 (Loseblattausgabe), 11 Seiten

8. Abgestimmtes Verhalten
in : Hermann-Josef Bunte/Rolf Stober (Herausgeber) : Lexikon des Rechts der Wirtschaft, Neuwied 1995 (Loseblattausgabe), 14 Seiten

9. Vertikale Bindungen
in : Hermann-Josef Bunte/Rolf Stober (Herausgeber) : Lexikon des Rechts der Wirtschaft, Neuwied 1995 (Loseblattausgabe), 17 Seiten

10. Vertriebsbindungen
in : Rolf Birk/Hermann-Josef Bunte/Walter Gerhardt/Franz Klein/Horst Konzen/Peter Krause/Werner Krawietz/Gerhard Lüke/Bernd von Maydell/ Hanns Prütting/Thilo Ramm/Klaus Röhl/Robert Scheyhing, Matthias Wilhelm/Georg Schmidt-von Rhein/Meinhard Schröder/Ignaz Seidl-Hohenveldern/Rolf Stober/Fritz Sturm/Gerhard Ulsamer (Herausgeber) : Ergänzbares Lexikon des Rechts, Neuwied 1995 (Loseblattausgabe), 14 Seiten

11. Ausschließlichkeitsbindungen
in : Rolf Birk/Hermann-Josef Bunte/Walter Gerhardt/Franz Klein/Horst Konzen/Peter Krause/Werner Krawietz/Gerhard Lüke/Bernd von Maydell/ Hanns Prütting/Thilo Ramm/Klaus Röhl/Robert Scheyhing, Matthias Wilhelm/Georg Schmidt-von Rhein/Meinhard Schröder/Ignaz Seidl-

Hohenveldern/Rolf Stober/Fritz Sturm/Gerhard Ulsamer (Herausgeber): Ergänzbares Lexikon des Rechts, Neuwied 1995 (Loseblattausgabe), 10 Seiten

12. Vertriebsbindungen
in: Hermann-Josef Bunte/Rolf Stober (Herausgeber): Lexikon des Rechts der Wirtschaft, Neuwied 1996 (Loseblattausgabe), 20 Seiten
13. Ausschließlichkeitsbindungen
in: Hermann-Josef Bunte/Rolf Stober (Herausgeber): Lexikon des Rechts der Wirtschaft, Neuwied 1996 (Loseblattausgabe), 16 Seiten
14. Abgestimmtes Verhalten
in: Hermann-Josef Bunte (Herausgeber): Lexikon des Rechts, Wettbewerbsrecht (UWG/GWB) und gewerblicher Rechtsschutz, Neuwied 1997, S. 3-11
15. Vertikale Bindungen
in: Hermann-Josef Bunte (Herausgeber): Lexikon des Rechts, Wettbewerbsrecht (UWG/GWB) und gewerblicher Rechtsschutz, Neuwied 1997, S. 343-353
16. Vertriebsbindungen
in: Hermann-Josef Bunte (Herausgeber): Lexikon des Rechts, Wettbewerbsrecht (UWG/GWB) und gewerblicher Rechtsschutz, Neuwied 1997, S. 362-375
17. Ausschließlichkeitsbindungen
in: Hermann-Josef Bunte (Herausgeber): Lexikon des Rechts, Wettbewerbsrecht (UWG/GWB) und gewerblicher Rechtsschutz, Neuwied 1997, S. 26-35
18. Unternehmen im Spannungsfeld zwischen Marktfreiheit und staatlicher Inpflichtnahme – Die europarechtliche Perspektive
in: Uwe Blaurock/Jürgen Schwarze (Herausgeber): Unternehmen im Spannungsfeld zwischen Marktfreiheit und staatlicher Inpflichtnahme, Europarecht, Beiheft 2/2004, S. 7-28
19. Freie Berufe und Handwerk
in: Manfred Dauses (Herausgeber): Handbuch des EG-Wirtschaftsrechts, C. H. Beck'sche Verlagsbuchhandlung, München, 14. Ergänzungslieferung, Stand Dezember 2004, 46 Seiten (Neubearbeitung von B. III. 4.)
20. Gemeinschaftsrecht als Gestaltungsaufgabe
in: Cordula Stumpf/Friedemann Kainer (Herausgeber): Gemeinschaftsrecht als Gestaltungsaufgabe – Entwicklungen, Bedingungen, Perspektiven – Baden-Baden 2007 (im Druck)
21. Das Erbrecht als Objekt differenzierter Integrationsschritte

In : Peter Jung/ Christian Baldus (Herausgeber) : Differenzierte Integration im Gemeinschaftsprivatrecht, 2007, Sellier European Law Publishers, S. 217-253

22. The Interdependence between Internal Market and Regulation
in : The Research Council of Norway (Herausgeber) : Regulation Strategies in the European Economic Area, 2007 (in Vorbereitung)

IV 論　説

1. Wirksamkeit und Formbedürftigkeit der Einwilligung des bedachten Erbvertragspartners in eine ihn beeinträchtigende letztwillige Verfugüng
in : Zeitschrift für das gesamte Familienrecht 1990, S. 1057-1060
2. Die europäische Mehrwertsteuer-Harmonisierung
in : Europäische Zeitschrift fur Wirtschaftsrecht 1990, S. 540-544
3. Die Reichweite des Beihilfeverbots aus Art. 4 c des EGKS-Vertrages
in : Recht der Internationalen Wirtschaft 1991, S. 1017-1024
4. Neuere Entwicklungen zu Diskriminierungsverbot und Harmonisierungsgebot im europäischen Mehrwertsteuerrecht
in : Europäische Zeitschrift für Wirtschaftsrecht 1991, S. 713-720
5. Der vermögenslose Bürge – Zum Spannungsverhältnis zwischen privatautonomer Gestaltungsfreiheit und Verbraucherschutz in: Juristische Ausbildung 1992, S. 417-423
6. Postscripta im eigenhändigen Testament
in : Zeitschrift für das gesamte Familienrecht 1992, S. 1131-1138
7. Das Umsatzsteuer-Binnenmarktgesetz
in : Neue Juristische Wochenschrift 1993, S. 95-101
8. Vertragshändlerausgleich analog § 89 b HGB – praktische und dogmatische Fehlverortung ?
in : Neue Juristische Wochenschrift 1998, S. 12-17
9. Gewerblicher Rechtsschutz auf dem Weg vom gemeinschaftsrechtlichen Ausnahmebereich zur Binnenmarkt-Normalität
in : Deutsche Zeitschrift fur Wirtschaftsrecht 1998, S. 124-128
10. Die eingetragene Genossenschaft
in : Juristische Schulung 1998, S. 701-706
11. Die Funktion des Handelsregisters nach der Handelsrechtsreform
in : Betriebsberater 1998, S. 2380-2383
12. Der Notar im Recht der Europäischen Gemeinschaft – Aktuelle Betrachtungen zum europäischen Begriff der Ausübung öffentlicher Gewalt durch Notare im Rahmen der Niederlassungs- und Dienstleistungsfreiheit（共著

者：Andreas Gabler）
in : notar 2000, S. 11-17

13. Economic Governance through Law – Liberal Professions and Crafts and their European Harmonisation
elektronisch publiziert unter http://www.ecsa.dk/aarsm2004papers
14. Netzzugang, Netznutzungsentgelte und Regulierung in Energienetzen nach der Energierechtsnovelle（共著者：Andreas Gabler）
in : Neue Juristische Wochenschrift 2005, S. 3174-3179
15. Aktuelle Entwicklungen im europäischen Dienstleistungs- und Niederlassungsrecht
in : Deutsche Zeitschrift für Wirtschaftsrecht, 2006, S. 99-107
16. Europäisierung des Erbrechts : Das Grünbuch zum Erb- und Testamentsrecht
in : Europäische Zeitschrift für Wirtschaftsrecht 2006, S. 587-592
17. EG-Rechtssetzungskompetenzen im Erbrecht
in : Europarecht 3/2007, S. 291-316

V 判例評釈

1. BGH, Urteil vom 17. Mai 1999 - II ZR 76/98
in : Lindenmaier/Möhring, Nachschlagewerk des Bundesgerichtshofs, Entscheidungen in Zivilsachen 2/2000 § 82 GenG Nr. 1, Bl. 357

VI 解　　説

1. Der praktische Fall – Bürgerliches Recht : Ein eifriger Scheinerbe
in : Juristische Schulung 1992, S. 935-941
2. Der praktische Fall – Bürgerliches Recht : Nachlaß in Thüringen（共著者：Peter-Christian Müller-Graff）
in : Juristische Schulung 1993, S. 572-577

VII 書 評 等

1. Hjalte Rasmussen : The European Community Constitution. Summaries of Leading EC Court Cases. Kopenhagen 1989
in : Deutsches Verwaltungsblatt 1991, S. 280-281
2. Christian Starck (Herausgeber) : Rechtsvereinheitlichung durch Gesetze. Bedingungen, Ziele, Methoden. Göttingen 1992
in : Juristenzeitung 1993, S. 460-462

3. Umsatzsteuergesetz mit Durchführungsbestimmungen und Ergänzungsvorschriften. Loseblattkommentar bearbeitet von Karl Ringleb, Heinrich List, Gerhard Mößlang, Wilfried Wagner, Werner Schöll und Friedrich Klenk. München, Stand Januar 1993
   in : Neue Juristische Wochenschrift 1994, S. 572
4. Wolfram Birkenfeld : Das große Umsatzsteuer-Handbuch. Köln, Loseblattausgabe, 4. Lieferung, Stand November 1993
   in : Neue Juristische Wochenschrift 1994, S. 2816
5. Bunjes/Geist : Umsatzsteuergesetz. Begründet von Johann Bunjes und Reinhold Geist, erläutert von Johann Bunjes/Helga Zeuner/Bernd Cissé. 4., völlig neu bearbeitete Auflage, München 1993
   in : Neue Juristische Wochenschrift 1995, S. 510
6. Stumpf/Jaletzke/Schultze : Der Vertragshändlervertrag. Begründet von Herbert Stumpf, herausgegeben von Matthias Jaletzke und Jörg-Martin Schultze, bearbeitet von Sebastian Gronstedt/Matthias Jaletzke/Sibilla Nagel/Jörg-Martin Schultze/Constanze Ulmer-Eilfort/Ulf Wauschkuhn. 3., neu bearbeitete und erweiterte Auflage, Heidelberg 1997
   in : Neue Juristische Wochenschrift 1998, S. 1213
7. Heinz-Uwe Dettling : Die Entstehungsgeschichte des Konzernrechts im Aktiengesetz von 1965, Tübingen 1997
   in : Rabels Zeitschrift für ausländisches und internationales Privatrecht 2001, S. 361-368
8. Sölch/Ringleb : Umsatzsteuer. Umsatzsteuergesetz mit Umsatzsteuer-Durchführungsverordnung, Sechster EG-Umsatzsteuerrichtlinie, Achter EG-Umsatzsteuerrichtlinie. Kommentar, herausgegeben von Gerhard Mößlang. Bearbeitet von Friedrich Klenk, Gerhard Mößlang, Wilfried Wagner, Suse Martin, Werner Schöll+ und Rainer Weymüller. Loseblattkommentar, Stand der 47. Ergänzungslieferung April 2002. München, Beck 2002.
   in : Neue Juristische Wochenschrift 2003, S. XVI-XVIII
9. Bunjes/Geist : Umsatzsteuergesetz, Kommentar, begründet von Dr. Johann Bunjes+ und Reinhold Geist, erläutert von Helga Zeuner, Bernd Cisée, Dr. Hans-Hermann Heidner und Dr. Axel Leonard. 7. Auflage, München, Beck 2003.
   in : Neue Zeitschrift für Gesellschaftsrecht 2003, S. 392

VIII 学会報告

1. Bericht zur Tagung für Rechtsvergleichung 1989 : Europarecht sowie

Arbeits- und Sozialrecht
in : Mitteilungen der Gesellschaft für Rechtsvergleichung, Heft 23, September 1990, S. 11, S. 33-36

2. Bericht zur Tagung der Gesellschaft für Rechtsvergleichung vom 13.-16. September 1989 in Würzburg : Europarecht sowie Arbeits- und Sozialrecht
in : Juristenzeitung 1990, S. 743, S. 748
3. Wissenschaftliche Gesellschaft für Europarecht – XII. Kolloquium “Außenwirtschaftsrecht der EG”
in : Neue Juristische Wochenschrift 1991, S. 2545-2546
4. Bericht zur Tagung der Gesellschaft für Rechtsvergleichung vom 18.-21. September 1991 in Saarbrücken : Fachgruppe für Europarecht
in : Juristenzeitung 1992, S. 622, S. 627-628
5. Bericht über die Tagung für Rechtsvergleichung 1991 in Saarbrücken : Fachgruppe für Europarecht
in : Mitteilungen der Gesellschaft für Rechtsvergleichung, Heft 24, Dezember 1992, S. 47-51
6. Dritte Tagung der Gesellschaft junger Zivilrechtswissenschaftler vom 23. bis 26. 9. 1992 in München
in : Juristenzeitung 1993, S. 350-352

IX その他

1. Kurt Kuchinke zum 70. Geburtstag
in : Neue Juristische Wochenschrift 1997, S. 645
2. Steuerrecht – Materia semper reformanda? Von rechtstheoretischer Abstinenz zur systematischen Wissenschaft
in : Scientia halensis 2/1999, S. 16

C 共同編集

1. Gedenkschrift für Hubert Schmidt（共編者：Volker Kunkel）
Trier 1990
2. Gemeinschaftsrecht als Gestaltungsaufgabe – Entwicklungen, Bedingungen, Perspektiven.（共編者：Friedemann Kainer）
Baden-Baden 2007 (im Druck)

D　学術講演と鑑定書

I　学 術 講 演

1. The Relationship between the 1951 Convention and the 1967 Protocol Relating to the Status of Refugees（共著者：Günter Will）
Institute of Public International Law and International Relations of Thessaloniki
12. September 1982
2. EG-Insiderrecht : Die Insider-Richtlinie als Bestandteil eines europäischen Kapitalmarktrechts und ihre Folgen für das deutsche Recht
Erste Tagung der Gesellschaft Junger Zivilrechtswissenschaftler
Universität Hamburg
18. Juli 1990
3. Bürgschaften von Familienangehörigen
FrauenForum - Interdisziplinäre öffentliche Vortragsreihe
Universität Trier
12. Juli 1993
4. Sicherungsvereinbarungen an der Haustür
Juristische Fakultät der Bayerischen Julius-Maximilians-Universität Würzburg
26. Juli 1996
5. Voraussetzungen des Vertragshändlerausgleichs analog § 89 b HGB
Juristische Fakultät der Ruprecht-Karls-Universität Heidelberg
13. Februar 1997
6. Grenzen der Absicherung selektiver Vertriebssysteme – exemplarisch dargestellt anhand des BMW/ALD-Falles
Juristische Fakultät der Heinrich-Heine-Universität Düsseldorf
22. Mai 1997
7. Sicherungsvereinbarungen zwischen Unternehmenserhaltung und Verbraucherschutz
Fachbereich Rechtswissenschaft der Johann-Wolfgang-Goethe-Universität Frankfurt am Main
1. Juli 1997
8. Internationales Privatrecht, Internationales Verfahrensrecht und Rechtsvergleichung in der Lehre
Juristische Fakultät der Friedrich-Alexander-Universität Erlangen-Nürnberg
11. Juli 1997

9. Gewerblicher Rechtsschutz auf dem Weg vom gemeinschaftsrechtlichen Ausnahmebereich zur Binnenmarkt-Normalität
Juristische Fakultät der Martin-Luther-Universität Halle-Wittenberg
18. Juli 1997
10. Internet-Domain und Namensrecht nach § 12 BGB
Juristische Fakultät der Ruhr-Universität Bochum
17. Dezember 1997
11. Vom Institutionenschutz zum Gleichheitssatz – Paradigmenwechsel im Familienrecht ?
Fachbereich Rechtswissenschaft I der Universität Hamburg
24. März 1998
12. Die Funktion des Handelsregisters
Fachbereich 1 (Rechts- und Wirtschaftswissenschaften) der Technischen Universität Darmstadt
18. April 1998
13. Die springende Raubkatze – Zur markenrechtlichen Verwechslungsgefahr
Rechtswissenschaftliche Fakultät der Albert-Ludwigs-Universität Freiburg
3. Juni 1998
14. Die steuerliche Behandlung von Leasingverträgen – ein bewältigtes Problem ?
Juristische Fakultät der Martin-Luther-Universität Halle-Wittenberg
8. Juli 1998
15. Grenzen der Absicherung selektiver Vertriebssysteme – Einige systematische Überlegungen
Juristische Fakultät der Universität Augsburg
16. Juli 1998
16. Von der Ehe zur Familie – Von der Personengesellschaft zum gewerblichen Unternehmen :
Entwicklung und Vergleich zweier Paradigmenwechsel im Recht der Personenverbindungen
Juristische Fakultät der Ludwigs-Maximilians-Universität München
19. November 1998
17. Einfuhrung in das Genossenschaftsrecht
Institut für Genossenschaftswesen an der Martin-Luther-Universität Halle-Wittenberg – Interdisziplinäre öffentliche Ringvorlesung in der Martin-Luther-Universität Halle-Wittenberg
6. Mai 1999
18. Generalbericht : Unternehmen im Spannungsfeld zwischen Marktfreiheit

und staatlicher Inpflichtnahme – Die europarechtliche Perspektive
29. Tagung der Gesellschaft für Rechtsvergleichung
Gemeinsame Arbeitssitzung der Fachgruppe für vergleichendes Handels- und Wirtschaftsrecht und der Fachgruppe für Europarecht/ Wissenschaftliche Gesellschaft für Europarecht
Universität Dresden
17.–20. September 2003

19. Economic Governance Through Law – Liberal Professions and Crafts and Their European Harmonisation
Jahrestagung der Dansk Selskab for Europaforskning (Dänische Gesellschaft für Europaforschung)
Universität Odense
24. bis 25. September 2004

20. Gemeinschaftsrecht als Gestaltungsaufgabe
Geburtstagskolloquium für Prof. Dr. Dr. h.c. Peter-Christian Müller-Graff
Rupert-Karls-Universität Heidelberg
15. Oktober 2005

21. Das Erbrecht als Objekt differenzierter Integrationsschritte
Wissenschaftliches Kolloquium der Zeitschrift für Gemeinschaftsprivatrecht (GPR) in Zusammenarbeit mit dem Europainstitut der Universität Basel (EIB) zum Thema „Differenzierte Integration im Gemeinschaftsprivatrecht"
Landgut Castelen, Kaiseraugst
18. März 2006

22. The Interdependence between Internal Market and Regulation
6th German-Norwegian Seminar on European Law des Research Council of Norway zum Thema „Regulation Strategies in the European Economic Area"
Insel Mainau, Bodensee
11. bis 15. Oktober 2006

II 鑑 定 書

1. Deutscher Landesbericht :
Gemeinschaftsrecht für Netzwerke und dessen Konsequenzen für die Mitgliedstaaten – Deutschland
1. bis 3. Juni 2000 : 19. FIDE-Kongreß Helsinki (FIDE = Fédération International du Droit Européen, Internationale Vereinigung für Europarecht)

Fachgruppe Community Law (including competition rules) affecting „networks“ (telecom, energy and information technology)